EMOCIONES QUE MATAN

DR. DON COLBERT

GRUPO NELSON
Una división de Thomas Nelson Publishers
Desde 1798

NASHVILLE   DALLAS   MÉXICO DF.   RÍO DE JANEIRO

Publicado por
GRUPO NELSON
Una división de Thomas Nelson Publishers
Desde 1798

www.gruponelson.com

Título en inglés: *Deadly Emotions*
Copyright 2003 por Don Colbert
Publicado por Thomas Nelson Publishers

Traducción, edición y diseño interior: *Grupo Nivel Uno, Inc.*

ISBN: 0-88113-923-8
ISBN: 978-0-88113-923-5

A mi compañera de vida, mi esposa Mary. Un «gracias» muy especial por tu invaluable comprensión y participación en todo mi trabajo y por tu amor y continuo apoyo. ¡Eres sencillamente maravillosa!

Y a mis padres, que caminaron conmigo en mis primeros años, compartiendo su sabiduría y amor. Gracias por ayudarme a descubrir y trabajar sobre mis propias emociones.

Les estaré eternamente agradecido.

CONTENIDO

PRÓLOGO

El Dr. Don Colbert es uno de los hombres más singulares que conozco. Es un médico muy capaz, y más que esto, es un firme creyente y seguidor de Jesucristo. Conoce de medicina, pero también conoce al Señor, y, algo muy importante, entiende a las personas. Entiende que Dios nos creó como seres humanos completos e integrales, con cuerpo, mente, emociones y espíritu.

El mensaje básico del Dr. Colbert es el que todos necesitamos oír y en especial oírlo en la comunidad cristiana: que lo que sentimos emocionalmente suele convertirse en CÓMO nos sentimos físicamente.

He hablado y aconsejado a cientos de personas a lo largo de los años, y sé que la falta de paz del corazón humano puede tener consecuencias devastadoras. Esta falta de paz indica incomodidad, molestia, dolencia emocional y espiritual. Es la falta de armonía en el alma. A menudo está relacionada con dudas que nos acosan, con recuerdos dolorosos, con el estrés que nos lastima, con la falta de perdón hacia los demás y con pecados sin perdonar. Literalmente hay millones de personas en el mundo hoy que sufren de falta de paz. Lo que también he llegado a ver es que la falta de paz parece causar enfermedades en el cuerpo. Cuando la mente, el corazón y el espíritu no están sanos ¿cómo puede estar bien el cuerpo?

No todas las enfermedades tienen su causa en la falta de paz del alma y el espíritu, aunque es el caso de muchas de ellas. Necesitamos reconocer esta verdad para poder manejar las emociones que nos dañan, y en algunos casos nos destruyen.

Como médico, el Dr. Colbert trata este tema desde una perspectiva un tanto distinta a la de un pastor o consejero espiritual. Parte, como casi todos los médicos, desde el diagnóstico del problema. Es duro oír un diagnóstico, en especial cuando hay consecuencias potencialmente graves. A algunas personas les cuesta enfrentar la realidad de la conexión mente-cuerpo. De hecho, puede ser desalentador o deprimente, un «bajón» de verdad, oír un diagnóstico que carga parte de la responsabilidad sobre la persona y no en un virus, una bacteria o la predisposición genética. ¡Por difícil que sea oír un diagnóstico, su comunicación clara y precisa será crítica si la persona y su médico desean llegar a la raíz del problema para solucionarlo!

La primera parte del libro del Dr. Colbert es un diagnóstico. La última parte es la prescripción. La prescripción presenta la esperanza de un acercamiento positivo y que produce salud, para una vida sana y llena de gozo. El Dr. Colbert nos desafía individualmente a tomar decisiones importantes, a elegir pensar y sentir de manera diferente, a elegir perdonar, amar, y siempre a elegir confiar en Dios, quien nos creó y desea sanarnos.

Le animo a leer el libro entero, y a tomarlo muy en serio. Haga lo que dice que hay que hacer, y no se demore. Lo que lea aquí podría prolongar su vida y aumentar su calidad de vida. Hasta podría salvarle la vida.

Siempre recuerde que el deseo de Dios para usted es *la plenitud*. La frase que Jesús usó reiteradas veces fue: «Serás sanado». La sanidad abarca *todo lo que somos* como seres humanos, e incluye nuestra mente y emociones además de nuestro espíritu y cuerpo físico al entregar nuestra voluntad para que se haga la voluntad de Dios.

Busque la sanidad. Pídale a Dios por ella. Búsquela con diligencia.

Lo que buscamos... la Biblia promete que lo encontraremos.

Lo que le pedimos a Dios... la Biblia promete que Él nos lo otorgará.

Lo que buscamos con diligencia... la Biblia promete que lo tendremos.

BILL BRIGHT
Fundador de Campus Crusade for Christ, Internacional

INTRODUCCIÓN

¿Es que ya nadie es feliz?

Mi esposa Mary y yo cenamos hace poco con un cirujano, amigo nuestro desde hace años. Clark es una de las estrellas en ascenso dentro de la profesión médica, un hombre apuesto, con dinero y muy divertido. Ha estado buscando esposa durante casi veinte años. Como mi esposa y yo estamos de acuerdo en que la mayoría de las mujeres lo clasificarían como un gran candidato, pregunté por qué no había encontrado todavía a nadie. La respuesta de Clark me asombró.

Nos dijo que sale con frecuencia con mujeres, pero que las relaciones parecen terminar siempre de la misma manera. Dijo: «Todas las mujeres que conozco no tienen solamente bagaje emocional. ¡Tienen carga industrial!»

Clark es un hombre divertido y disfruta de la vida plenamente, pero parece que siempre se encuentra metido en relaciones con mujeres cuyas vidas están atrapadas en un círculo de emociones tóxicas: resentimiento y amargura (muchas veces resultado de un divorcio), ansiedad y miedo debidos a experiencias pasadas, depresión, pena, tristeza y desesperanza. Después de contarnos sobre varias de ellas, levantó los brazos y su voz profunda resonó:

«¿Es que ya nadie es feliz?»

¡Wow! Esa sí era una buena pregunta.

Un poco más tarde, Mary y yo intentamos hacer una lista de las personas que creemos verdaderamente felices. La lista era muy corta.

Como nación, en Estados Unidos consumimos cinco mil millones de tranquilizantes. Cinco mil millones de barbitúricos, tres mil millones de anfetaminas y dieciséis mil toneladas de aspirina *¡por año!*[1] Y eso es apenas la punta del iceberg en cuanto a medicamentos y sustancias como el alcohol, la nicotina y diversos otros estimulantes que tomamos cada año en un intento por soportar y enfrentar las emociones tóxicas y el estrés resultante.

Lamentablemente estas medicaciones y tratamientos no parecen poder contener la marea. Hay estudios que demuestran cada vez más la relación entre las enfermedades modernas y una epidemia de emociones fatales en nuestra cultura. Las enfermedades cardíacas, la hipertensión, los ataques cardiovasculares, la incidencia del cáncer, las úlceras, las enfermedades de la piel y los dolores de cabeza parecen aumentar a pesar de las décadas de investigación y tratamientos innovadores para tratar estas dolencias una vez diagnosticadas. Hemos avanzado muy poco en nuestro camino por llegar al corazón de la enfermedad o en cómo prevenirla.

DESEMPACAR LA CARGA

A lo largo de los años he trabajado con miles de pacientes cuyos doctores les habían diagnosticado enfermedades incurables como cáncer en sus últimas etapas, y con gente que ha tenido ataques cardíacos masivos. Sus médicos les han dicho en muchos casos que los pacientes tenían solamente entre tres y seis meses de vida. Para la mayoría, el diagnóstico de un ataque cardíaco fue una llamada de atención que les hizo buscar no solamente la salud física sino también la emocional y la de sus relaciones.

En todos los casos, invariablemente, lo primero que hacen estos pacientes es dejar de dedicar tanto tiempo y energía a cosas emocionales que les resultan dolorosas. En cambio, se enfocan en lo que es verdaderamente importante en sus vidas. Dios, el amor por la familia, el perdón y otros aspectos de la vida que les traen paz y felicidad. La sentencia de muerte siempre logra aclarar los valores de una persona.

¿Por qué tenemos que sufrir antes de comenzar a buscar la verdadera salud emocional y la paz interior? ¡Tiene que haber un camino mejor!

Al hablar con estos pacientes he llegado a la conclusión de que hay un alto porcentaje de personas en nuestro mundo que parecen tomar la vida como si fuera una montaña rusa en un parque de diversiones. Dejan que la vida les suceda, nada más. Se abrochan el cinturón de seguridad y con penosa determinación soportan las subidas y bajadas, la excitación y el miedo. Ni siquiera saben cuánto estrés están internalizando. Cuando más dura el viaje, tanto más se acostumbran a los nudos en el estómago y la tensión en el cuello. De manera similar, cuanto más vea la persona su vida como un viaje cargado de estrés, inevitable, tanto más se acostumbrará a tratar Maalox o Prozac, hasta que llega un punto en donde la desilusión, el dolor, la preocupación, el miedo, la ira, la amargura, el resentimiento y los diversos grados de «depresión» parecieran ser la norma en su vida.

Parece que hemos olvidado que puede haber una forma de vida distinta... al menos hasta que un médico nos dice con tristeza: «Parece que se está acabando su tiempo aquí en la tierra».

No sé que le pasa a usted, pero cuando me bajo de la montaña rusa a veces siento que las rodillas se me doblan, especialmente si es una de esas nuevas que van a toda velocidad, con vueltas y caídas verticales en las que la fuerza de gravedad en verdad causa tensión en todo el cuerpo.

La montaña rusa emocional también puede dejar a la persona con las rodillas débiles: insegura, inestable, tensionada, agotada, débil e incapaz de funcionar en su plenitud. Las montañas rusas emocionales minan la salud física y psicológica, y a menudo dejan a la mente y el cuerpo casi sin energía ni fuerzas.

Los datos médicos parecen multiplicarse año a año:

- La mente y el cuerpo están relacionados. El modo en que nos sentimos emocionalmente puede determinar cómo nos sentimos físicamente.

- Hay emociones que liberan hormonas que a su vez, pueden ser disparadores del desarrollo de diversas enfermedades.

- Los investigadores han vinculado científica y directamente a las emociones con la hipertensión, las enfermedades cardiovasculares y las enfermedades relacionadas con el sistema inmunológico. Los estudios también han correlacionado estrechamente a las emociones con las infecciones, las alergias y las enfermedades auto inmunológicas.

• Específicamente, las investigaciones han relacionado a las emociones como la depresión al riesgo aumentado de contraer cáncer y enfermedades cardíacas. Las emociones como la ansiedad y el miedo demuestran tener relación directa con las palpitaciones cardíacas, el prolapso de la válvula mitral, el síndrome de colon irritable y los dolores de cabeza por tensión nerviosa, además de otras enfermedades.

¿Hay alguna buena noticia en este funesto horizonte? ¡Claro que sí!

La buena noticia es que puede usted hacer mucho por quitar el tapón que contiene todas estas emociones tóxicas, combustible de enfermedades dolorosas y fatales. Puede hacer usted mucho por mejorar su salud física al tratar primero su salud emocional.

Mi mensaje para usted hoy es un mensaje de aliento. ¡Es posible ser *genuinamente feliz*! Y es posible sin utilizar químicos elaborados por el hombre, medicinas y sustancias que alteran el ánimo.

Es posible prevenir muchas de las enfermedades temidas si comenzamos por nuestra salud emocional.

¡Es posible vivir una vida plena, vibrante, libre de dolor y enfermedades, en cuerpo, mente y espíritu!

Parte I

DIAGNÓSTICO

ENTIENDA LAS EMOCIONES DAÑINAS

1

LO *QUE SIENTE* USTED EMOCIONALMENTE SE CONVIERTE EN LO *QUE SIENTE* USTED FÍSICAMENTE

Una amiga mía, que goza de buena salud, debo aclarar, me dijo una vez:

«Cuando mi esposo me abandonó, sentí que se me rompía el corazón. De veras había hecho mis votos matrimoniales con toda intención y estaba dispuesta a pasar por todo: salud y enfermedad, riqueza y pobreza, todo lo que sucediera. Jamás se me ocurrió que llegaría a estar tan mal, pobre y con un esposo emocionalmente enfermo, y todo esto en los primeros dos años de nuestro matrimonio».

Mi amiga continuó:

«Poco después de que Todd se fuera, mi amiga Ellen vino y me dijo algo que me pareció raro. Dijo: "Cuida tu salud, Jess. Haz todo lo que corresponda. No te enfermes".

«Otras personas habían venido a decirme que necesitaba terapia, que necesitaba orar más, reír más, salir con amigos, unirme a tal o cual club, o hacer diversas cosas para recuperarme del golpe. Ellen, sin embargo, me habló de mi salud física, y esto me sorprendió.

«Le pregunté: "¿Qué quieres decir?" "Sé que mental y emocionalmente estás haciendo lo correcto. Pero sigue haciendo ejercicio, descansando lo suficiente y comiendo bien. Debes recuperar tu fuerza y energía", me dijo.

«Debo admitir que tenía razón. En las semanas siguientes al divorcio, encontré que dormía mucho, más de lo habitual y quizá más de lo necesario. No parecía tener la misma fuerza o energía que había tenido hasta hacía unos pocos meses. Entonces insistí: "¿Por qué me dices esto?"

"Jess, he visto que mucha gente enferma después de divorciarse", dijo.

Yo sabía que Ellen era enfermera, y le pregunté:

"¿Las ves en el hospital?"

"O en la funeraria. Conozco al menos dos docenas de personas que contrajeron enfermedades muy graves entre dos y cinco años después de sus divorcios. Y al menos nueve de ellas han fallecido".

Mi amiga Jess entonces agregó:

«Esto me llamó la atención. Ese día decidí que haría todo lo que estuviera a mi alcance para dejar de llorar mi pena y comenzar a construir fuerza y energía. Inicié un programa serio de ejercicios, dieta sana y descanso, y también busqué divertirme con amigos. También inicié un serio programa de renovación espiritual. Me mantuve sana. De hecho, me puse más fuerte y con más energía y productividad de la que tenía antes de casarme».

Jess expresó con palabras lo que muchos médicos saben por intuición. A lo largo de los años los médicos vemos con frecuencia que hay pacientes que pasan por experiencias emocionalmente devastadoras, como el divorcio, la bancarrota o la muerte de un hijo, y luego vemos que sufren ataques cardíacos, cáncer, enfermedades auto inmunes u otras dolencias severamente incapacitantes.

Como médicos, sin embargo, la mayoría de nosotros recibió un entrenamiento que nos hace separar las emociones de la enfermedad física. Nuestro entrenamiento nos enseña que las emociones son... bueno, emocionales. Las enfermedades son estrictamente físicas. Sin embargo, cada vez más vemos que el cuerpo no diferencia entre el estrés que causan los factores físicos y los emocionales. El estrés es estrés. Y las consecuencias de demasiado estrés sin canalizar o tratar son las mismas, independientemente de los factores que lo ayudaron a formarse.

¿CÓMO HA SIDO SU DÍA DE AYER?

Hace poco le pedí a un paciente:

Describa lo que vivió ayer. No me diga solamente *qué* es lo que hizo, sino *quién* dijo o *quién* hizo o le hizo qué cosa.

Ben sufría de migrañas crónicas, aunque la razón principal por la que había venido a verme era que le habían dicho recientemente que tenía factores de riesgo cardiovascular muy importantes, su médico de cabecera le había dicho que era «un infarto esperando el momento».

Lo que sigue es un resumen de lo que Ben me contó:

- Al ir al trabajo había estado atorado en el tráfico, lo cual hizo que llegara tarde a una reunión importante aunque había salido de casa más temprano que otros días.

- También al volver a casa había estado atorado en el tráfico. Su esposa se molestó cuando llegó porque la comida se había enfriado.

- En el auto había estado escuchando a un DJ en la radio que conducía un programa para personas que parecían especialmente molestas o propensas a discutir.

- Abrió el correo y encontró un aviso de falta de fondos en la cuenta de su hija universitaria, y dos facturas vencidas de la tarjeta de crédito que creía haber pagado.

- Su hijo adolescente llegó a casa enojado y protestando. Finalmente Ben se dio cuenta de que una vez más había faltado a su juego de béisbol aunque le había prometido que allí estaría. Su hijo había acertado un home run pero no parecía ansioso por contarle sobre ello.

- Su hija de diez años se negaba a hacer su tarea. Al levantar una pila de papeles que había sobre la mesa Ben encontró que en dos exámenes de ortografía había sacado muy bajas calificaciones.

- Un empleado se había equivocado al darle el vuelto por una compra y se negaba a admitir su error.

- Había estado en la fila para «diez unidades o menos» durante quince minutos porque la caja registradora se había roto. Todas las otras filas eran más largas todavía.

- Su esposa estaba agotada luego de un día de problemas con el auto, un desagradable encuentro con el entrenador de fútbol de su hija y una pila de ropa para lavar que debía estar lista para que al día siguiente su hijo tuviera el uniforme limpio.

- Había encendido la TV para relajarse, pero las noticias hablaban de un asesino en serie en su ciudad, del arresto de un político corrupto en su localidad, y de otra pérdida en Wall Street que significaría un impacto negativo en su fondo de retiro.

- El niñito del vecino parecía no poder practicar el saxofón sin chillidos. Y no había forma de volver a discutir con el padre del chico, que se negaba a cerrar la ventana.

Cuando Ben terminó con su letanía del «ayer», me di cuenta de que ¡me sentía más tenso que cuando él había entrado en mi consultorio! Solamente podía imaginar cuánta tensión había acumulado en ese día.

«¿Son así todos tus días?», pregunté.

«Sí», dijo. «En realidad, fue más fácil que otros días. Me pareció un día bastante bueno».

«¿No te sientes agotado por la tensión?», pregunté.

«Oh, claro» respondió. «Pero ¿no es así para todo el mundo?»

«No para todos» dije. «Sí, para casi todos. El objetivo aquí es ayudarte a no ser «como todos».

Desafortunadamente, Ben *es* la norma en nuestra cultura. Según el Instituto Norteamericano de Estrés, entre el 75 y el 90 por ciento de todas las visitas a médicos clínicos son por *desórdenes relacionados con el estrés*.[1] Sin embargo, el tratamiento por estrés es por lo general muy superficial, en términos médicos».

ENTRE EL 75 Y EL 90 POR CIENTO DE TODAS LAS
VISITAS A MÉDICOS CLÍNICOS SON POR DESÓRDENES
RELACIONADOS CON EL ESTRÉS

Arranquemos la maleza de raíz

La mayoría de nosotros hemos cortado el césped alguna vez un sábado por la mañana. Y aprendimos que de nada sirve arrancarle la cabeza a los dientes de león o las malezas. Esto solamente parece asegurar que pronto volverán a crecer y con más fuerza.

Cuando se trata de ciertos síntomas físicos a menudo solamente les cortamos la cabeza. Hacemos lo que podemos para librarnos del dolor o malestar estomacal. El problema vuelve... tomamos nuevamente las píldoras, el líquido o polvo... el problema vuelve otra vez... y volvemos a tomar la medicación... y así seguimos, semana a semana, mes tras mes, año tras año.

Es lo que hace la mayoría de las personas. La primera manifestación de estrés suele ser el dolor de cabeza por tensión, los problemas digestivos (estómago, intestino, etc.), o erupción cutánea. Todas estas dolencias, claro está, agregan más estrés.

Si no tratamos el estrés inicial, de raíz, estos síntomas pueden volverse crónicos. Y pueden aparecer síntomas nuevos y más profundos: insomnio, pérdida o aumento de peso, dolor muscular especialmente en la espalda y las piernas, letargo generalizado o sensación de agotamiento, lentitud para pensar, falta de ambición y energía. Nuestra respuesta general parece ser la de tragar más píldoras, intentar con una dieta diferente, hacer ejercicio por unos días y luego abandonar, y retarnos no solo porque estamos fuera de estado y con mala salud, sino por nuestra incapacidad por seguir un programa de buena salud. Todo el tiempo, agregamos una capa más de factores estresantes a la mezcla existente.

Si seguimos ignorando el estrés que está en la raíz, los síntomas pueden convertirse en una enfermedad declarada, del tipo que requiere cirugía, quimioterapia y radioterapia, medicación muy fuerte y otros protocolos de tratamiento muy serios. Cada uno de estos tratamientos, claro está, ¡producen todavía más estrés! Eso es lo que causa el diagnóstico de una enfermedad que pone en riesgo o transforma nuestra vida para peor.

Estrés, más estrés, más estrés; y todo el tiempo el cuerpo no diferencia qué es lo que causó el primer estrés.

- Esas pequeñas discusiones y peleítas que llevan a un desacuerdo mayor en el matrimonio.
- La inhalación constante de químicos tóxicos en la fábrica.
- Las frecuentes pesadillas de experiencias de abuso en la infancia.
- La inhalación o ingestión de sustancias cancerígenas a lo largo del tiempo.
- Los sentimientos de frustración casi constantes, ante la incapacidad o estupidez de casi todos los que encontramos en la vida.
- Las décadas de comer carne cargada de químicos y grasas hidrogenadas.
- Los recuerdos de accidentes horribles o escenas de guerra.
- La incapacidad de poder adelantarse a las fechas de entrega en un calendario recargado en el trabajo.

No, el cuerpo no conoce, ni le importa qué es lo que causó el estrés. Lo único que sabe el cuerpo es sentir el estrés.

EL CUERPO NO CONOCE NI LE IMPORTA QUÉ ES LO QUE CAUSÓ EL ESTRÉS. LO ÚNICO QUE SABE EL CUERPO ES SENTIR EL ESTRÉS

ESTRÉS, ESTRÉS Y MÁS ESTRÉS

El estrés es la tensión, presión o angustia física o mental. Me gusta el giro que dan a esta definición los investigadores y autores Doc Childre y Howard Martin:

El estrés es la respuesta del cuerpo y la mente ante toda presión que rompa su equilibrio normal. Ocurre cuando nuestra percepción de los hechos no coincide con nuestras expectativas y *no podemos manejar nuestra reacción ante la desilusión.* El estrés, esa reacción no controlada, se expresa como resistencia, tensión, angustia o frustración, que rompe nuestro equilibrio fisiológico y psicológico y nos saca de sintonía. Si nuestro equilibrio queda roto durante mucho tiempo, el estrés es incapacitante. Nos vamos apagando emocionalmente a causa de la sobrecarga, y eventualmente enfermamos.[2]

Las reacciones ante el estrés son los modos en que nuestros cuerpos procesan y liberan tanto las emociones como los elementos físicos negativos que vivimos a lo largo de la vida.

El Dr. Candace Pert, pionero en la investigación del estrés, dijo: «Al comenzar mi trabajo partí de la suposición de que las emociones estaban en la cabeza o el cerebro. Hoy diría que más bien están en el cuerpo».[3]

Nadie vive una emoción nada más que en su «corazón», o en su «mente». En cambio, la persona vive la emoción como reacciones químicas en el cuerpo y el cerebro. Estas reacciones químicas ocurren tanto a nivel de los órganos, estómago, corazón, grandes músculos y demás, como a nivel *celular.*

EL VÍNCULO CIENTÍFICO SE HACE MÁS FUERTE

A lo largo de los años los estudios científicos que relacionan las emociones con las enfermedades han producido gran cantidad de estudios, y todos apuntan a la conclusión de que *lo que sentimos como emoción* luego da como resultado *lo que sentimos físicamente.* Permítame compartir con usted algunos puntos sobresalientes en la investigación de los últimos quince años:

- En un estudio de diez años las personas que no podían controlar su estrés emocional demostraron tener una tasa de fallecimiento un 40 por ciento más elevada que quienes no estaban estresados.[4]

- Un estudio de la Facultad de Medicina de Harvard sobre 1.623 sobrevivientes a ataques cardíacos concluyó que la ira causada por conflictos emocionales dobla el riesgo de ataques cardíacos subsiguientes en comparación con quienes se mantienen calmos.[5]

- La Facultad de Salud Pública de Harvard llevó a cabo un estudio de veinte años con más de mil setecientos hombres mayores. Descubrieron que los hombres que se preocupaban por la condición social, la salud y las finanzas personales tenían un riesgo considerablemente mayor de sufrir enfermedades coronarias.[6]

- Un estudio realizado a 202 mujeres profesionales encontró que la tensión entre el compromiso profesional y personal hacia el cónyuge, los hijos y los amigos era un factor asociado con la enfermedad cardíaca en las mujeres.[7]

- Un estudio internacional sobre 2.829 personas entre los 55 y los 85 años de edad encontró que las personas que reportaban tener mayores niveles de «dominio» sentimientos de control sobre los eventos de la vida, presentaban un riesgo de muerte 60 por ciento más bajo que quienes se sentían relativamente incapaces ante los desafíos de la vida.[8]

- Un estudio sobre enfermedades cardíacas en la Clínica Mayo encontró que el estrés psicológico era el más potente anunciante de eventos cardíacos en el futuro, incluyendo la muerte, el infarto y el paro de origen cardíaco.[9]

¿Cómo, entonces, es que la emoción produce una manifestación física? Ahora lo veremos.

EL CAMINO DE LA EMOCIÓN DAÑINA A LA ENFERMEDAD FATAL

«¿Por qué contraje esta enfermedad?» dijo Jim con tono angustiado. «¿Eh? Ustedes los médicos parecen saber tanto, así que ¿por qué enfermé?»

La mayoría de los pacientes que veo están más tristes que enojados cuando llegan por primera vez a mi consultorio. Pero Jim estaba furioso.

«Estás enojado porque te dieron este diagnóstico ¿verdad?» pregunté. «Y estás enojado porque tienes esta enfermedad ¿no es así?»

«¡Claro que sí!» rugió Jim. «Hice todo lo que sé que hay que hacer para tener una vida buena. He trabajado duro, he sido fiel a mi esposa, siempre intenté hacer lo correcto. No merezco esto».

«¿Crees que la vida te ha tratado con la misma justicia con que la trataste tú?» pregunté.

«¡Ni pensarlo! Desde que era un niño la vida siempre me echó obstáculos en la cara. Una cosa detrás de la otra. Finalmente decidí que aprendería a salvarlos en lugar de tropezar con ellos. Aparece una valla... Jim la pasa... y aparece otra valla... y Jim la pasa. Merezco una parte de lo que me ha sucedido, pero créame doctor, que la mayor parte de lo que ha aparecido en mi vida no ha sido por culpa mía». Aquí hay una valla que a Jim le dicen que quizá no pueda pasar.

Hablamos durante casi una hora. Había sido abogado durante treinta y ocho años, y como muchos abogados, buscaba a quién culpar, no necesariamente para llevarlo ante un tribunal, sino para poder clarificar y definir al enemigo. Era importante para su sentido de la justicia tener un acusado para poder juzgarlo por el crimen de su mala salud.

«Creo que necesitas mirar la forma en que te has *sentido* ante estos obstáculos y vallas en tu vida, Jim» dije por fin. Después de conversar un poco más, Jim se puso de pie repentinamente, y con la mandíbula apretada masculló:

«¿Qué? ¿Está tratando de decirme que yo soy el responsable de esta enfermedad? Le diré, doctor, que no creo en las emociones. No tengo demasiadas, y las que sí tengo, he aprendido a ocultarlas».

«Ahora mismo estás mostrando una emoción», dije. «El punto es, Jim: ¿Quieres sanar? ¿Realmente quieres pasar esta valla y vivir para poder ver la siguiente?»

Jim se desplomó en el asiento.

«Sí» dijo en voz muy baja. «Claro que sí. Todavía no estoy listo para empacar. Pero antes de que me diga qué hacer, quiero saber por qué cree usted que las emociones tienen que ver con esto».

Me estaba abriendo la puerta para responder a esta pregunta: ¿Cómo pueden las emociones convertirse en enfermedades físicas?

Cómo se convierten las emociones en enfermedades

Podemos resumir en una palabra el eslabón básico en la comunicación entre lo que pensamos en el cerebro y lo que experimentamos en las células del cuerpo: *neuropéptidos*.

Ahora, antes de que se le nuble la vista pensando que lo atacaré con jerga médica, permítame asegurarle que describiré el proceso físico de cómo se convierten en enfermedades las emociones con palabras muy sencillas. Los lectores médicos o investigadores encontrarán que esta explicación está demasiado simplificada, pero les pido paciencia.

El Dr. Candace Pert, reconocido investigador del estrés, demostró que una determinada clase de células inmunes, los monocitos, tienen diminutas moléculas sobre su superficie, llamadas neurorreceptores, en donde encajan perfectamente los neuropéptidos. Todos los monocitos tienen estos sitios receptores.

El cerebro produce los neuropéptidos, que son cadenas de aminoácidos, y las envía por las células nerviosas que hay en todo el cuerpo. Somos como las llaves que entran en las cerraduras moleculares de cada una de las células del cuerpo. El Dr. Pert las llama «trocitos de cerebro que flotan en el cuerpo».[1] El cerebro «habla» con las células del aparato inmunológico en todo el cuerpo, y a su vez, las células del aparato inmunológico se comunican de vuelta con el cerebro utilizando estos mensajeros que llamamos neuropéptidos.[2] Si su cerebro interpreta percepciones físicas como enojo, miedo o depresión, ¡cada una de las células inmunes de su cuerpo conoce esta interpretación casi inmediatamente!

> SI SU CEREBRO INTERPRETA PERCEPCIONES FÍSICAS COMO ENOJO, MIEDO O DEPRESIÓN, ¡CADA UNA DE LAS CÉLULAS INMUNES DE SU CUERPO CONOCE ESTA INTERPRETACIÓN CASI INMEDIATAMENTE!

Y no solo se comunican el cerebro y las células del cuerpo, sino que además, estas células también tienen cierto grado de memoria. Miles de personas observaron el progreso que hizo el conocido actor Christopher Reeve. Hace unos años, el ya fallecido Reeve sufrió un accidente y al caer de su caballo quedó paralizado. Durante años pasó por sesiones de terapia física intensa, con profesionales que manipularon, empujaron y tiraron de sus piernas y brazos para ponerlas en posiciones que son normales para alguien con sensación. Como las viejas células de estos músculos, nervios y tejidos habían muerto y fueron reemplazadas, las células nuevas no parecían tener memoria de la parálisis, sino en cambio, recuerdos asociados con los movimientos ejercidos sobre las células viejas. Mostraban disposición al movimiento. La memoria de cómo se supone que se muevan estas células, tejidos, nervios y músculos había sido transferida de un conjunto de células manipuladas ¡a otro que esperaba ser manipulado! La memoria no está en el cerebro sino en las células del cuerpo.

Las reacciones ante el estrés en el nivel celular son influyentes y de largo alcance. El miedo, por ejemplo, dispara más de mil cuatrocientas reacciones químicas y físicas, activando más de treinta diferentes hormonas y neurotransmisores.[3]

En la década de 1920, el Dr. Alter Cannon, un fisiólogo, fue el primero en describir lo que llamó la *respuesta de pelea o huída,* como parte de la reacción ante el estrés. Muchos lo consideran el abuelo de la investigación del estrés. En mayo de 1936 el Dr. Cannon escribió un artículo titulado «El rol de la emoción en la enfermedad», que publicó *Annals of Internal Medicine* [Anales de la Medicina Interna]. Declaraba que cuando una persona se veía bajo un ataque extremo el miedo que se producía en respuesta a dicha percepción podía causar cambios fisiológicos significativos en el cuerpo. El miedo intenso producía una señal de que el cuerpo necesitaba defenderse o escapar.[4]

Un conjunto integral de respuestas físicas involucra principalmente a la epinefrina y la norepinefrina. Estas dos hormonas tienen un dramático efectos sobre el sistema nervioso simpático durante períodos de estrés intenso.

Cuando ocurre un evento estresante el cerebro percibe el estrés y responde haciendo que se liberen las hormonas específicas del hipotálamo, la glándula pituitaria y la glándula adrenal. La respuesta al estrés también hace que las glándulas adrenales liberen epinefrina, también llamada adrenalina. Los nervios simpáticos son estimulados a liberar más epinefrina en todo el cuerpo. Los nervios simpáticos están ubicados en todo el cuerpo, aún en nuestros órganos y tejidos de manera que cuando se estimulan el ritmo cardíaco aumenta, se estimula el colon (lo cual puede producir diarrea), uno suda, se dilatan los tubos bronquiales para permitir ingreso adicional de oxígeno, además de otras reacciones.

MANTENER LAS HORMONAS EN EQUILIBRIO

Las hormonas trabajan en equilibro muy preciso en el cuerpo. La cantidad adecuada de cualquier hormona produce resultados positivos. Sin embargo, si hay poca o demasiada cantidad de una hormona en particular, los resultados producidos pueden ser negativos.

El Dr. Hans Selye, endocrinólogo, fue uno de los primeros investigadores en vincular el estrés emocional con la enfermedad. Su razonamiento estableció que el miedo, la ira y otras emociones estresantes hacían que las glándulas adrenales se agrandaran mediante la sobre estimulación de la glándula pituitaria. Es decir que demasiado estrés hace que la glándula pituitaria fabrique una *sobreproducción* de hormonas.[5]

Todos hemos oído cuentos sobre una ancianita que pudo alzar un auto para liberar a un niñito atrapado debajo de éste, o del soldado enfurecido que ataca a un batallón entero de enemigos sin ayuda. Esa sobreproducción de adrenalina durante momentos de alto estrés puede hacer que el cuerpo realice esfuerzos asombrosos.

EL TRAMPOSO CARÁCTER DE LA ADRENALINA

La adrenalina es una hormona del estrés que produce una excitación tan poderosa y potente como la de cualquier droga. Con altos niveles de adrenalina, la persona puede sentirse *grandiosa*. Quien tiene adrenalina recorriendo su cuerpo tiene mucha energía, no necesita tanto sueño, y suele sentir gran excitación por la vida en general. Muchos profesionales que disfrutan de la exigencia de su profesión pueden llegar a ser adictos al estrés, en realidad, son adictos a su propia producción de adrenalina. Los ejecutivos que escalan las posiciones corporativas, los abogados que pelean en la corte, los médicos en la sala de emergencia que tratan un trauma grave tras otro, todos han informado de adicción a la adrenalina.[6]

MUCHOS PROFESIONALES QUE DISFRUTAN DE LA
EXIGENCIA DE SU PROFESIÓN PUEDEN LLEGAR A
SER ADICTOS AL ESTRÉS

La adrenalina es una hormona potente con efectos físicos de largo alcance. Hace que el cerebro se concentre, agudiza la visión y contrae los músculos, en preparación para la pelea o la huida. También aumenta la presión sanguínea y el ritmo cardíaco al contraer los vasos sanguíneos. Cuando la adrenalina comienza a fluir por el cuerpo, la digestión se interrumpe porque el flujo de sangre se desvía del tracto digestivo hacia los músculos.

Cuando el estrés dura poco tiempo, un poco de adrenalina es beneficioso y no nos dañará. Por ejemplo, si la persona se encuentra con un pit bull enojado o es atacada repentinamente por otra persona, el cuerpo probablemente reaccionará ante el peligro y el estrés percibido, bombeando una cantidad de adrenalina y cortisol al sistema. Luego, seguirá una sensación de fatiga y la necesidad de descansar. La mayoría de las personas saben que después de un encuentro o momento particularmente estresante, o de miedo y estrés, se sienten exhaustas y precisan descanso.

Tenga en mente que el cuerpo también percibe una pelea con su cónyuge, con un adolescente, la respuesta enojada cuando alguien se le cruza indebidamente en medio del tráfico, porque todo esto también requiere de una pequeña sobreproducción de adrenalina y cortisol. Como dije antes, el cuerpo no diferencia entre las causas de esta producción extra de la hormona. Solamente percibe el peligro o la dificultad y responde inmediatamente.

En condiciones normales este ciclo de adrenalina/cortisol y fatiga/descanso como respuesta suele ser inocuo para el cuerpo. Y potencialmente puede salvarle la vida, por ejemplo, al darle la capacidad de pelear o huir del peligro.

El estrés a largo plazo, sin embargo, puede hacer que estas hormonas se bombeen en el sistema de la persona casi constantemente. Por ejemplo, si uno vive durante años en estado de ira no resuelta contra su cónyuge o su hijo, el flujo de adrenalina puede volverse excesivo. O si uno trabaja durante años con un jefe o sistema que le hace sentir impotente, abusado, esa persona quizá vive continuamente con sensación de enojo o peligro. Este estrés emocional de largo plazo hace que continuamente fluyan las hormonas adrenalina y cortisol al torrente sanguíneo, y esto sí, tiene efectos muy dañinos sobre el cuerpo.

Los niveles elevados y prolongados de adrenalina pueden aumentar el ritmo cardíaco y la presión sanguínea al punto de que el ritmo cardíaco acelerado y la presión alta se convierten en norma. Y eso no es bueno.

Con el tiempo los niveles elevados de adrenalina pueden causar una elevación en los triglicéridos, que son las grasas en la sangre, además de una elevación en el nivel de azúcar en la sangre. Esto tampoco es bueno.

Y los niveles elevados de adrenalina a lo largo del tiempo también pueden hacer que la sangre coagule más rápidamente (lo cual contribuye a la formación de placas), además de hacer que la tiroides esté sobre estimulada y que el cuerpo produzca más colesterol. Todos estos efectos son potencialmente fatales con el tiempo.

¿QUÉ HAY DEL EXCESO DE CORTISOL?

He mencionado que cuando el cuerpo libera adrenalina en el sistema también secreta una hormona llamada cortisol.

Los niveles elevados de cortisol a lo largo del tiempo hacen que aumenten los niveles de azúcar en sangre e insulina, y que se mantengan elevados. Los triglicéridos aumentan y pueden también mantenerse en niveles elevados. También pueden aumentar y mantenerse altos los niveles de colesterol. El nivel elevado de cortisol puede hacer que uno aumente de peso y se mantenga con sobrepeso, especialmente en la sección media del cuerpo.

El exceso de cortisol hace que los huesos pierdan elementos vitales como el calcio, el magnesio y el potasio. Por lo tanto, se pierde densidad ósea. Además, el cuerpo también puede retener sodio (sal), lo cual contribuye al aumento de la presión arterial.

Los niveles crónicamente elevados de cortisol demuestran:

- Que impiden la función del aparato inmunológico, y una respuesta inmunológica poco eficaz, se vincula a una gran cantidad de enfermedades.[7]

- Que se reduce la utilización de glucosa, factor principal tanto en la diabetes como en el control de peso.[8]

- Mayor pérdida de densidad ósea, que tiene implicancias para la osteoporosis.[9]

- Reducción de la masa muscular e inhibición del crecimiento y regeneración de la piel, directamente relacionados con la fuerza, el control del peso y el proceso de envejecimiento en general.[10]

- Aumento de la acumulación de grasa.[11]

- Que se dificulta la memorización y el aprendizaje y se destruyen células cerebrales.[12]

Demasiado, durante demasiado tiempo

Si no se la controla la liberación perpetua de las hormonas del estrés, adrenalina y cortisol, el cuerpo puede ir desgastándose del mismo modo en que el ácido corroe el metal. Aunque hayan pasado horas después de que se produjera el incidente causante de mayor producción de hormonas, el nivel de éstas puede permanecer alto y seguir afectándonos negativamente.

> La segregación perpetua de las hormonas del estrés, adrenalina y cortisol, puede corroer el cuerpo de manera similar a lo que sucede cuando el ácido corroe el metal

Si el estrés emocional a largo plazo persiste y alcanza el nivel de cronicidad, los resultados de la producción continua de estas hormonas pueden ser aún más destructivos. Aquí es cuando las emociones tóxicas se convierten en emociones *fatales*. Porque el cuerpo comienza a dañarse a sí mismo. Esta potente y continua infusión de químicos lesiona los tejidos y órganos, y el resultado puede ser cualquiera de varias distintas enfermedades.

El triste dato es que como nación estamos iniciándonos en esta carrera del estrés exagerado a muy temprana edad. En su libro *The Pleasure Prescription* [Prescripción de placer], Paul Pearsall sostiene que los jóvenes de hoy ya están estresados aun antes de poder iniciar sus vidas. Él relata una conversación que tuvo con uno de sus estudiantes universitarios:

«Siempre estoy de una de dos maneras» dijo un estudiante de honor en mi clase de psicología. «O estoy cansado y aburrido, o estresado y excitado. Solamente tengo dos velocidades, alta y baja, y creo que mi embrague se estropeó. Lo que más me preocupa es que ya nada me parece maravilloso. Nunca me excito o entristezco demasiado. Apenas logro reírme a carcajadas, o llorar hasta no dar más. Paso por todas las emociones y movimientos, pero pareciera no sentir nada con intensidad. He estado en Disneyland y Disney World. He hecho ski-jet, bungee-jumping, he tenido sexo salvaje, me he emborrachado hasta perder el sentido y me he drogado. No hay nada que logre apagarme o encenderme. Tengo nada más que diecinueve años y me siento como si estuviera en una crisis de pre-vida».[13]

Pearsall concluyó al finalizar esta conversación que muchos de sus estudiantes mostraban síntomas clásicos de agotamiento por estrés clase tres. Escribió: «Llegan a clase con aspecto cansado, tosiendo, estornudando y con todo tipo de infecciones, desde resfríos crónicos hasta mononucleosis. Cuando pregunto qué es lo que hacen para divertirse la respuesta más frecuente es "andar por ahí". Cuando pregunto qué quieren decir con esto responden "nada más andar por ahí buscando que algo pase para encenderlos"».[14]

Para cuando el joven promedio de nuestra cultura llega a la adultez, ha sido testigo de más de setenta mil asesinatos simulados en televisión.[15] La mente de un niño no establece diferencias entre los asesinatos simulados y los reales. La mente percibe el peligro y responde ante éste. Todos conocemos esa sensación que tenemos cuando vemos una película de suspenso o terror. El cuerpo pasa por una respuesta de adrenalina momentánea. Lo mismo puede pasar si vemos una mota de pelusa que parece una araña: la adrenalina fluye, aunque la araña solamente sea imaginaria. La *estimulación* está, aunque el evento *no sea real*.

Buscar placer a través de la estimulación externa por medio de escenas de terror o peligro puede ser tan peligroso como la adicción al estrés. El cuerpo internaliza la estimulación de la nueva percepción como estrés, y las hormonas del estrés terminan funcionando como cualquier otra droga, excitándonos para responder a la experiencia. Es esta sensación de excitación que causan las hormonas, lo que nos hace interpretar el evento como excitante o estimulante.

Cuando se busca continuamente esta excitación creada por las hormonas, se produce lo que algunos llaman una *respuesta a la urgencia*, que es un estado de dependencia de las neurohormonas del estrés. Esto sucede cuando alguien busca continuamente cosas nuevas, inusuales, innovadoras o que apelan a los sentidos.

Y el resultado es que la persona comienza a considerar que la sobre estimulación es lo normal, y que todo lo que sea menos que una corriente exagerada de hormonas sea aburrido.

La adrenalina eventualmente se vuelve adictiva. Así como el alcohólico necesita el alcohol, el adicto a la adrenalina se ha vuelto física y psicológicamente adicto a una dosis regular de adrenalina. Y así como sucede con la mayoría de las otras dependencias químicas, la adicción a la adrenalina es extremadamente destructiva para el cuerpo. La persona que logra abandonar su adicción a la adrenalina suele experimentar serios síntomas de privación de su estimulante.

Dos principios importantes en relación al estrés

Necesitamos entender con claridad que el cuerpo percibe el estrés creado por experiencias buenas del mismo modo que percibe el estrés creado por experiencias negativas. También necesitamos entender estos dos principios:

Principio Nro. 1: No todo estrés es igual

Hay estados emocionales mucho más dañinos que otros. El gozo extremo y la pena extrema ejercen estrés físico ¡Pero la pena intensa daña mucho más que el gozo intenso! Tenemos algo que es como una válvula medidora de estrés en nuestro cuerpo. Las emociones que más nos dañan son la ira, la falta de perdón, la depresión, el enojo, la preocupación, la frustración, el miedo, la pena y la culpa.

Principio Nro. 2: Necesitamos aprender cómo apagar el estrés

También necesitamos entender que las hormonas del estrés se elevan cuando la persona es incapaz de apagar su respuesta ante el estrés. La respuesta ante el estrés será buena solamente si se la experimenta durante poco tiempo. La respuesta crónica al estrés *siempre* será negativa a largo plazo.

3

¡APAGUE ESAS HORMONAS DEL ESTRÉS!

Jamás olvidaré las palabras de uno de los profesores de psiquiatría en la facultad de medicina. Había sido dermatólogo durante algunos años, y había tratado a innumerable cantidad de pacientes de soriasis. En una ocasión me acerqué a él y le pregunté por qué dejó el campo de la dermatología para estudiar psiquiatría. Me dijo que su trabajo como dermatólogo le había llevado a la conclusión de que muchos de los que sufren de soriasis o eczema en realidad estaban «llorando a través de la piel». En otras palabras, esta gente por algún motivo no podía llorar abiertamente aunque habían vivido cosas que merecían un buen llanto de desahogo. Estaban desahogando su pena a través de la piel, y ésta se manifestaba en erupciones dolorosas o con permanente escozor.

La investigación ha demostrado que los ataques de soriasis y las erupciones de eczema se acentúan cuando la persona está pasando por estrés. El eczema ha sido llamado varias veces «hervor» de la piel. El estrés empeora el eczema.

Si nuestro cuerpo pudiera hablar, sin duda nos diría a través de un desorden cutáneo «¡Ya no puedo más con estas emociones que producen estrés!»

Aunque no soy dermatólogo le aconsejo prestar atención cuando su piel comience a gritar. Como médico, le advierto seriamente: ¡aprenda a apagar el estrés!

¿CUÁL ES SU PERCEPCIÓN?

El estrés no tiene que ver tanto con los eventos y las experiencias como con la *percepción* de la persona en cuanto a las circunstancias que se presentan en su vida. El nivel de estrés de la persona tiene que ver con lo que ésta *cree*.

Permítame explicarlo mejor.

Lo que una persona puede considerar estresante, a otra puede no causarle estrés alguno. Quizá a alguien le resulte placentero organizar una fiesta para cuarenta personas y disfrute de todos los aspectos de la organización, así como del evento en sí mismo. Pero otra persona quizá sienta pánico ante la idea de dar una cena informal para seis invitados.

¿Hay algo inherentemente estresante en dar una cena? No. ¿Hay algo inherentemente dañino en la cantidad de invitados, o en el tipo –formal o informal– del evento? No.

La diferencia entonces, estará en la *percepción,* está en lo que la persona cree sobre la importancia del evento, las consecuencias potenciales de éste y la cantidad de esfuerzo que implique organizarlo.

Hace poco alguien me dijo:

«No lo entiendo. El viernes me levanto totalmente agotado y paso el día en anticipación del fin de semana. Por la noche caigo rendido en la cama, agradecido de que puedo dormir un poco más al día siguiente. Pero luego, el sábado por la mañana despierto *más temprano* todavía. Inicio proyectos en la casa y salgo a hacer compras, a veces también me detengo a tomar café con un amigo o por la tarde voy al cine. Por la noche quizá vaya al cine o a cenar con amigos. Al final del día he hecho casi tanto o más que lo que hago durante la semana, y sigo en actividad, hablando con muchas personas y realizando diversas tareas, pero no estoy cansado. ¿Por qué me pasa esto?»

«No crees que el sábado sea día de trabajo» dije. «Todo está en la percepción. Percibes los lunes, martes, miércoles, jueves y viernes como días de trabajo, y crees que el trabajo implica esfuerzo, responsabilidad, horarios que cumplir, concentración y todo tipo de cosas que percibes como difíciles. En cambio, percibes el sábado como día de juego, y juego significa diversión, amigos, compras y «jugar a la casita». Lo que crees y percibes determina tu nivel de estrés, y el nivel de estrés determina qué tan cansado estás al final del día».

Un hombre me dijo una vez que podía jugar un partido de fútbol profesional sin sentir estés, sí sentía dolores musculares a causa del ejercicio, pero no gran cansancio al terminar el partido. Sin embargo, después de pasar una hora pagando cuentas sentía que necesitaba una siesta. ¿Es que pagar cuentas implicaba más esfuerzo físico que jugar al fútbol? No. Este hombre percibía el fútbol como diversión y entusiasmo. Pero sentía que pagar cuentas era difícil y aburrido. Lo que creía sobre cada actividad determinaba el nivel de estrés.

Cuando se trata de estrés, la clave está en *lo que creemos*.

Los médicos psiquiatras Thomas Holmes y Richard Rahe, de Nueva York, son dos de los investigadores que observaron que hasta los eventos y experiencias positivos y deseables, como una boda o el nacimiento de un hijo, pueden causar estrés.[1] ¿Cómo puede ser? A causa de *lo que creemos* sobre el evento feliz.

Piense en esto durante un momento ¿Le temblaban las manos el día de su boda? ¿Se le secaba la boca, o le temblaban las rodillas? ¿Tenía sudorosas las palmas de las manos?

¿Sintió algo parecido la última vez que un policía detuvo su auto para multarle por una infracción de tránsito?

Todos hemos oído alguna vez de alguien que murió por un ataque cardíaco al enterarse de que había ganado la lotería, o después de oír que un ser amado supuestamente perdido o muerto volvía a casa. Todos hemos oído de gente que murió durante el acto sexual. El investigador de estrés Robert Sapolsky escribió: «¿Cómo es posible que eventos de alegría nos maten de la misma manera que una pena profunda y repentina? Claramente, porque comparten características similares. La ira y el gozo extremos tienen efectos diferentes en la fisiología reproductiva, en el crecimiento y muy probablemente en el sistema inmunológico, pero en cuanto al sistema cardiovascular, sus efectos son bastante parecidos».[2]

Este concepto está en el corazón del vínculo entre las emociones que sentimos y cómo nos sentimos físicamente.

El desarrollo de hábitos mentales

¿Alguna vez ha despertado pensando en un evento particularmente doloroso del pasado, y encontró que durante la mañana actuaba como si hubiese sucedido esto el día anterior? Los sueños muchas veces nos traen a memoria cosas del pasado, y en muchas personas el recordar penas pasadas hace que la respuesta del cuerpo sea la misma que ante una situación de estrés.

El cerebro no distingue realmente en su bioquímica si el recuerdo es de larga data o reciente. Una vez que la idea de un recuerdo se transmite en código bioquímico, el cuerpo responderá a dichas sustancias. No sabe si el evento está sucediendo en el momento o si tuvo lugar hace quince años. El hecho de pensar nada más en un dolor emocional profundo puede hacer que el cuerpo responda como si la situación fuera actual.

Además, cuanto más habitamos nuestras viejas penas o heridas, más desarrollamos un hábito mental en nuestra mente de modo que la respuesta ante el estrés ocurrirá con mayor celeridad cada vez que permitamos que estas viejas emociones resurjan. El cuerpo sufre el dolor de haber sido despedido, de perder un ascenso o del rechazo del divorcio, una y otra vez. De hecho, cada vez que la persona recuerda vívidamente el evento y las emociones que despertó este suceso.

Por eso no es poco común que alguien desarrolle una enfermedad meses o años después de una crisis severa, como una violación o la muerte de un ser querido.

LA CONEXIÓN ES REAL

Una cantidad de personas, incluyendo a muchos médicos, descartan la importancia de las enfermedades psicosomáticas, o de la relación mente-cuerpo. Se les ha enseñado a muchos médicos que estas enfermedades no existen en realidad y que son solamente resultado de la imaginación. En verdad, sí existen. Claro que pueden comenzar en la imaginación, o los procesos de percepción y creencia de la mente, pero terminan siendo dolencias físicas muy reales. Hable con cualquier persona que haya sufrido una enfermedad psicosomática durante años y le confirmará que es igual de dolorosa e incómoda que cualquier otra enfermedad; incluso puede ser más dolorosa y causar más sufrimiento. No minimice la enfermedad que presente una conexión entre la mente y el cuerpo. La investigación médica muestra cada vez más que puede haber una conexión de este tipo en la mayoría de las enfermedades y dolencias, y no sólo en algunas.

LA INVESTIGACIÓN MÉDICA MUESTRA CADA VEZ MÁS QUE PUEDE HABER UNA CONEXIÓN DE ESTE TIPO EN LA MAYORÍA DE LAS ENFERMEDADES Y DOLENCIAS, Y NO SÓLO EN ALGUNAS.

Las enfermedades psiquiátricas que se han vinculado a estrés de larga data incluyen desórdenes de ansiedad generalizada, ataques de pánico, estrés post-traumático, depresión, fobias, desorden obsesivo-compulsivo y otras enfermedades psiquiátricas menos frecuentes. La manifestación del estrés de larga data también puede ser por medio de enfermedades o dolencias *físicas*. Jugar con el estrés crónico hace que estén en riesgo serio casi todos los sistemas fisiológicos del cuerpo. El estrés crónico no atendido se ha vinculado a una larga lista de problemas físicos:

- Problemas cardiovasculares

  Hipertensión
  Palpitaciones
  Arritmias
  Mareos
  Prolapso de válvula mitral (pérdida de tono de la
    válvula mitral del corazón que causa filtraciones)
  Taquicardia atrial paroxismal (arritmia)
  Contracciones ventriculares o atriales prematuras
    (latidos irregulares)

- Problemas gastrointestinales
  Reflujo gastroesofágico
  Úlceras
  Gastritis
  Acidez estomacal
  Indigestión
  Constipación
  Diarrea e irregularidades relacionadas
  Síndrome de colon irritable
  Enfermedad inflamatoria de los intestinos (incluyendo
    mal de Crohn y colitis ulcerosa)

- Dolores de cabeza

  Migrañas
  Dolor de cabeza por tensión

- Enfermedades de la piel
  Soriasis
  Eczema
  Urticarias
  Acné

- Tracto génito-urinario
  Prostatitis crónica (infección de la próstata)
  Infecciones vaginales crónicas y recurrentes
  Micción frecuente
  Pérdida del impulso sexual e impotencia
  Infecciones urinarias frecuentes
  Niveles disminuidos de progesterona y testosterona

- Dolor e inflamación
  Dolor de espalda crónico
  Fibromialgia
  Síndrome de dolor crónico
  Tendonitis
  Síndrome de túnel carpiano
  Problemas de articulación témporo-maxilar

- Problemas pulmonares y respiratorios
  Resfríos, infecciones en senos paranasales, dolores de garganta e infecciones de oído crónicas o recurrentes
  Bronquitis o neumonía crónica o recurrente
  Asma
  Broncoespasmos
  Dificultad para respirar
  Hiperventilación

- Disminución inmunológica
  Fatiga crónica
  Infecciones crónicas y recurrentes de todo tipo

La disminución inmunológica que causa el estrés prolongado también puede manifestarse de diversas maneras. Se ha vinculado a enfermedades como la mononucleosis o virus de Epstein-Barr, CMV (citomegalovirus, un tipo de virus), alergias a alimentos o diversas cosas en el ambiente y enfermedades auto inmunes como la artritis reumatoide, el lupus, mal de Graves y esclerosis múltiple. La investigación médica ha documentado que quienes viven con estrés de larga data tienen mayor riesgo de contraer enfermedades virales y bacterianas que quienes no viven con estrés continuo. Sus cuerpos son más susceptibles a desarrollar infecciones a causa de bacterias, viruses, parásitos y hongos.

EL ESTRÉS Y ENFERMEDADES O CONDICIONES ESPECÍFICAS

El vínculo con el cáncer

Las células «asesinas» del sistema inmunológico son la primera línea de defensa en contra de las células cancerosas, de los virus, bacterias y hongos. Lo que poca gente sabe es que las células cancerosas son comunes en todas las personas. Muchos, sin embargo, tenemos sistemas inmunológicos sanos que con una potencia eficiente destruyen estas células cancerosas. Las células «asesinas» de nuestro sistema inmunológico atacan a las cancerosas antes de que logren formar un tumor.

El principal medio de prevención del cáncer es tener un sistema inmunológico fuerte y equilibrado, que el estrés puede corromper.

El vínculo con enfermedades auto-inmunes

Muchas personas hablan de fortalecer su inmunidad, pero permítame poner énfasis en el equilibrio cuando hablamos del sistema inmunológico. El cerebro regula la respuesta inmunológica del cuerpo, y cuando se ve impedida o interrumpida la influencia reguladora del cerebro, el resultado puede no ser una disminución de esta respuesta inmunológica (menos activación de las células «asesinas» naturales), sino una sobre-estimulación de la respuesta inmunológica. En estos casos, el sistema inmunológico pasa a estar demasiado activo, como si la palanca de cambios estuviera atascada y siempre fuera a máxima velocidad. Como resultado, el sistema inmunológico no ataca solamente a las bacterias, virus, parásitos, hongos y células cancerosas, sino también a las células sanas. Eventualmente, se llega a la enfermedad inflamatoria auto-inmune como la artritis reumatoide o el lupus.

¿Qué es lo que interrumpe o impide la influencia reguladora del cerebro cuando se trata del sistema inmunológico? ¡El estrés crónico es uno de los principales factores!

El vínculo con las alergias

Todas las alergias guardan estrecha relación con el sistema inmunológico, incluyendo las rinitis alérgicas, las alergias a alimentos, las urticarias, el eczema y el asma. Esencialmente, el sistema inmunológico se confunde y causa una reacción ante una sustancia esencialmente inocua como si fuera peligrosa. El estrés excesivo puede ser el causante de esta confusión. El cuerpo entonces percibe los alergenos como el polvo, el pelo de animales y el moho como invasores y el sistema inmunológico monta su ataque. Durante este ataque, los leucocitos (glóbulos blancos) liberan histamina, que a su vez crea síntomas como estornudos, ojos enrojecidos, nariz continuamente con moco o agua o congestión nasal. El cuerpo hace su mejor esfuerzo por expulsar el elemento irritante.

Si el alergeno está en la comida o la bebida, el cuerpo dispara reacciones cutáneas o gastrointestinales para expulsar al elemento invasor. En su forma más severa esta respuesta física puede causar una reacción anafiláctica y la muerte, estas reacciones intensas pueden ser resultado de picaduras de abejas o avispas, de medicaciones como los antibióticos o de alimentos como los mariscos y el maní.

El vínculo con las enfermedades de la piel

Muchos estudios diferentes han demostrado que el estrés y otros factores psicológicos, están asociados con el comienzo o empeoramiento de los síntomas en pacientes con soriasis.[3]

La soriasis es como un volcán que entra en erupción a causa de la presión de fuerzas invisibles que están justo debajo de la superficie de la vida de una persona. El cuerpo está liberando miedo, frustración, ira y otras emociones tóxicas. El recrudecimiento doloroso de la soriasis es evidente señal de rebeldía ante el nivel de estrés que está viviendo la persona.

El vínculo entre el acné y el estrés también se ha documentado. El acné por estrés suele darse más frecuentemente entre las mujeres de mediana edad en ascenso profesional competitivo más que en cualquier otro grupo social o estrato social. También ocurre con frecuencia entre los que están dando exámenes finales, los que tienen empleos con alto nivel de estrés y los que sienten la presión de una fecha de entrega o un plazo perentorio.[4]

Uno de los peligros de la complicación de estas reacciones cutáneas es que la soriasis, el eczema y el acné por estrés pueden causar perforaciones en la piel. En especial durante las etapas de erupción, estas dolencias pueden causar heridas abiertas en la piel que permiten la entrada de organismos microscópicos en el organismo. Esto puede llevar a infecciones. Las infecciones adquiridas a través de la piel son a veces las más difíciles de curar, y muy de vez en cuando, pueden resultar fatales. La literatura médica de los últimos cien años informa de una cantidad de casos fatales de infecciones por estafilococos relacionadas con afecciones de la piel, en especial si la herida abierta está localizada inicialmente en la cabeza o el rostro. El veneno de la infección en muchos de estos casos fue directo al cerebro.

Esto también es verdad en las instancias en que una quemadura de tercer grado daña la cobertura protectora de la piel. Esto le da la oportunidad de ingresar al organismo a todo tipo de organismos microscópicos.

Es muy importante que las erupciones cutáneas no se tomen a la ligera.

El estrés, por supuesto, se ve en la piel de otras formas también. Por lo general, deja su marca en el rostro. Aparecen líneas en la frente y a los lados de la boca. Estas líneas están presentes hasta cuando la persona duerme.

Otros vínculos con enfermedades

Las mandíbulas apretadas y el rechinar de dientes por la noche son también típicos de la persona estresada. Muchas personas que sufren de problemas en la articulación témporo-mandibular, se han visto afectadas por el estrés. En un estudio de investigación médica casi el 80 por ciento de las personas con esclerosis múltiple informaron haber pasado por eventos de crisis o estrés casi un año antes de que se manifestara la enfermedad. Esto se comparó con un 35 a 50 por ciento existente en un grupo testigo (gente que no tenía esclerosis múltiple).[5]

Aunque el estrés no sea la causa conocida de algunas enfermedades, los estudios demuestran que aumenta dramáticamente el dolor o el sufrimiento en relación con enfermedades auto-inmunes como la artritis reumatoide, la esclerosis múltiple, la soriasis y el mal de Graves.[6]

UN ARMARIO DEMASIADO LLENO

¿Hay algún armario en su casa donde mete usted casi a la fuerza las cosas que necesita guardar de apuro, como cuando están por llegar invitados o antes de una fiesta? La mayoría de las personas tenemos cajones o estantes donde guardamos cosas inútiles. Hay tal sobrecarga de cosas que llega el día en que ya no podemos cerrar el cajón o la puerta del armario.

Lo mismo vale para nuestra vida emocional. Si una persona guarda continuamente emociones tóxicas, *llegará el día* en que estas emociones enterradas resurgirán a la luz.

SI UNA PERSONA GUARDA CONTINUAMENTE EMOCIONES TÓXICAS, LLEGARÁ EL DÍA EN QUE ESTAS EMOCIONES ENTERRADAS RESURGIRÁN A LA LUZ

El final de las adicciones a la hormona del estrés no es divertido ni lindo. Es un estado de mala salud, que se evidencia en un sistema inmunológico debilitado, problemas cardíacos y envejecimiento prematuro.[7]

EL PODER ADICTIVO DE LAS HORMONAS DEL ESTRÉS

Ya he mencionado que la adrenalina excita como lo hace la morfina, y que afecta la química del cuerpo de la misma manera, utilizando los mismos receptores.

Las hormonas del estrés actúan más o menos como una zanahoria delante de la nariz del burro. Si logramos alcanzar la zanahoria, ya no hay excitación. La zanahoria no nos satisface como lo esperábamos, y lo que nos daba vigor era la persecución. Los adictos a las hormonas del estrés no dejarán de perseguir cosas, porque les importa más la persecución que la zanahoria. Lo único que quieren es un nuevo objetivo por perseguir.

Los adictos a las hormonas del estrés a menudo son muy exitosos en sus carreras porque siempre se exigen más para lograr nuevas metas o porque van en pos de nuevas conquistas que les den excitación emocional temporaria. Les gusta la excitación de la búsqueda y la persecución, sea en su profesión, su negocio, su estilo de vida, una meta económica o cualquier otro premio.

Puede ser divertido excitarse durante un evento deportivo o viendo una película de acción. Pero la internalización de estar en continuo estado de excitación puede hacer que terminemos en el carril rápido hacia el agotamiento total. Recuerde siempre: el corazón, el sistema nervioso y diversos órganos del cuerpo responden ante eventos de estrés positivo del mismo modo en que responden ante el estrés negativo.

Hay también personas adictas a las hormonas del estrés que no persiguen metas sino que parecen estar siempre en crisis emocionales, una tras otra. Viven su vida corriendo de una catástrofe emocional a la siguiente, la olla siempre hierve, las relaciones siempre están en conflicto y cambio, la intromisión y el control son interminables. ¿Alguna vez se ha preguntado porqué parece que ciertas personas nunca pueden relajarse, y siempre están en problemas o con temas candentes constantemente? La razón puede estar en que la persona vivió en un estado emocional de tensión durante mucho tiempo y se ha convertido en adicta a las hormonas del estrés.

He visto familias en que una adolescente revoluciona a todos al quedar embarazada. Luego, el segundo hijo adolescente tira la bomba porque se droga. El padre parece estar siempre enojado y la mamá está con depresión perpetua. Es muy posible que una familia entera viva en estado de «nivel de excitación» continuo, porque el estrés de una persona ayuda a crear más estrés para los demás hasta que todos son adictos a su propia adrenalina y cortisol.

LLEGUE A LA RAÍZ DEL ESTRÉS

Si vive su vida en lo que parece ser un estado constante de apuro o emergencia, quizá sea adicto a sus propias hormonas del estrés. Puede ser que hoy se sienta bien quemando la vela por los dos extremos, pero recuerde que eventualmente, las dos llamas se encontrarán.

En la raíz de la adicción al estrés está la necesidad de sentirse bien, o al menos, de sentirse mejor. La gente que tiene esta adicción se consume tanto con satisfacer sus deseos de sentirse emocionalmente feliz que eventualmente pasan por alto lo que realmente más les importa en la vida. Aprenderá cómo manejar esto más adelante, en los capítulos sobre el perdón, el pensamiento distorsionado y el amor.

Ahora deténgase por un momento para pensar en lo que *realmente* desea. Muy probablemente no sean posesiones materiales, nuevas experiencias, excitación inducida por sustancias químicas ni ninguno de los atributos asociados por lo general con un estilo de vida acelerado. Soy médico en la Florida, y mis pacientes son en su mayoría gente mayor. Cuando se trata de estar sobre el final de la vida, la gente suele poner en línea sus prioridades y comenzar a enfocarse en lo que verdaderamente desean:

- Paz con Dios
- Relaciones familiares de amor, y buena salud (evidenciada en buena energía y fuerza de sostén)
- Paz en su mente
- Placeres simples y que dan gozo
- Tiempo con amigos
- Tener un propósito en la vida, por lo general evidenciado en dar con propósito a los demás.

Lo que *no quieren* también se ve con claridad: vivir en una atmósfera de discusiones, abuso o agresión, horarios estrictos, demasiados compromisos obligaciones o responsabilidades, agotamiento y debilidad, falta de interés por la vida, apatía o severa falta de ambición y objetivos, pérdida del sentido de propósito y una vida carente de espiritualidad.

¿Para qué esperar hasta tener el diagnóstico de una enfermedad terminal, o llegar a la ancianidad para vivir como quiere vivir? ¿Por qué esperar para tener la vida emocionalmente satisfactoria y productora de salud que realmente desea?

4

LAS PEORES EMOCIONES PARA EL CORAZÓN

Hace años un pastor vino a verme. Karl tomaba tres medicamentos para la presión arterial que no hacían mucho por regular su hipertensión. Había visto a una cantidad de doctores que no habían encontrado la clave para bajar y controlar su nivel de presión, alarmantemente elevado.

La condición de Karl era errática: a veces su presión era normal, pero de repente saltaba, con niveles sistólicos de más de 200 (lo normal es menos de 140), y diastólicos de más de 130 (lo normal es menos de 90).

En mi consultorio, tanto el personal como yo nos tomamos el tiempo para sentarnos con pacientes como Karl y encontrar si hay algún evento emocional que pudiera estar causando una dolencia o enfermedad en particular. Una y otra vez hemos hallado que los factores emocionales aparecen vinculados directamente a la enfermedad. Otras veces, son los factores físicos la causa de la enfermedad. Karl no era obeso, así que no había razón evidente para su hipertensión.

Cuando me senté con Karl le pregunté específicamente sobre eventos que pudieran haber estado presentes en su vida cuando le diagnosticaron por primera vez los problemas de alta presión. Me dijo que había perdido su puesto como ministro después de una división particularmente mala en la iglesia. Había dejado su puesto con gran enojo hacia las personas que él percibía que se habían apoderado del control de la iglesia.

No me sorprendió lo que Karl me dijo. Porque a lo largo de los años he descubierto que los pastores y otras personas que trabajan tiempo completo en obras cristianas o de caridad suelen tener dificultades para perdonar a los que ellos creen que les han lastimado o dañado espiritualmente. Muchas de estas personas son gente profundamente sensible, que se sienten heridas fácilmente cuando creen que les han juzgado mal, injustamente, o que les han acusado, culpado o criticado sin causa. En lugar de demostrar que están heridas, internalizan los sentimientos y permiten que se conviertan en una mezcla fatal de ira y hostilidad.

Hablé con Karl sobre su necesidad médica de perdonar a los que les habían lastimado. No estaba preparado para que explotara en ira instantánea. Como volcán en erupción, dio un grito tan fuerte que lo oyó la oficina entera.

Los gritos de Karl siguieron durante un rato largo, con afirmaciones contundentes de odio hacia los que le habían «robado» su iglesia y habían «manchado» su valor como pastor. Cuando se calmó un poco después de ventilar sus emociones, guardadas quizá durante mucho tiempo y por primera vez sacadas a la luz desde que había dejado su pastorado unos años antes, me dijo que sabía que debía perdonar, y que por fin sentía que podía hacerlo.

Karl comenzó entonces a pronunciar palabras de perdón hacia la gente que había retenido como rehenes en la prisión de su corazón. A los quince minutos, más o menos, su presión arterial que había sido de 220/130, bajó a 160/100. Su rostro, casi distorsionado en una mueca de dureza cincelada en sus facciones, se había relajado al punto que parecía otra persona.

¿Por qué cosas vale la pena morir?

Sin duda la hostilidad, la ira y el enojo están primeros en la lista de emociones tóxicas que generan reacciones extremas de estrés. *Hostilidad* es el término que usamos con frecuencia para describir diversas emociones dañinas. Técnicamente, la hostilidad se define como sentimiento de enemistas, mala voluntad, antagonismo, etc.[1] Es un estado continuo, algo así como una visión o perspectiva perpetua.

La persona hostil se irritará excesivamente y se enojará con facilidad ante circunstancias triviales que a otras personas no les afectan. El cardiólogo Robert Elliot, ha descrito a la persona hostil como quien reacciona a alta temperatura, quemando un dólar de energía por cada centavo de molestia o estrés. Gasta cinco dólares de energía en un problema de dos centavos.[2]

En 1980, el Dr. Redford Williams y sus colegas de la Duke University demostraron que la obtención de un alto puntaje en una prueba de hostilidad que consistía de cincuenta ítems, se relacionaba positivamente con la severidad de la enfermedad coronaria.

La prueba de hostilidad utilizada en esta investigación forma parte del MMPI (Inventario Multifase de Personalidad de Minnesota), que es un test psicológico muy usado, creado en la década de 1950. El Dr. Williams refinó este test, definiendo tres categorías muy específicas de respuestas hostiles: actitudes, emociones y conducta.

La actitud hostil principal que aisló fue el cinismo, que es desconfianza de los motivos del otro. La emoción principal fue la ira. Y la conducta principal que aisló en este test fue la agresión.

La agresión es un acto físico, aunque no necesariamente lo que describiríamos como violento. La agresión puede expresarse sutilmente como fachada, una postura o disposición de descontento, o la disposición a la discusión.

El Dr. Williams luego requirió que los puntajes de cada uno de estos tres componentes: actitudes, emociones y conductas, se sumaran para obtener un puntaje total de hostilidad.[3]

Muchas personas hostiles no creen que sean iracundas, enojadas, cínicas o agresivas. Más bien se describen a sí mismas como «frustradas» o «tensas». La frustración sin embargo, muy a menudo es una de las facetas del enojo, como lo es también la impaciencia.

El hecho es que la mayoría de las personas están más enojadas de lo que creen. Hoy mucha gente en nuestra sociedad está enojada por dentro. Casi un 20 por ciento de la población en general tiene niveles de hostilidad lo suficientemente altos como para poner en peligro su salud ¡uno de cada cinco individuos! Otro 20 por ciento tiene niveles muy bajos de hostilidad, y el resto de la población está en los niveles intermedios.[4]

> Casi un 20 por ciento de la población en gene-
> ral tiene niveles de hostilidad lo suficientemente
> altos como para poner en peligro su salud ¡uno
> de cada cinco individuos!

El enojo abarca desde la molestia menor a la ira furibunda. Para descubrir su propio estado de enojo, le sugiero completar el Inventario de Ira que hay al final de este libro (Apéndice B). Si encuentra que su puntaje es el promedio, o más alto que el promedio, tendrá que actuar porque su salud está en riesgo.

Hostilidad y su corazón

La hostilidad produce reacciones fisiológicas muy reales en el cuerpo.

Las personas hostiles liberan más adrenalina y norepinefrina en su sangre, que las personas no hostiles. En términos generales estas hormonas elevan la presión sanguínea haciendo que se contraigan los vasos sanguíneos y aumente el ritmo cardíaco. Las personas enojadas también tienen niveles elevados de cortisol. Como vimos en un capítulo anterior los niveles altos de cortisol hacen que el cuerpo retenga sodio (sal), lo cual agrava el problema de presión sanguínea. El cortisol alto también eleva los triglicéridos y el colesterol, y hace que las plaquetas sean más pegajosas, todo lo cual predispone a la persona a una enfermedad cardíaca. Con el tiempo si la hostilidad se vuelve parte de la identidad emocional de la persona, el problema de presión sanguínea se hace más permanente.

La guerra, una de las experiencias humanas más estresantes, puede causar gran liberación de hormonas del estrés. Las autopsias de soldados muertos durante las guerras de Corea y Vietnam revelaron que el 75 por ciento de estas personas ya habían desarrollado alguna forma de ateroesclerosis a la edad de 25 años, o menos. Si estos jóvenes hubieran vivido la zona de guerra emocional interna que habían pasado, podría haberles causado tanto daño en sus sistemas cardiovasculares como lo hizo la guerra física en la que habían peleado.[5]

El daño de la alta presión sanguínea

Permítame darle un curso simple y corto sobre por qué la alta presión sanguínea es tan dañina:

Las arterias coronarias que proveen de sangre al corazón son probablemente las que más estrés sufren en nuestro cuerpo. Cada vez que el corazón late, estas arterias se aplastan, como sucede con una manguera de bomberos cuando no se utiliza. Luego, un chorro de sangre las infla al máximo. Este efecto de achatamiento y llenado se da más de cien mil veces al día, en 24 horas.

Las hormonas de la reacción ante el estrés afectan principalmente la cubierta de las arterias, que se llama endotelio. Esta cubierta está conformada por una única capa de células (células endoteliales) y se parece a la cubierta interior de una manguera de jardín. Es una capa resistente pero que puede dañarse si se ejerce demasiada presión sobre la pared del vaso sanguíneo. Cuando sucede esto, los glóbulos blancos, el colesterol y las plaquetas acuden al lugar para reparar el daño. Este «parche» de remiendo crea lo que llamamos placa aterosclerótica. Como las arterias coronarias proveen de sangre al corazón, que nunca descansa, son las que suelen mostrar más placa. También pueden pasar la pared arterial unas partículas microscópicas de LDL (colesterol malo), que allí se oxidan y hacen que se forme más placa.

A medida que pasa el tiempo, pueden entrar en el área fibras de colágeno y células de músculo liso, atrapando fibrina (una proteína importante para la coagulación), además de calcio y otros minerales. Todas estas reacciones hacen que la pared arterial se haga más gruesa y que eventualmente disminuya el lumen o abertura central de la arteria.

Las placas de grasa que cubren las arterias coronarias pueden romperse. Cuando la placa se rompe, las pegajosas plaquetas se unen entre sí y se pegan a la placa dañada. Esta bola de sangre pegajosa y grasa se hace cada vez más grande, como sucede con una bola de nieve que baja rodando la ladera de una colina. Eventualmente, esta bola de sangre y grasa puede llegar a ser tan grande como para taponar el vaso sanguíneo, o puede soltarse y viajar a una parte más angosta de éste, bloqueándolo en ese punto. El resultado será un ataque al corazón.

¿Qué sucede durante los períodos de estrés? Se libera adrenalina en el sistema, haciendo que el corazón se acelere y su ritmo sea más fuerte. La adrenalina también hace que las arterias coronarias y el corazón se dilaten en un esfuerzo por enviar más oxígeno y nutrientes al músculo cardíaco. Si las arterias coronarias están llenas de placa, o si las paredes arteriales están engrosadas debido al daño de la alta presión sanguínea, entonces en lugar de dilatarse, las arterias coronarias se contraen.

Imagine que su corazón late rápido y fuerte, luchando por cubrir la exigencia de más oxígeno y glucosa que piden el corazón y el cerebro. Pero que en lugar de dilatarse y abrirse, las arterias coronarias se contrajeran. El corazón necesita entonces latir más fuerte y rápido. Y cuanto más rápido y fuerte el latido, ¡tanto más grande es la contracción! El resultado final será angina, un infarto, arritmia o la liberación de un coágulo de sangre que bloquea totalmente un vaso sanguíneo, produciendo muerte súbita.

LAS CONSECUENCIAS NO SALUDABLES DE LA HOSTILIDAD SIN CONTROL

Muchos estudios médicos y científicos han vinculado el enojo, la ira, la hostilidad y otras emociones asociadas con enfermedades cardíacas. Resumiré algunos de los hallazgos aquí:

- Un estudio realizado en Finlandia mostró que la hostilidad es un factor de riesgo importante y de predicción de las enfermedades coronarias. Un estudio de la población realizado durante nueve años como seguimiento de este estudio original reveló que los que tenían más altos niveles de hostilidad tenían tres veces más posibilidades de morir a causa de enfermedades cardiovasculares, en comparación con quienes tenían puntajes de hostilidad menores.[6]

- La hostilidad en realidad puede ser un mejor factor de predicción de riesgo de enfermedad coronaria que los factores de riesgo habituales de consumo de cigarrillos, alta presión arterial y alto nivel de colesterol. En el estudio participaron unos 800 hombres, la edad promedio era de

60 años cuando se midió su nivel de hostilidad por medio de un cuestionario. El 45 por ciento de los participantes reportó al menos un evento cardíaco en los siguientes tres años del seguimiento. Los hombres con más alto puntaje de hostilidad en la prueba fueron los que más posibilidades tenían de sufrir problemas cardíacos, según revelaron los investigadores.[7]

- Ichiro Kawachi, de la Escuela de Salud Pública de Harvard, también ha informado sobre estudios que vinculan el enojo con la enfermedad coronaria. Dice: «El riesgo relativo de ataques cardíacos entre pacientes enojados se ve igual de alto que en los que fuman o tienen hipertensión. Los médicos clínicos deberían evaluar en sus pacientes su historial de enojo y pensar en referirlos a un terapeuta en manejo de la ira o consejero».[8]

- Otros investigadores médicos también han informado sobre esta relación. De hecho, un estudio reciente ha indicado que la hostilidad presenta mayor riesgo de enfermedad cardíaca que el fumar o el colesterol alto. En este estudio en particular, realizado sobre 774 hombres de 60 años de edad promedio los investigadores tomaron en cuenta todos los factores de riesgo tradicionales: fumar, colesterol alto, proporción cintura-cadera, consumo de alcohol, factores socioeconómicos bajos y hostilidad. Encontraron que entre los hombres con más alto nivel de hostilidad, casi un 6 por ciento tuvo al menos un evento cardíaco durante el estudio (como un ataque o ingreso al hospital por problemas cardíacos). Este porcentaje de incidentes cardíacos era significativamente mayor que la tasa de problemas cardíacos asociados con cualquier otro factor de riesgo.[9]

EL NEGARSE A HACER FRENTE A LA IRA REPRIMIDA PUEDE
ABRIRLE LA PUERTA A LA MUERTE PREMATURA

- El negarse a hacer frente a la ira reprimida puede abrirle la puerta a la muerte prematura. En un estudio de seguimiento de veinticinco años, con 255 estudiantes de medicina de la Universidad de Carolina del Norte, el Dr. John Barefoot, hoy en la Universidad Duke, encontró que quienes tenían puntajes más altos de hostilidad en un test de personalidad estándar tenían un riesgo casi cinco veces más alto de morir de enfermedades cardíacas que sus compañeros menos hostiles. También tenían siete veces más posibilidades de morir al llegar a los 50 años de edad.[10]

- En un estudio similar entre estudiantes de abogacía, los que tenían más altos niveles de estrés tenían un riesgo cuatro veces mayor de morir dentro de los siguientes 25 años.[11]

¿Tiene usted ira reprimida?

El Dr. Elliott utiliza diversos tests para determinar si las personas son «reactores calientes», es decir, si por lo general tienen hostilidad crónica y alta presión errática. Hace que jueguen juegos de video y realicen cálculos mentales, como restar mentalmente de a 7 números, comenzando por 777. También hace que tomen parte en un test de presión fría, que implica poner las manos en agua helada durante siete segundos. Si la presión sanguínea sube dramáticamente durante estas pruebas, hay muchas probabilidades de que la persona sea un «reactor caliente».[12]

En mi consultorio he descubierto que la mayoría de las personas que tienen hostilidad reprimida *lo saben*, dentro de sí; pero lo llaman con distintos nombres: «fusible corto» o «mal genio», por ejemplo.

Otros me dicen que están altamente motivados y que por eso son muy «impacientes». El estado de frustración constante es en realidad una forma sutil de hostilidad arraigada en la ira hacia los demás, hacia situaciones y circunstancias.

Y hay otros que me dicen que cada tanto pierden el control, pero que se enfrían tan rápidamente como han entrado en ebullición. Más tarde, me contarán sobre los problemas que siempre parecen causarles estas explosiones de ira. A menudo son eventos similares o reiterados con las mismas características. ¡Eso es hostilidad! Su hostilidad tiende a volver a una instancia, o serie de instancias, ocurridas en el pasado, a veces muchos años antes, o incluso durante su infancia.

Las personas hostiles internalizan o entierran su enojo. Crean un ambiente de olla de presión en su interior, como lo hizo Karl. Necesitamos recordar que no hay evento o experiencia en particular que produzca hostilidad automáticamente. Karl, por ejemplo, puede haber sido la única persona que salió de la situación de crisis en la iglesia con un sentimiento de hostilidad. Para otras personas ese evento puede haber traído alivio o alegría. Es, nuevamente, cuestión de percepción, creencia e internalización.

¿ES USTED UNA OLLA A PRESIÓN?

Diversos estudios han demostrado que las personas con alto nivel de hostilidad suelen exhibir dos tipos principales de conductas.

1. Conducta demasiado indulgente

Los que tienen más altos niveles de hostilidad suelen comer, beber o fumar demasiado. También suelen tener altos niveles de colesterol. En otras palabras, no es nada más que su hostilidad les hace más propensos a una enfermedad cardíaca, sino que además les impulsa a conductas que ¡contribuyen como factores a que sufran este tipo de enfermedades![13] Es un arma de doble filo.

La persona hostil que recurre a la nicotina para calmarse, a la comida como consuelo o al alcohol para relajarse es una persona que no está enfrentando en verdad la emoción tóxica de raíz. Solamente complica las consecuencias relacionadas con la emoción tóxica.

2. Conducta de personalidad tipo A

Hace unos 50 años, los cardiólogos Meyer Friedman y Ray Rosenman de San Francisco, acuñaron la frase «personalidad tipo A» en nuestro vocabulario. Caracterizaron a la persona de tipo A como impaciente, extremadamente competitiva, siempre apurada y crónicamente enojada y hostil. También la describieron como altamente agresiva, ambiciosa y trabajadora, fácilmente irritada por demoras e interrupciones. Muchas veces les cuesta relajarse sin sentir culpa, suelen terminar las oraciones de otras personas interrumpiéndolas, y se frustran con facilidad. La gente con este tipo de personalidad suele hacer sonar la bocina de su auto y echar humo cuando está atascada en el tráfico. Les ladran a los vendedores lentos en las tiendas, y sienten que tienen que hacer dos o tres cosas a la vez (multitareas) como hablar por teléfono mientras se afeitan o conducen.

El Dr. Friedman se describió a sí mismo como de tipo A, con un infarto cardíaco a edad temprana. Después de relacionar su tipo de personalidad con su roce con la muerte el Dr. Friedman modificó su actitud y estilo de vida. Murió a los 90 años en abril de 2001. Cuando tenía 86 años todavía dirigía el Instituto Meyer Friedman de la Universidad de California en San Francisco.

Friedman y Rosenman en realidad descubrieron la conducta de tipo A por accidente cuando vieron que las sillas de su sala de espera necesitaban nuevos tapizados mucho antes de lo que habían anticipado. Cuando el tapicero llegó para hacer el trabajo inspeccionó las sillas con cuidado y observó que el tapizado se había gastado de manera inusual. Nunca había visto este tipo de desgaste en los consultorios de otros médicos. La parte delantera de los asientos, y las porciones delanteras de los apoyabrazos, se habían gastado prematuramente mientras las partes de más atrás estaban todavía en buen estado. El patrón usual era de desgaste en la parte posterior de los asientos. Llegó a la conclusión de que las personas se sentaban en el borde delantero de las sillas, nerviosas, tomando los apoyabrazos con las manos mientras esperaban que los llamaran para entrar en el consultorio. Como se movían, inquietos, el asiento se había desgastado en esa parte. Mostraban tener personalidades de tipo A en su forma clásica.

Friedman y Roseman comenzaron a investigar la conducta y a escribir sobre el vínculo entre las enfermedades cardíacas y la personalidad de tipo A en la década de 1950. En 1975 publicaron un estudio de seguimiento sobre tres mil hombres sanos para determinar si las personas con patrones de conducta de tipo A solían tener mayor incidencia de enfermedades coronarias. El estudio duró ocho años y medio, y encontraron que el doble de los hombres tipo A tenían enfermedades coronarias, comparados con sus contrapartes de tipo B, menos nerviosos.

Friedman y Rosenman también encontraron que las personalidades de tipo B podían llegar a ser luego de tipo A si se les daban demasiadas responsabilidades y demasiada presión en el trabajo. La vida urbana, con sus plazos, tráfico, presiones económicas y demás, tendía a empujar a la gente a la conducta de tipo A aunque no tuvieran predisposición natural a esa personalidad.[14]

ANALICE SU CORAZÓN PARA VER SU YO REAL

Le aliento a hacer un ejercicio sencillo. Cierre los ojos y señálese con el dedo. Ahora abra los ojos. ¿Apuntó a la cabeza, donde está el cerebro, o al pecho, donde está su corazón? Pruebe esto con otras personas. Invariablemente verá que nadie señala su cerebro, su pie o su rostro. Cuando uno se señala, marcando su verdadero YO, siempre señala el corazón.

Ninguno de los pueblos antiguos, incluyendo los bíblicos, consideraban que el cerebro fuera la «sede» de la persona misma. Para los griegos, escritores de la Biblia, la sede de la identidad del ser humano estaba en el corazón: el alma, las emociones, la voluntad, los sentimientos de la persona.

Jesús enseñó: «El hombre bueno, del buen tesoro del corazón saca buenas cosas; y el hombre malo, del mal tesoro saca malas cosas» (Mateo 12.35). La Biblia también nos dice:

> Y les daré un corazón, y un espíritu nuevo pondré dentro de ellos; y quitaré el corazón de piedra de en medio de su carne, y les daré un corazón de carne, para que anden en mis ordenanzas, y guarden mis decretos y los cumplan, y me sean por pueblo, y yo sea a ellos por Dios. Mas a aquellos cuyo corazón anda tras el deseo de sus idolatrías y de sus abominaciones, yo traigo su camino sobre sus propias cabezas, dice Jehová el Señor (Ezequiel 11.19-21).

Los siguientes capítulos retratan al corazón como capaz de pensar, sentir, recordar y causar la conducta observable:

- El corazón alegre hermosea el rostro; mas por el dolor del corazón el espíritu se abate. (Proverbios 15.13)
- El corazón entendido busca la sabiduría; mas la boca de los necios se alimenta de necedades. (Proverbios 15.14)
- El corazón del sabio hace prudente su boca, y añade gracia a sus labios. (Proverbios 16.23)

Su cuerpo es la realidad viviente de todo lo que usted es, y todo lo que siente le sucede a usted por entero, y no solamente a su cerebro. Vivimos con la sensación de ser condescendientes con los pueblos de la antigüedad, porque creían que el corazón podía pensar. Sin embargo la Biblia dice: «Porque cual es su pensamiento en su corazón, tal es él» (Proverbios 23.7), y «De la abundancia del corazón habla la boca» (Mateo 12.34).

> SU CUERPO ES LA REALIDAD VIVIENTE DE TODO LO QUE
> USTED ES, Y TODO LO QUE SIENTE LE SUCEDE A USTED
> POR ENTERO, Y NO SOLAMENTE A SU CEREBRO

Quizá se pregunte usted: «¿puede mi corazón físico realmente pensar y sentir? ¿Es más que una bomba de sangre?» El autor y científico Paul Pearsall describió un incidente que ocurrió cuando estaba hablando ante un grupo internacional de psicólogos, psiquiatras y trabajadores sociales en Houston, Texas. Estaba hablando sobre su creencia en el rol central del corazón en la vida física y espiritual. Una médica se acercó al micrófono para contar su historia, sollozando. Esto es lo que le contó al Dr. Pearsall y a los que estaban presentes en el auditorio:

Tengo una paciente, una niñita de ocho años que recibió el corazón de una niña de diez años que había sido asesinada. Su madre me la trajo cuando comenzó a gritar por las noches porque soñaba con el hombre que había matado a su donante. Dijo que su hija sabe quién fue el asesino.

Después de varias sesiones, no podía yo negar la realidad de lo que esta niña me decía. Finalmente su madre y yo decidimos llamar a la policía y utilizando las descripciones de la niña encontraron al asesino. Con la evidencia de mi paciente, se lo sentenció sin problemas. La hora, el arma, el lugar, la ropa que llevaba, lo que la niñita le había dicho antes de que la matara... todo lo que la pequeña receptora del corazón transplantado informó era exacto.[15]

EL CORAZÓN HUMANO, EL CORAZÓN ESPIRITUAL

Hace miles de años la Biblia advirtió que el pecado, como la ira y la hostilidad implacables, endurecen el corazón humano. En realidad, las arterias endurecidas o calcificadas pueden dejar al corazón humano duro como una piedra, según se ve en las autopsias. «Dureza de corazón» no es nada más que un eufemismo para la tozudez o la actitud rígida. Es un estado físico del corazón que resulta de la aterocesclerosis severa. Quienes sufren de esta dolencia por lo general sufren angina de pecho, que es dolor de pecho con agotamiento físico. El corazón endurecido por años de dolor emocional y los resultados devastadores a causa de las hormonas del estrés dan lugar a un corazón que siente dolor físico.

¿Puede ser que el dolor que se sufre durante un infarto agudo de miocardio o alguna otra enfermedad cardíaca sea consecuencia del dolor reprimido por pecados ocultos, ira no perdonada o reprimida, abandono que no ha sanado u otras emociones tóxicas? Puede ser, sí, que el corazón emocional y espiritualmente dolido finalmente revele su angustia en los vasos sanguíneos y tejidos del corazón físico.

¿Puede ser que el corazón físico humano sea meramente un reflejo de lo que está pasando con el corazón espiritual? Creo que sí. Muy a menudo creemos que la realidad física determina la realidad oculta del alma, la mente y las emociones. Pero la Biblia nos habla, en efecto, del proceso exactamente opuesto. La realidad oculta de nuestras almas, mentes y emociones es lo que determina la realidad física que percibimos con nuestros sentidos.

Independientemente de lo que venga primero: repuesta física o emocional, ambas funcionan juntas. Lo físico, lo emocional y lo espiritual están ligados de maneras que recién hoy estamos comenzando a explorar y entender.

5

¡AY! EL VÍNCULO ENTRE LA IRA Y EL DOLOR

Kelley vino a verme después de haber visto a tres médicos clínicos, a un especialista y a dos quiroprácticos. Tenía una cita con el especialista en dolor el mes siguiente. Su problema: intenso dolor de espalda y diversos dolores que parecían ir cambiando de lugar en su cuerpo, un día era la cabeza, y al día siguiente su estómago.

«No pasa casi un día en que no sienta dolor bastante severo en alguna parte», me dijo. «Tengo solamente cuarenta y seis años y no me parece normal».

Le aseguré que «sentir dolor bastante severo en algún lugar» no era normal, a ninguna edad. Le pregunté cuándo había comenzado este dolor a lo que comentó: «Hace unos cuatro años».

Le pedí que me hablara sobre su vida, su familia, en especial de los últimos cinco a siete años.

«Han sido mis años más difíciles», respondió.

Kelley luego resumió su vida adulta. Ella y su esposo Will se habían casado mientras estaban en la universidad. Ambos trabajaron y estudiaron durante los siguientes tres años hasta que se graduaron. Kelly se graduó en educación infantil y Will en artes gráficas. Obtuvieron sendos empleos y un año después de su graduación Kelley tuvo su primer bebé. A los dos años tuvieron otro bebé. Y en los siguientes veinte años se mudaron tres veces, a tres estados diferentes a medida que Will encontraba mejores empleos. Kelley siempre logró encontrar trabajo.

Luego, unos cinco años antes, su vida económica comenzó a decaer. Con uno de sus hijos en la universidad y otro cerca de terminar la escuela secundaria, Will perdió su empleo, y también el siguiente, y el siguiente. En total había pasado por cinco empleos en cuatro años.

«Parecía no poder sostenerse», dijo Kelley. «En esos cuatro años trabajó solamente diecinueve meses. Todo el ingreso familiar caía sobre mis hombros. Era mucha presión, en especial para el salario de una maestra de jardín de infantes».

«¿Se vio afectada tu relación con Will?» Le pregunté.

«Sí, claro», respondió. «Traté de apoyarlo. Luego comencé a oír comentarios y rumores sobre que Will era demasiado arrogante, poco estable y poco confiable en el trabajo. Sabía que Will siempre había tenido esas tendencias, pero de repente parecía no poder controlarse. Me sentí enojada de veras porque saboteaba no sólo su propia carrera sino además nuestra economía familiar y el futuro de nuestros hijos. Estaba enojada porque no enfrentaba el hecho de que todos esos cambios de empleo en realidad habían sido su culpa».

«Estaba enojada porque ponía toda la presión y responsabilidad del ingreso familiar sobre mí. Él se daba cuenta de que yo estaba molesta y frustrada, aunque nunca le grité. De hecho, ni siquiera hablamos sobre cómo me sentía yo, creo que sabía que estaba enojada, pero que pensaba que yo tendría que soportar esa carga y que nada tenía que ver con él».

«¿Cambió algo luego?» Pregunté.

«Bueno, finalmente consiguió un empleo, no de artes gráficas, y pudo conservarlo. Nuestra hija dejó la universidad durante un año para trabajar. Nuestro hijo fue a la universidad pública en lugar de ir a la que realmente quería ir. Creo que todavía sigo un poco enojada por como la incapacidad de Will de mantener un empleo ha tenido un impacto en las vidas de nuestros hijos, y creo que ha sido negativo».

Kelly preguntó entonces:

«¿Qué puede tener que ver todo esto con mi dolor de espalda?»

«Mucho», le respondí.

EN LA RAÍZ DEL DOLOR

La hostilidad y la ira están directamente relacionadas con el dolor en muchas personas. No debiera sorprendernos. Durante milenios la Biblia nos ha dicho:

No me senté en compañía de burladores, ni me engreí a causa de tu profecía; me senté solo, porque me llenaste de indignación. ¿Por qué fue perpetuo mi dolor, y mi herida desahuciada no admitió curación? ¿Serás para mí como cosa ilusoria, como aguas que no son estables?
                                    JEREMÍAS 15.17-18

Mucho me han angustiado desde mi juventud;
Mas no prevalecieron contra mí.
Sobre mis espaldas araron los aradores;
Hicieron largos surcos.
                                    SALMO 129.2-3

La indignación, claro, es una forma de ira. De enojo justo. Afligir, según el Diccionario de la Real Academia Española, significa: «Causar molestia o sufrimiento físico; causar tristeza o angustia moral; sentir sufrimiento físico o pesadumbre moral». Los ataques emocionales en contra del salmista le causaban directamente un efecto doloroso en la espalda, como el que haría un arado al pasarle por encima como su fuera un campo.

¿Qué hay de la ciencia que vincula las emociones tóxicas de hostilidad o enojo con el dolor? El Dr. John Sarno, profesor de medicina clínica rehabilitadora en la Facultad de Medicina de la Universidad de Nueva York, ha tratado a miles de pacientes con dolor de espalda. A comienzos de la década de 1970 Sarno comenzó a cuestionar los diagnósticos y tratamientos populares para el dolor de espalda. Se preguntaba por qué el nivel del dolor de una persona, y los hallazgos en sus exámenes físicos, no se condecían. A veces sus hallazgos sugerían que las anormalidades estructurales, incluyendo hernias de disco, no tenían nada que ver, o muy poco, con el nivel de dolor que la persona refería.

Sarno comenzó a efectuar preguntas a sus pacientes con dolor de espalda crónico, y descubrió que el 88 por ciento tenía historial de reacción ante la tensión. Los que sufrían dolor de espalda por lo general también tenían:

• Dolor de cabeza por tensión

- Migrañas

- Eczema

- Colitis

- Úlceras

- Asma

- Fiebre del heno

- Enuresis (orinar con frecuencia)

- Síndrome de colon irritable

El Dr. Sarno concluyó que los espasmos dolorosos en la espalda y el dolor crónico a menudo eran resultado de tensión crónica, estrés, frustración, ansiedad, ira reprimida y preocupación. Enunció la teoría de que la tensión tenía impacto en la circulación sanguínea a los músculos de la espalda. La tensión hacía que se contrajeran los vasos sanguíneos que proveen de sangre a los músculos y nervios de la espalda. Como resultado, se producen espasmos dolorosos. Esto eventualmente puede llevar a la sensación de «pinchazos» y hasta menor fuerza en los músculos.

La contracción crónica de los vasos sanguíneos producía otra consecuencia negativa: una acumulación de desechos metabólicos en los músculos. Una de las tareas del sistema de circulación es el de transportar los desechos de las células y tejidos hacia los órganos excretores, en especial los riñones e intestinos, pero también a la piel. Cuando se contraen los vasos sanguíneos, se acumulan los desechos y se llena el tejido muscular con desechos metabólicos.

La zona lumbar no es la única que se ve afectada. Los músculos del cuello, hombros, nalgas, brazos y piernas también pueden sufrir este impacto. Como resultado, se puede llegar a diagnósticos de fibromialgia, fibrositis, miofascitis, lesión repetitiva por estrés y otras dolencias. El Dr. Sarno llamó a esta condición del dolor crónico Síndrome de Miositis por Tensión (SMT).

Antes de sus hallazgos y de dar un nombre al SMT, el Dr. Sarno había estado tratando a sus pacientes con dolor de espalda crónico según la relación del dolor con hernia de disco, artritis y demás. En general muchos de sus pacientes habían experimentado leves mejorías, lo cual no es poco usual en personas con dolor de espalda crónico. Muchas personas con dolor de espalda le dirán que han sufrido esto durante diez, veinte, treinta o más años, aunque hayan pasado por diversos tratamientos y terapias. La mejoría parece temporaria en muchos casos.

Después de su investigación el Dr. Sarno comenzó a tratar los componentes emocionales subyacentes en relación al SMT, además de toda anormalidad estructural. Sus pacientes comenzaron a mejorar dramáticamente. Observó con asombro que más del 90 por ciento de sus pacientes reportaban que ya no tenían dolor de espalda. Además, entre el 90 y el 95 por ciento de los pacientes del Dr. Sarno sanaron permanentemente. Es decir que muy rara vez volvieron a sufrir dolor de espalda.[1]

Frecuentemente yo recomiendo los libros del Dr. Sarno: *The Mind Body Prescription, Healing Back Pain,* y *Mind over Back Pain,* a gente que viene a mí con un dolor crónico de espalda.

EL DOLOR EMOCIONAL PUEDE CAUSAR DOLOR FÍSICO

Cuando hablamos de una persona que nos molesta, que nos enoja o nos causa dolor emocional, por lo general decimos que es «un dolor de cabeza».

Cuando terminamos con una relación de amor, o cuando sentimos gran pena por una pérdida, muchas veces decimos que «nos duele el corazón».

Cuando alguien nos rechaza, nos critica o enoja, decimos a veces que «nos lastimó».

¡Así es, en verdad!

Pero ¿qué tipo de dolor emocional se convierte de veras en una dolencia física? Es el dolor emocional que la persona ha reprimido.

Muchos padres les dicen a sus hijos que está mal que expresen abiertamente sus emociones. Los niños oyen que «los hombres no lloran» o que es feo ser «llorona». Entienden que la expresión de las emociones es de mala educación. En algunos casos los padres castigan a sus hijos por expresar sus emociones, incluso cuando los niños las expresan de manera adecuada y por razones válidas. Además, hay estudios psiquiátricos que muestran que los niños que viven con falta de aprobación o respeto por sus sentimientos cuando son muy pequeños automáticamente desarrollan una tendencia a reprimir emociones. Cuando estos niños sienten que sus padres, maestros, hermanos, entrenadores o personas con autoridad no valoran lo que piensan o sienten, tienden a dejar de valorar sus propias emociones.

LA BIBLIA HABLA DE LA IRA

La Biblia tiene cantidad de pasajes que se refieren directamente a la ira. Uno de los versículos más sobresalientes habla de que debemos enfrentar rápidamente los temas y situaciones que nos causan enojo en lugar de reprimir nuestros sentimientos: «Airaos, pero no pequéis; no se ponga el sol sobre vuestro enojo» (Efesios 4.26; ver también Salmo 4.4).

No hay nada malo en el enojo como emoción. Lo que sí es malo es cómo expresamos nuestro enojo: por ejemplo con acciones de violencia contra otros, dañando pertenencias de otros, y demás. Lo que también nos daña es aferrarnos al enojo y permitir que crezca dentro de nosotros haciendo que vivamos en ira perpetua.

Jesús enseñó: «Oísteis que fue dicho a los antiguos: No matarás; y cualquiera que matare será culpable de juicio. Pero yo os digo que cualquiera que se enoje contra su hermano, será culpable de juicio; y cualquiera que diga: Necio, a su hermano, será culpable ante el concilio; y cualquiera que le diga: Fatuo, quedará expuesto al infierno de fuego» (Mateo 5.21-22). Jesús estaba igualando la actitud continua de la ira, la hostilidad que nos haría matar si tuviéramos oportunidad de hacerlo, con el asesinato de hecho. Para Él, esta ira continua en una persona era espiritualmente igual de dañina que un asesinato perpetrado en verdad. La gente cuando estaba enojada solía decir la palabra *Raca*; las expresiones verbales de enojo pueden ser tan dañinas como los actos físicos de violencia en contra de una persona.

En verdad, a menudo reaccionamos ante las palabras o la actitud que percibimos en otros de manera idéntica a la que manifestaríamos si esta persona nos pegara. El viejo adagio «A palabras necias, oídos sordos», no es cierto. Las palabras pueden tener un impacto emocional devastador en una persona.

Represión temporaria o permanente

Reprimir determinadas emociones puede ser saludable, *a corto plazo*. Y reprimir una respuesta automática puede darle a la persona un poco más de tiempo para enfrentar emociones que quizá le sobrecogieran totalmente si hubiera de actuar súbitamente.

Esto sucede en especial cuando muere un ser amado. ¿Alguna vez ha notado que los familiares del fallecido parecen estar más serenos que otras personas ante la muerte de un ser querido? Lo que ha sucedido es que sus mentes reprimen o bloquean las respuestas de pena sobrecogedora durante un corto período. Los deudos podrán estar en este estado de negación durante días o semanas, hasta que sus emociones logran ver la realidad de su pérdida. Esta es una acción normal, defensiva y saludable de nuestra mente.

Lo que no es saludable es que enterremos o neguemos indefinidamente las emociones desagradables o sobrecogedoras, emociones que sería más saludable enfrentar para poder elaborar. Cuando fingimos que todo está bien *aunque no lo esté*, cuando nos decimos a nosotros mismos y a los demás que no ha sucedido nada malo *cuando sí pasó*, cuando actuamos como si no hubiéramos sufrido una pérdida o dolor aunque sí lo hayamos sufrido, entonces estamos escondiendo lo que deberíamos expresar. Cuando una persona comienza a empacar y esconder emociones poderosas y devastadoras en el armario de su alma, se está preparando para tener problemas.

A lo largo de los años, muchas personas se vuelven expertas *en no sentir* lo que sienten. Llegan a ser profesionales en ocultar y enterrar todo sentimiento doloroso o que otros no acepten.

Lo que sucede cuando hacemos esto, cuando nos guardamos la expresión de la frustración, el enojo o el rechazo, cuando nos negamos a llorar o dar voz a nuestros dolores, es que nuestra mente percibe que *estamos en peligro*. Las emociones negativas que estamos sintiendo y que nos causan dolor se convierten en emociones que intentamos evitar o rechazar. Se inicia un ciclo negativo. Cuando más experimentamos emociones negativas y no las expresamos, tanta más presión vamos juntando dentro, y nuestras mentes perciben que estamos en situación de peligro, con lo cual sentimos que debemos huir (encerrar aún más nuestras emociones) o pelear (enojarnos contra las emociones). El resultado puede ser ira interior, miedo o ansiedad que sale a la luz debajo de la superficie de la expresión, durante años o décadas.

> CUANDO UNA PERSONA COMIENZA A EMPACAR Y ESCONDER EMOCIONES PODEROSAS Y DEVASTADORAS EN EL ARMARIO DE SU ALMA, SE ESTÁ PREPARANDO PARA TENER PROBLEMAS

El proceso inicial de aprender a ocultar emociones es un proceso conciente. El niño debe pelear consigo mismo para no sentir miedo o para no llorar cuando alguien le insulta. Con el tiempo, este proceso de ocultar emociones se vuelve un acto subconsciente, y ya no cuesta tanto esfuerzo, porque es una respuesta casi instintiva y automática ante lo que sea negativo.

La Biblia nos alienta: «y renovaos en el espíritu de vuestra mente, y vestíos del nuevo hombre creado según Dios en la justicia y santidad de la verdad» (Efesios 4.23-24). El «espíritu de la mente» es el subconsciente, la parte de nuestro pensamiento más directamente relacionada con nuestra alma y espíritu. Las emociones bloqueadas o reprimidas ocurren automáticamente en nuestro subconsciente y a menudo no somos concientes de ellas. Esta es el área que necesita renovación espiritual. Hablaré de esto más adelante, en los capítulos sobre el perdón, el amor, el reemplazo del pensamiento distorsionado y el gozo.

SEÑALES DE QUE HAY EMOCIONES REPRIMIDAS

«Pero si reprimir emociones es algo mayormente subconsciente, ¿cómo saber si lo estoy haciendo?», preguntará usted.

He visto cantidad de tendencias psicológicas en mis pacientes además de la manifestación del dolor. La gente que tiene respuestas emocionales reprimidas desde la infancia o desde hace ya mucho tiempo suele expresar una o más de las siguientes cosas:

Perfeccionismo

Los que reprimen emociones intentan mantener todo «perfecto» en su vida para que no haya motivo de rechazo, fracaso o crítica.

Deseo de controlar

Los que reprimen emociones suelen intentar controlar todos los aspectos de su vida y también de las personas que les rodean, para que no haya emociones con oportunidad de irrumpir o demostrarse.

Duda y crítica acerca de sí mismos

Muy a menudo las personas con emociones reprimidas crecieron en ambientes en los que no se sentían amados, o donde sentían rechazo cuando niños. De algún modo no vivieron la seguridad y el vínculo de una relación padres-hijo/a normal. Como resultado, tienen baja autoestima y sentimientos de poca autovalía aunque hayan logrado mucho más adelante en su vida.

Esta baja autoestima tan arraigada suele manifestarse en duda acerca de sí mismo, como por ejemplo, no poder tomar decisiones, o la tendencia a evitar tomar decisiones o establecer metas específicas, una insatisfacción respecto de las decisiones del pasado al punto de que la persona se niega a tomar decisiones futuras.

Otros con baja autoestima suelen criticarse demasiado, ridiculizando sus defectos, desechando elogios y haciendo comentarios abiertamente críticos sobre sus propios errores, defectos o equivocaciones. Suelen ser los que responden instintivamente ante una nueva idea o situación diciendo «no sé», o «no estoy seguro/a», o «no creo que sea buena idea» inclusive antes de haber oído la idea o explorado las posibilidades de la nueva situación. Al conocer gente nueva o encontrar nuevas circunstancias quizá repentinamente se vuelvan tímidas o retraídas.

Cinismo y crítica

Los que tienen emociones reprimidas a veces tratan de desviar la atención de sí mismos hacia otros para evitar rechazo, pena o angustia emocional. Pueden convertirse en maestros del comentario crítico y el cinismo hacia los demás.

Promiscuidad

Esta respuesta puede parecer extraña, pero mucha gente con baja autoestima y emociones reprimidas hacen un gran esfuerzo por agradar a todos y buscar expresiones de afecto en lugares y personas poco probables. Pueden llegar a ser abiertamente promiscuos en su deseo por vivir el afecto y la seguridad que no tuvieron de pequeños, o para compensar el rechazo que sintieron de un ex cónyuge.

«Explosión de emoción»

Pregúntese lo siguiente:

- ¿Parece exagerada mi respuesta ante ocurrencias cotidianas y simples? ¿Me hace llorar de repente una canción? ¿Despierta en mí una cantidad de emociones confusas un perfume en particular?

- ¿Tengo recuerdos instantáneos o pesadillas sobre eventos traumáticos en el pasado, como un divorcio o episodios de abuso?

- ¿Presento reacción emocional fuerte cuando veo a alguien a la distancia o en una fotografía (incluyendo la fotografía de un objeto inanimado?

Sepa que cuando estas reacciones y recuerdos disparan una respuesta de estrés, quizá estén tratando de decirle algo.

Una de mis pacientes me dijo que se enojaba mucho cada vez que olía menta. La Navidad le era un momento muy difícil. La Navidad, las golosinas y el olor de la menta estaban íntimamente ligados ¿Por qué? Cuando me habló de su vida, reveló que su tío la toqueteaba con regularidad. Durante estos ataques sexuales, que siempre parecen haber sucedido en la sala de estar, solía desviar la mirada hacia un jarrón de mentas que había sobre la mesa cerca del sofá. No me extrañó entonces que el olor a menta despertara en ella la amargura, la ira y el resentimiento.

Cuanto más fuerte la emoción ¡tanto más fuerte la explosión!

Una de las cosas que descubrieron quienes han estudiado la relación entre la mente y el cuerpo es que cuanto más fuerte sea la emoción que reprime la persona, tanto más potente o explosiva será la liberación de esa emoción más adelante en su vida.

La ira o enojo extremo que reprimimos a veces escapa de la mente inconsciente, como el criminal escapa de su celda en la cárcel. Pero los traumas terribles de la infancia, incluyendo el abuso sexual, físico y emocional, la humillación en público o el rechazo severo son experiencias que pueden causar una ira o dolor interior que explota en ocasiones de manera violenta más tarde en la vida, a veces como expresión de abuso hacia otros, en ocasiones como pesadillas tremendas o insomnio, y otras veces como torrente interminable de lágrimas o acciones diversas que como cultura describimos como insanas: gritos, autoflagelación, etc.

¿Qué otro tipo de experiencias crean emociones que la gente suele reprimir?

Aquí enumero algunas de las más frecuentes:

- La depresión o enfermedad prolongada de uno de los padres. Esto en la niñez da una sensación de miedo e inseguridad y a veces profundo enojo porque este padre o esta madre no brindan lo necesario.

- Circunstancias que producen gran ansiedad, como la guerra, imágenes o discursos vívidos de la guerra, violencia y terrorismo, divorcio y separación del matrimonio, extrema pobreza o mudanzas reiteradas. Nuevamente, el niño tenderá a percibir estas circunstancias como la creación de un ambiente inestable, inseguro, que inspira temor y quizá siente enojo porque los padres no le brindan lo que necesita.

- El alcoholismo o la drogadicción. Nuevamente, el niño podrá internalizar la adicción de uno de los padres como entorno inseguro que inspira miedo.

- Extrema rigidez, padres muy estrictos o falta de afecto. El niño podrá percibir que uno de sus padres lo rechaza, o que lo juzga mal, con lo cual puede sentir enojo.

Las emociones que quedan atrapadas dentro de la persona buscan resolución y expresión. Esto forma parte de la naturaleza de las emociones, porque deben sentirse y expresarse. Si nos negamos a dejar que salgan a la luz, las emociones se esforzarán por lograrlo. La mente inconsciente tiene que trabajar más y más para poder mantenerlas bajo el velo que las esconde.

Las emociones no mueren. Las enterramos, pero enterramos algo que todavía está vivo. Es como llenar una jarra con agua. Podemos verter un vaso tras otro de emociones negativas en la jarra hasta que esté a punto de desbordar. Y luego, la experiencia negativa más sencilla puede hacer que la jarra desborde.

LAS EMOCIONES NO MUEREN. LAS ENTERRAMOS, PERO
ENTERRAMOS ALGO QUE TODAVÍA ESTÁ VIVO

Los que entierran emociones negativas, en especial el enojo y la hostilidad durante años, no necesitan demasiado para que se disparen. El menor insulto de parte de un conductor que le corta el paso, de la persona que critica su trabajo, de alguien que ignora su presencia, puede producir una explosión que va mucho más allá de la respuesta normal.

¿Qué sucede en la expresión normal de cantidades pequeñas de enojo o miedo? Los músculos faciales se ponen tensos, y todo el cuerpo puede parecer estar a punto de la parálisis temporaria. La respuesta física normal ante el enojo o el miedo es tensar el cuerpo, porque todo en la persona se prepara para pelear o huir. Cuando algo nos duele, decimos «¡Ay!» para expresar dolor.

¿Qué pasa si reprimimos el enojo y el miedo? Sentimos esa tensión normal, pero hacia adentro en lugar de hacia fuera. El cuerpo la transfiere al grupo de músculos internos. El «¡Ay!"No se expresa... durante un tiempo. Eventualmente despertamos con el cuello duro o con dolor de espalda y el «Ay» encuentra una salida para expresarse.

El enojo es una respuesta condicionada

¿Cómo es que el enojo se convierte en una respuesta automática que fluye de nuestra mente subconsciente? Sucede porque *aprendemos* el enojo a través de la exposición repetida a determinadas experiencias en nuestro entorno.

Encuentro interesante que a pesar de que a menudo aprendemos a reprimir emociones en la infancia, este es el período en que nos bombardean las experiencias que despiertan emociones. Hasta las caricaturas parecen enseñar a los niños a reaccionar ante la vida con enojo y con ira. Lo mismo vale para muchos de los programas policiales en los horarios pico. Los medios nos enseñan a reaccionar ante la vida con un fusible corto, a sacar conclusiones inmediatas y a dar respuestas ingeniosas y súbitas.

El enojo es una respuesta condicionada. La aprendemos a través de la reiteración y por medio de pistas o cosas en nuestro entorno que nos dan pie para enojarnos. El Dr. Ivan Pavlov, un cirujano ruso, demostró que podía enseñárseles a los perros a salivar cuando sonara una campana. Inicialmente, cada vez que los perros recibían comida, también oían el sonido de una campana. Salivaban ante la presencia del alimento al principio, pero con el tiempo la asociación entre el sonido de la campana y la comida era tan fuerte y estaba tan arraigada que salivaban aunque sonara la campana y no se les diera comida. Este es un ejemplo de respuesta condicionada.

De manera muy similar aprendemos a expresar ira cuando enfrentamos estrés. Apenas se oye un grito, sacamos conclusiones apresuradas y respondemos de manera determinada aunque la persona que grita no nos esté gritando a nosotros.

Con el tiempo la persona ni siquiera se da cuenta de qué es lo que hace disparar su ira, simplemente está lista, tensa para huir o pelear en todo momento. Un día quizá esté enojado y le grite al repartidor de periódicos si no lo deja en el lugar indicado. Otro día, quizá se enoje ante un vendedor incompetente. O cuando la fila parece demasiado larga en la estación de servicio, saldrá a la luz la expresión del enojo. La ira hierve de manera muy inadecuada si la persona vive mucho tiempo con ira reprimida. Desafortunadamente las personas hostiles ni siquiera pueden darse cuenta de lo inadecuado de sus respuestas en relación a las circunstancias o situaciones que provocan sus reacciones.

PONER EL ENOJO CABEZA ABAJO

¿Qué podemos hacer con el enojo para impedir que se convierta en hostilidad? Quizá el primer y más importante consejo esté en la Biblia. Nuevamente: «no se ponga el sol sobre vuestro enojo» (Efesios 4.26). Enfrente su enojo y ocúpese de éste, inmediatamente.

Discúlpese enseguida.

Pídale a Dios que le perdone sus arranques de ira... confiese ante Él su enojo y reciba Su perdón inmediatamente.

Una forma de controlar el enojo temporariamente es «el tiempo muerto». De manera similar a la de un niño que se porta mal, cuando usted se enoja y está listo para responder de manera que más tarde lamentará, tómese un «tiempo muerto». Vuelva a enfocar su atención y sus pensamientos, cálmese, respire profundamente para poder hacerlo. Estos ejercicios aparecen en mayor detalle más adelante en este libro. Respire profundo cinco, seis o diez veces, y con cada exhalación diga «Gracias», para recordarse el don de la vida dado por Dios. Esto hará que su enojo se diluya porque la actitud de gratitud, junto con la respiración profunda, lenta y abdominal, induce una respuesta de relajación y apaga y disminuye la respuesta ante el estrés.

Apartarse rápidamente del enojo significa tragarse su orgullo y decir: «A la manera de Dios, y no a mi manera».

6

LA DEPRESIÓN NO ESTÁ «SOLAMENTE EN LA CABEZA»

Linda, una mujer de mediana edad de ascendencia griega, estaba sentada en el consultorio, llorando silenciosamente mientras me esperaba. Cuando entré en la habitación casi pude sentir la pesaba nube de depresión que la agobiaba. Sin embargo, Linda sentía ansias de compartir su historia con alguien.

Lindie, como la llamaban sus amigos, creció en una familia rica con todos los privilegios que puede ofrecer el dinero y una alta posición social. Sus padres habían viajado mucho al exterior con frecuencia cuando Lindie era pequeña, dejándola al cuidado de una mucama con autoridad de brindarle cuidados físicos. La mucama era una mujer mayor que parecía odiar a Linda, y sentir gran envidia por su posición social dentro de la comunidad. Cuando los padres de Lindie estaban de viaje, la mujer abusaba brutalmente de la niña, a veces metiéndole las manitos en ollas con agua hirviendo, encerrándola en un oscuro sótano durante horas, dándole cachetadas y escupiéndola. Los hijos de la mucama se hacían cargo de la casa y utilizaban los juguetes de Linda y los regalos que sus padres le mandaban. Pero los padres de Linda no sabían nada de esto.

Como Linda era demasiado pequeña como para escribir cartas, pasaba sus días anhelando el retorno de sus padres. Luego, en una ocasión en que Lindie estaba esperando que llegaran de un viaje, la mucama le anunció de manera cruel que habían muerto en un accidente automovilístico. La envió con su abuela, quien amaba a la niña profundamente. Pero la abuela de Linda falleció cuando la niña tenía once años. Entonces debió ir a vivir con su

hermana mayor y el esposo de ésta. Este tío la molestaba sexualmente casi todas las noches, amenazándola con estrangularla si le
contaba a alguien lo que estaba sucediendo.

Lindie jamás había sido desobediente, y no le había contado
nada de esto a nadie antes de venir a mi consultorio. Los detalles
de su vida eran tristes y la niña había crecido en una atmósfera de
soledad, con depresión desde que tenía memoria. De algún modo
la oscuridad del sótano en que había pasado tantas horas se había
convertido en el sótano oscuro de su alma. No se había atrevido
jamás a escapar del sótano, y tampoco se atrevía ahora de escapar del oscuro sótano que se había formado en su corazón.

Linda no había venido a verme para que tratara su depresión.
Me había venido a ver porque sufría de fibromialgia, y su caso era
uno de los más graves que yo hubiera visto jamás. Vivía con fatiga crónica, y había aumentado mucho de peso. Casi vivía en la
cama porque tenía alta presión y artritis.

A lo largo de los años he llegado a ver que el caso de Lindie
no es poco común. La depresión ha llegado a conocerse como el
resfrío común de las enfermedades mentales. Los desórdenes de
depresión afectan a unos diecinueve millones de adultos en E.U.A.
Lo que es igual o más alarmante aún es que el 2,5 por ciento de
los niños y el 8,3 por ciento de los adolescentes en E.U.A. también
sufren de depresión.[1]

LOS DESÓRDENES DE DEPRESIÓN AFECTAN A UNOS DIE-
CINUEVE MILLONES DE ADULTOS EN LOS E.U.A.

La depresión, sin embargo, no es una dolencia o enfermedad
con características comunes. La depresión presenta diversos tipos
y grados de severidad. Es un estado tóxico emocional y psicológico con manifestaciones físicas muy reales.

Las personas deprimidas tienden a tener hábitos de salud más
bien pobres, lo cual los pone en mayor riesgo todavía frente a
diversas enfermedades. Su estilo de vida por lo general incluye
mala alimentación, poco ejercicio, uso de alcohol o drogas, demasiada medicación. La falta de buen sueño suele causar fatiga. El
resultado conjunto de estos malos hábitos de salud es la disminución de la función inmunológica y un mayor riesgo de contraer

enfermedades cardiovasculares, diabetes y enfermedades infecciosas con mayor frecuencia.

La persona deprimida suele sentir dolor muy severo. Los estados de dolor crónico como la fibromialgia, la artritis, la enfermedad por degeneración de los discos, dolores de cabeza, problemas de la articulación témporo maxilar, tendinitis y dolor crónico después de algún accidente, parecen siempre aumentar si la persona también sufre de depresión. El dolor intenso, por supuesto, puede aumentar el ritmo cardíaco y la presión sanguínea. Este efecto colateral puede hacer que la persona ingiera grandes dosis de medicación.[2]

LA RELACIÓN ENTRE LA DEPRESIÓN Y LA ENFERMEDAD

La investigación médica ha documentado el vínculo entre la depresión y la enfermedad. Permítame resumir algunos de los muchos hallazgos.

Depresión y enfermedades cardíacas

En un estudio que duró trece años, los que sufrían de depresión severa tenían cuatro veces y media más riesgos de sufrir ataques cardíacos en comparación con quienes no presentaban historial de depresión.[3]

Otros estudios han demostrado que:

- La gente que sufrió dos o más semanas de depresión tenían dos veces más posibilidades de sufrir un ataque cardíaco en comparación con quienes nunca habían tenido depresión. Las personas deprimidas que sí sufrían un ataque cardíaco tenían cuatro veces más posibilidades de morir a causa de éste.[4]

- Las personas sanas con altos niveles de depresión tenían entre una vez y media y dos veces más riesgos de sufrir un primer ataque cardíaco aunque hubieran tenido solamente síntomas depresivos y no depresión clínica declarada.[5]

- El aumento en la tasa de personas deprimidas que habían sufrido un ataque cardíaco no estaba vinculado a hábitos como el tabaquismo o la falta de ejercicio. En otras palabras, en este estudio lo que más importaba para predecir un ataque cardíaco era la depresión de la persona y no su tabaquismo o hábito de ejercicio físico. El estudio mostró que la parte del sistema nervioso que regula el ritmo cardíaco trabaja de manera diferente en las personas con depresión. Los investigadores observaron un vínculo muy estrecho entre la depresión y las enfermedades cardíacas.[6]

Depresión y osteoporosis

Las investigaciones también muestran que la depresión aumenta el riesgo de sufrir osteoporosis, que es el debilitamiento de los huesos. Tanto la depresión pasada como la presente se asocian con una disminución de la densidad mineral en los huesos de las mujeres.[7]

Depresión y cáncer

En los últimos años ha habido sólida evidencia científica que sugiere que la depresión puede estar vinculada a la formación de algunos tipos de cáncer. Los investigadores médicos han sabido desde hace tiempo que la depresión está relacionada con el ADN dañado y mal reparado, y con alteraciones en apoptosis o muerte celular, portales al desarrollo del cáncer.

Permítame explicarlo un poco más.

La mayoría de los agentes causantes del cáncer (cancerígenos) parecen inducir el cáncer al dañar el ADN en las células, causando así reproducción de células anormales. Por eso es especialmente importante que nuestro cuerpo mantenga su buena capacidad de reparar el ADN y destruir el ADN dañado.

La apoptosis es el proceso que hace que mueran y se desechen del organismo las células anormales. Como mencioné anteriormente, casi todos desarrollamos células cancerígenas en nuestro cuerpo, pero la mayoría no llega a tener cáncer porque la apoptosis hace que se eliminen estas células, como sucede con cualquier otra toxina y sustancia extraña. La apoptosis es la principal manera que tiene el cuerpo de defenderse de las células cancerosas. La depresión reduce la actividad de las células asesinas naturales, lo cual hace que sea más difícil para el cuerpo destruir o eliminar las células anormales. Por eso afecta indirectamente el desarrollo de células cancerosas que forman tumores.

Además, el estrés altera la actividad de las células asesinas naturales, reduciendo la función de estas células para destruir células de tumores y células infectadas por virus. La depresión y el estrés están íntimamente relacionados.

Depresión y suicidio

Quizá la peor cosa física que pueda sufrir una persona es la muerte por suicidio. ¡No hay recuperación ni remedio para esta dolencia que afecta tanto al cuerpo como a la mente!

Desafortunadamente la depresión puede llevar a un riesgo mucho mayor de conductas suicidas, en especial, parece, en niños y adolescentes. En una encuesta completada hace sólo algunos años el suicidio era la tercera causa de muerte en jóvenes de entre catorce y veinticuatro años de edad. Y la cuarta causa de muerte en jóvenes y niños de entre diez y catorce años.[8]

El diagnóstico y tratamiento temprano de la depresión son esenciales para detener este incremento en las tasas de muerte por suicidio en nuestra juventud. Más del 90 por ciento de quienes se suicidan tienen un desorden mental, comúnmente en forma de depresión o abuso de sustancias. Se suicidan cuatro veces más varones que mujeres, aunque las mujeres intenten el suicidio entre dos y tres veces más. Quizá la razón es que las mujeres suelen intentar suicidarse con una sobredosis de píldoras, que no tiene la misma posibilidad de terminar en muerte, mientras los hombres eligen métodos más violentos, como las armas.[9]

Viciosa espiral descendente

Como sucede con el estrés y la enfermedad, la depresión y la enfermedad pueden crear una espiral descendente. Las personas que sufren enfermedades como apoplejía, cáncer, enfermedades cardíacas, diabetes o cualquier otra enfermedad crónica a largo plazo y que debilitan al individuo, tienen mayor tendencia a la depresión. Entonces, la depresión es el combustible de la enfermedad. Y esta es una de las principales razones por las que mucha gente con enfermedades debilitantes y crónicas suelen empeorar aunque tomen medicación que normalmente debiera mejorar su condición. La espiral ascendente hacia la salud suele mejorar dramáticamente si se rata a la misma persona por depresión de manera simultánea con el tratamiento para su enfermedad. Tanto la terapia cognitiva como la medicación actúan en conjunto en su favor.

VARIEDAD DE DESÓRDENES, BAJO UNA MISMA ETIQUETA

La depresión viene en tres variedades básicas: desorden por depresión mayor, desorden distímico y desorden bipolar. ¿Cómo saber si usted o un ser querido sufre de alguno de estos tipos de depresión?

Depresión mayor
    La persona sufre depresión mayor si presenta *cinco o más* de los siguientes síntomas durante dos semanas. Por favor observe que no es poco común que alguien presente uno o dos de estos síntomas durante un día o dos, a veces los síntomas se relacionan con el nivel de glucosa normal en la sangre o con fluctuaciones hormonales. Los que están con depresión tienen el *conjunto* de estos síntomas durante un período prolongado:
    Falta de ánimo, tristeza y desaliento. La persona puede llorar con facilidad o sentirse tan triste que ni siquiera puede llorar.
    Cambio importante en peso o apetito. La mayoría de las personas deprimidas suelen perder peso y tener poco apetito. Muy pocos, sin embargo, aumentan de peso y a veces demasiado. Estas personas presentan un aumento exagerado de apetito.
    Sentir que ya nada es divertido. Si la persona está deprimida encontrará poco placer en actividades e intereses que solía disfrutar. La vida ya no parece tener sabor. Los hobbies ya no le divierten, los chistes no le parecen divertidos. Todo parece aburrido. Hasta el sexo ya no tiene interés para ellos.

Cambio en los patrones de sueño. Las personas con depresión duermen demasiado, o demasiado poco. Suelen tener insomnio, dificultad para dormirse, o despertar en la madrugada, quizá a las tres de la mañana, y no pueden volver a dormirse. Otras personas con depresión suelen dormir todo el tiempo.

Falta de energía. La fatiga es muy común entre los que tienen depresión.

Dificultad para concentrarse. Los que tienen depresión se distraen fácilmente y tienen dificultad para recordar cosas como fechas, nombres o números de teléfono que antes conocían bien.

Movilidad reducida. Las personas con depresión quizá caminen, hablen, se levanten o acuesten y hasta se vistan más lentamente que antes.

Se agitan con facilidad. Las personas con depresión suelen irritarse o agitarse más rápido de lo que sucedía cuando no tenían depresión.

Pesimismo. La persona con depresión vive bajo una nube de pesar y mal destino, sin esperanza o sentido de valía. La culpa y los pensamientos negativos ocupan su mente. El futuro siempre se ve triste. Quienes han sufrido depresión prolongada informan que se siente como si «una fuerza oscura consumiera el alma».

Pensamientos suicidas. Las personas con depresión suelen tener pensamientos suicidas o parecen preocupados por la muerte.

¿Qué hacer si usted o un ser querido presenta cinco o más de estos síntomas durante un período de dos semanas? Buscar ayuda con el médico de cabecera, con un especialista o psiquiatra.

La depresión mayor es la principal causa de discapacidad en los Estados Unidos y en el mundo.[10] Por año, unos 9.9 millones de norteamericanos presentan síntomas de depresión mayor.[11]

Depresión distímica

La distimia es una forma menos severa de depresión. Pero a menudo es más crónica. Para que se diagnostique a alguien con distimia, la persona adulta tiene que haberse sentido deprimida durante al menos dos años. Los niños y adolescentes, durante un año. Además de sentirse con ánimo deprimido durante un largo período de tiempo, la persona tiene que presentar al menos dos de los principales síntomas de depresión que aparecen en la sección anterior. Los que tienen distimia tienen mayor tendencia a pasar a la depresión mayor.

La distimia suele comenzar en la niñez, la adolescencia o la juventud. ¡Hay unos 10.9 millones de norteamericanos con distimia![12]

Desorden bipolar

Los médicos solían llamarla *enfermedad maníaco-depresiva*. Las personas con desorden bipolar tienen no sólo episodios de depresión mayor, sino también episodios de manía, que es el estado de ánimo persistentemente elevado. Estas personas viven aceleradamente. Pueden vivir varios días con solo una o dos horas de sueño, y aún así sentir que han descansado. Muchos episodios presentan pensamientos acelerados, problemas de concentración, distracción fácil y discurso acelerado e ininterrumpido. Las personas con manía tienen una autoestima exagerada y un gran deseo de participar en actividades de alto riesgo, sólo por divertirse, como por ejemplo, el paracaidismo. El desorden bipolar afecta aproximadamente a 2.3 millones de adultos norteamericanos, o al 1.2 por ciento de la población norteamericana con 18 años o más.

Lo que la depresión NO ES

No toda depresión se considera desorden. Todos pasamos por períodos difíciles donde la vida parece dura y el futuro, oscuro. Quizá no se dé una oportunidad de empleo que esperábamos, o alguna de nuestras relaciones se vea afectada, o alguno de nuestros hijos se vaya a la universidad, o se acumulen las cuentas a pagar. Hay muchas razones por las que podemos sentir desaliento.

Sin embargo, no todos los períodos de «desaliento» se convierten en depresión, aún cuando dichas instancias sean periódicas o bastante frecuentes. Por ejemplo, el 80 por ciento de las mujeres sufre de «depresión post-parto», causada por los cambios hormonales y el estrés de dar a luz. Solamente el 10 por ciento de las nuevas madres tendrá luego genuina depresión post-parto.[13]

La depresión mayor va más allá de los «bajones» de ánimo ocasionales. La persona con depresión siente que su vida está bajo el peso de un negro nubarrón que jamás se despejará.

¿Cómo puede uno saber si tendrá depresión mayor en algún momento de su vida? ¿Hay factores que puedan predecir la depresión?

Aquí enumero algunas de las experiencias que parecen figurar entre las más comunes como disparadores de la depresión:

- Historia familiar de depresión.

- La muerte de un ser querido: cónyuge, padre, hijo, amigo o hasta una mascota amada que ha formado parte de la familia durante años.

- Abuso de drogas y alcohol.

- Enfermedad o dolor crónico, en especial personas que tienen cáncer, apoplejía, enfermedades cardíacas o diabetes.

- Abuso en la infancia: los niños abusados también son más propensos a ser adictos a las drogas o alcohol.

- Hijos de padres divorciados: los niños cuyos padres se divorcian sufren de depresión con mayor frecuencia que quienes no pasan por un divorcio. También suelen ser más tristes y retraídos en la escuela. Reportan que tienen menor gusto por la vida, baja autoestima y más dolencias físicas. También se preocupan más.[14] Estos hallazgos también aparecen en familias en las que los padres parecen estar en guerra aunque no se divorcien. Los niños y jóvenes en estas familias a menudo se deprimen mucho y siguen deprimidos mucho después de que sus padres hayan dejado de pelear.[15]

- Una crisis como la pérdida del empleo, la separación o el divorcio, tiempo en la cárcel o alguna lesión o accidente que cause lesiones. Todo evento severamente estresante puede ser un disparador de la depresión.

En último lugar, la depresión *no es* algo que solamente vivan las personas que no conocen a Dios. Hay gente que piensa que la depresión está inevitablemente ligada al pecado. El pecado no confesado y sin arrepentimiento puede causar depresión a veces, pero no es el causante de toda depresión. El pueblo de Dios también es vulnerable a la depresión, igual que la gente que no conoce al Señor.

EL PUEBLO DE DIOS TAMBIÉN ES VULNERABLE A LA DEPRESIÓN, IGUAL QUE LA GENTE QUE NO CONOCE AL SEÑOR.

Abundan los relatos de la antigüedad sobre personas que sufrieron ataques de depresión. En la Biblia, el Rey David vivió en depresión por períodos. Habló íntimamente de sus episodios depresivos en los Salmos. El gran profeta Elías (1 Reyes 19.4) estuvo tan deprimido luego de ganar una victoria contra los enemigos de Dios que llegó a pedirle que se lo llevara porque quería morir. A Jeremías, quien fue testigo del cautiverio de los israelitas en Babilonia, se lo conoce como «el profeta de los lamentos». En Jeremías 8.18 y 9.26 describió abiertamente su desaliento ante su llamado a ser profeta.

La buena noticia es que otras personas en la Biblia enfrentaron situaciones que podrían causar depresión, y las vencieron. Una de estas personas fue José, hijo de Jacob. Vendido como esclavo por sus propios hermanos, falsamente acusado y hecho prisionero, olvidado por quienes prometieron ayudarle, mantuvo su optimismo hasta que fue liberado (Génesis 37-45). El apóstol Pablo y su co-evangelista Silas cantaban en prisión luego de ser encerrados injustamente en la cárcel, ¡y el encierro injusto es por cierto una situación potencialmente deprimente! (Hechos 16.25-26)

LAS REACCIONES BIOQUÍMICAS ANTE LA DEPRESIÓN

Las nuevas tecnologías en imágenes de las que hoy disponemos permiten a los investigadores y médicos examinar los cerebros de personas vivas. Estas técnicas le muestran al médico tanto la estructura como la función del cerebro para que puedan identificarse con mayor facilidad las anormalidades responsables de los desórdenes mentales.

El neurocientífico clínico y psiquiatra infanto-juvenil Daniel Amen ha estado utilizando tecnología de imágenes cerebrales durante años. Utiliza el estudio SPECT (Tomografía computada de emisión de fotón único) de alta resolución. Esto le permite ver profundamente las áreas del cerebro para observar cómo funciona, cosa que ni las tomografías ni las resonancias magnéticas permiten.

Según el Dr. Amen, los estudios SPECT revelan que cuando está sobre-activo el sistema límbico profundo, el paciente evidencia por lo general negatividad o pesimismo. Esta sobre-actividad está muy ligada a la depresión. Las áreas límbicas y paralímbicas incluyen el hipocampo, la amígdala y porciones de la corteza entorinal del cerebro. El hipocampo controla la memoria y ayuda al cerebro a aprender y retener información. La amígdala controla el miedo y la ansiedad. Además, el sistema límbico incluye los núcleos anterior y medio del tálamo, las partes medial y basal del estriato y el hipotálamo. El sistema límbico profundo está cerca del centro del cerebro y tiene aproximadamente el tamaño de una almendra. El Dr. Amen encontró que las deficiencias de los neurotransmisores norepinefrina y serotonina pueden hacer que aumente el metabolismo en el sistema límbico profundo.[16]

Estoy totalmente convencido de que la tecnología de imágenes del cerebro se utilizará eventualmente para diagnosticar la depresión y otros desórdenes mentales mucho más temprano de lo que se hace actualmente, y que al aislar los neurotransmisores, químicos y hormonas relacionadas con las diversas áreas de función cerebral podremos tratar la depresión mucho mejor que hoy.

Observe, sin embargo, que el sistema límbico profundo incluye al hipotálamo. Es el mismo órgano que puede estar sobre-estimulado como parte del eje HPA del que hablamos antes. Hay indicación clara de que un vínculo hormonal entre el hipotálamo y el cerebro podría tener participación en la depresión y no solo en relación a otras glándulas productoras de hormonas (como las glándulas pituitaria y adrenal).

Si el sistema límbico por demás activo (incluyendo al hipotálamo) se asocia con la negatividad y el pesimismo, que son aspectos de la depresión, es probable que esta sobre-actividad también se deba a la sobre-actividad del eje HPA.

¡Nuevamente estamos hablando de la secreción de hormonas en respuesta al estrés!

ESTRÉS Y DEPRESIÓN CRÓNICOS

La depresión no solamente dispara el estrés, sino que además el estrés crónico es uno de los más potentes indicadores o anunciantes de la depresión. La depresión, la enfermedad y el estrés parecen formar un ciclo de eslabones entrelazados.

Un paciente llamado George me dijo un día: «Creo que mi empleo me está matando». Después de que describiera lo que sucedía en su lugar de trabajo, sentí la inclinación a estar de acuerdo con él... literalmente.

George había trabajado en la misma oficina durante años y su supervisor lo había pasado por alto para un ascenso en al menos cuatro oportunidades. George sentía que estaba siempre luchando por cumplir plazos imposibles, intentando agradar a un jefe imposible. Cuando su jefe le dijo que debía llevar corbata, lo hizo, aunque trabajaba en un cubículo y jamás tenía contacto con los clientes. Luego su jefe se quejó de la letra de George, aunque éste casi siempre escribía sus memos y notas a máquina. Intentó mejorar su letra y el supervisor entonces le dijo que no escribía los informes lo suficientemente rápido, no importa qué hiciera George, nunca parecía hacer feliz a su jefe.

George vivía con estrés crónico. Mi consejo fue: «cambia de empleo».

He conocido a niños que viven con este mismo tipo de estrés en su relación con sus padres. Rara vez son elogiados o se les reconoce su buena conducta o carácter. En cambio, los padres parecen estar comparándoles siempre con sus hermanos: la hermana mayor que tiene mejores calificaciones, o el hermano menor que es más atlético. El estrés familiar crónico puede ser el peor tipo de estrés porque la persona jamás logra escapar de él. Al menos, podemos dejar atrás el estrés que tiene que ver con el trabajo cuando salimos de regreso a casa. Pero ¿dónde puede ir un niño si Mamá o Papá están exigiendo siempre más perfección, más esfuerzo o mejor rendimiento?

El modo en que la persona logra enfrentar y manejar el estrés crónico determinará directamente si llegará a tener depresión crónica o no.

MUJERES Y DEPRESIÓN

Por razones que todavía no están del todo aclaradas, la depresión afecta dos veces más a las mujeres que a los hombres. Las razones pueden tener que ver con desequilibrio hormonal que causa que se segreguen hormonas del estrés.

LA DEPRESIÓN AFECTA DOS VECES MÁS A LAS MUJERES QUE A LOS HOMBRES.

Las mujeres suelen estar en mayor riesgo después del parto, pero también en otros momentos de fluctuación hormonal como durante la menstruación o la menopausia.

El SPM, o síndrome pre-menstrual, puede causar síntomas de depresión. Los síntomas del SPM incluyen estado de ánimo de tristeza, pérdida del placer, energía disminuida, sentimientos de minusvalía, problemas para dormir y para concentrarse. Compare estos síntomas a los de la depresión y verá que hay muchos que se superponen. Muchos doctores tratan a las mujeres con SPM prescribiéndoles medicamentos antidepresivos.

EL FACTOR HORMONAL

Así como las hormonas sexuales pueden causar problemas con el funcionamiento fisiológico y psicológico (el cuerpo y la mente), las fluctuaciones en las hormonas del estrés pueden predisponer a la depresión o ser su disparador.

Es el factor hormonal el que puede haber evitado que personas en circunstancias depresivas no cayeran en la depresión mientras otros inmediatamente la desarrollaron.

El sistema hormonal que regula la respuesta del cuerpo ante el estrés se conoce como eje HPA, eje hipotálamo-pituitaria-adrenal. El hipotálamo, la glándula pituitaria y la glándula adrenal están entre las glándulas endócrinas más importantes del cuerpo. Las hormonas que producen funcionan en equilibro entre sí.

Muchas personas deprimidas tienen un eje HPA demasiado activo, es decir que producen demasiada hormona del estrés. Para quienes sufren esta condición, virtualmente cualquier elemento causante de estrés a largo plazo hará que se sientan fuera de control, lo cual puede iniciar la depresión. Estos causantes de estrés pueden ser cosas menores, como una tarea difícil que el jefe les encargue, o cumplir con horarios en una familia con hijos adolescentes.

La sensación de perder el control puede mandar al cuerpo la señal de que hay que aumentar la producción de la hormona CRF, producida por el hipotálamo. El modo en que responde el cuerpo difiere de persona a persona. Hay gente con un eje HPA tan sobreactivo que ante cualquier amenaza, sea física o psicológica, aumentará la producción de CRF.

Cuando aumentan los niveles de la hormona CRF, se dará una serie de eventos en cadena. Primero, la glándula pituitaria segregará ACTH (hormona), que a su vez estimula a las glándulas adrenales para que produzcan más cortisol. Las consecuencias negativas de las que hablamos en el capítulo dos aparecerán en este punto.

El cortisol hace que la persona esté más alerta o despierta, por lo cual, su calidad de sueño se verá afectada. Hay personas deprimidas que apenas parecen tener energía física para funcionar, y hasta les cuesta estar de pie. Aún así, estas personas pueden tener mucha energía mental, respuesta en vigilia, que puede hacer que estén demasiado alertas como para poder dormir. Terminan sintiéndose agotadas, pero sin sueño. Este es un signo común que indica depresión.

Cuando la persona se deprime siente cada vez más que pierde el control sobre su vida. Y entonces comienza el descenso en caída libre: menor control implica mayor producción de CRF, más ACTH, más cortisol y menos control aún. Es inevitable el choque cuando se llegue al pie de la montaña.

Parece que vivimos una epidemia de depresión y creo que esto está directamente relacionado con la incapacidad para apagar la respuesta al estrés. La persona propensa a la depresión encuentra que le es difícil calmarse después de una experiencia estresante. Las hormonas que debieran responder temporariamente parecen quedar atascadas en su nivel de máxima producción. De allí, resultará un desequilibrio hormonal que dará resultados desastrosos para la mente y el cuerpo.

> PARECE QUE VIVIMOS UNA EPIDEMIA DE DEPRESIÓN Y CREO QUE ESTO ESTÁ DIRECTAMENTE RELACIONADO CON LA INCAPACIDAD PARA APAGAR LA RESPUESTA AL ESTRÉS.

EL SÍNDROME DE CUSHING

Hace unos años un médico en Inglaterra, Sir Harvey Cushing, observó que algunos de sus pacientes tenían un tipo de obesidad que parecía distinto al de la mayoría de sus pacientes obesos. Estos pacientes en particular parecían tener un tronco muy obeso pero brazos y piernas delgados. Algunos tenían acumulación de grasa en la nuca, que tenía el aspecto de una joroba de búfalo. Tenían más pelo en el cuerpo, marcas de color púrpura en el abdomen, y por lo general estaban débiles y fatigados. También parecían estar desalentados o deprimidos.

La depresión en algunos de los pacientes del Dr. Cushing era tan severa que estas personas se suicidaron. Cuando se realizaron las autopsias, el Dr. Cushing descubrió que en todos los casos existía un tumor en la glándula pituitaria. La enfermedad se llamó entonces síndrome de Cushing.

Los enfermos de síndrome de Cushing también tenían otros síntomas graves: a menudo sufrían de hipertensión, osteoporosis, glucosa en la orina e hinchazón a causa de retención de líquidos (edema). Las mujeres parecían sufrir ausencia de período menstrual mensual (amenorrea).[17]

Todos estos síntomas se conocen hoy como resultado de demasiado cortisol, producido por las glándulas adrenales. Con el síndrome de Cushing el tumor de la glándula pituitaria estaba produciendo cantidades excesivas de ACTH. Esto hacía que las glándulas adrenales produjeran demasiado cortisol. Hoy sabemos que la exagerada producción de cortisol siempre es causa del síndrome de Cushing aunque no exista tumor en la pituitaria.

Al estudiar el síndrome de Cushing los investigadores encontraron que las personas con depresión también tienen niveles elevados de CRF, ACTH y cortisol. Es un descubrimiento importante porque reveló el vínculo entre las hormonas del estrés y la depresión, dándole a los psiquiatras mejor pie para poder tratar la depresión clínica.

Es razonable suponer que si las personas con síndrome de Cushing eran más propensas a la depresión, todas las demás personas con elevados niveles de cortisol también podrían ser propensas a la depresión. Sin embargo, no es este el caso. Solamente la mitad, aproximadamente, de quienes tienen altos niveles de cortisol debido a causas que no sean el síndrome de Cushing, tienen depresión.[18]

Los pacientes que toman altas dosis de prednisona, que es un glucocorticoide sintético (y actúa como cortisona) parecen tener riesgo elevado de desarrollar depresión.

AYUDA PARA LOS SEVERAMENTE DEPRIMIDOS

Las personas con depresión severa por lo general responden mejor a una combinación de psicoterapia y medicación. Muchos psiquiatras tratan la depresión con drogas a causa de su origen en el desequilibrio de los neurotransmisores en el cerebro. Las drogas antidepresivas influyen en los neurotransmisores. Los antidepresivos más antiguos como los inhibidores de MAO y los antidepresivos tricíclicos como el Elavil solían tener efectos colaterales. Los antidepresivos más modernos como las drogas SSRI que incluyen el Prozac, Zoloft y Paxil producen menos efectos colaterales por lo que los pacientes están más dispuestos a tomar los remedios que se les prescriben.

Por lo general se requieren varias semanas para que el antidepresivo alivie la depresión. En algunos casos la combinación de medicamentos puede ser útil, en especial si la persona es resistente a un antidepresivo en particular.

Si un paciente con depresión severa no responde a los antidepresivos, el psiquiatra por lo general recomendará terapia electro convulsiva (TEC), comúnmente llamada electroshock.[19] Entre el 80 y el 90 por ciento de los afectados por la depresión muy severa mejoran con el uso de TEC. Sin embargo, este tipo de terapia se reserva únicamente para la depresión severa que no responde ante la medicación convencional.

La TEC (electroshock) en el pasado implicaba el uso de excesivas cantidades de electricidad que en realidad causaban daño cerebral, pérdida de la memoria, convulsiones y lesiones físicas. Hoy, sin embargo, la TEC utiliza mucho menos electricidad por lo que en general no hay evidencia de daño cerebral o pérdida de la memoria. Las personas que han estado medicadas con todo tipo de antidepresivos y sus combinaciones, y tratadas con toda forma posible de psicoterapia, y siguen severamente deprimidas, son buenas candidatas para la TEC.

Consejería y psicoterapia

Me parece interesante que una cantidad de notables psiquiatras y psicólogos en la historia comenzaran con emociones relacionadas con el estrés al estudiar y comprender la depresión.

Sigmund Freud creía que la depresión era ira volcada hacia dentro. Creía que la ira provenía de traumas en la infancia y conflictos sin resolver que permanecían ocultos bajo varias capas de mecanismos de defensa como la negación.

Freud creía que una persona podía atravesar paulatinamente estas capas de mecanismos de defensa para resolver los conflictos de la infancia. El proceso de psicoanálisis que Freud proponía implicaba innumerable cantidad de horas de conversación con un psiquiatra calificado.

A pesar de que algunos traumas de la infancia sí predisponen a algunas personas a la depresión, el vínculo no siempre es fácil de establecer. La incidencia de depresión entre los niños de padres separados, en especial cuando ha habido frecuentes peleas familiares, es alta. Pero aún así, los eventos traumáticos de la infancia no necesariamente predestinan a alguien a una vida de depresión.

El médico psiquiatra Aaron Beck, entrenado en la teoría freudiana, analizó los sueños de sus pacientes para encontrar claves
de hostilidad oculta o ira vuelta hacia ellos mismos. Descubrió,
sin embargo, que los sueños a menudo representaban poco más
que un reflejo del pensamiento conciente o de auto-percepciones
que tenían que ver con la vida cotidiana. El Dr. Beck también uti-
lizaba una herramienta freudiana habitual, llamada *libre asociación*, para que el paciente conversara sobre sus pensamientos a
medida que surgieran.

Beck descubrió que cuando sus pacientes daban rienda suelta a
sus pensamientos, a menudo dejaban las sesiones supuestamente
terapéuticas sintiéndose peor y no mejor. Cuando Beck les ofrecía
una perspectiva más práctica para la resolución de los problemas,
tendían a mejorar mucho más rápidamente. Beck eventualmente
comenzó a trabajar con los pacientes para ayudarles a cambiar o
reentrenar sus pensamientos automáticos o inmediatos. Esta perspectiva recibió el nombre de terapia cognitiva o terapia cognitiva-
conductual (TCC).

Beck eventualmente vio la depresión como un *desorden del
pensamiento,* una forma negativa de pensar sobre la vida y las circunstancias, y no como ira vuelta en contra de uno mismo.[20]

La terapia cognitiva le enseña a la persona con depresión a
identificar y manejar los pensamientos negativos que podrían alimentar la caída a la depresión. El terapeuta cognitivo enseña a la
persona deprimida a reconocer qué pensamientos automáticos o
qué patrones de pensamiento suelen llenar su mente cuando peor
se siente. El terapeuta luego ayuda al paciente a armarse de nueva
información para contradecir esos pensamientos negativos.

Estaba conversando sobre esta perspectiva un día con un colega y me presentó el ejemplo de una mujer a la que llamaré Joan.
Joan era una mujer deprimida que creía que todo el mundo la
odiaba. En la terapia mencionó que su peluquera casi no le había
dirigido la palabra esa mañana por lo que se convenció de que
esto era señal segura de que la peluquera la rechazaba. Mi amigo,
que es terapeuta cognitivo, confrontó esta suposición con la explicación más plausible de que la peluquera podría estar de mal
humor, o que podría haber discutido con su jefe o su novio.

El rol del terapeuta es ayudar al paciente a disputar patrones de pensamiento automático, brindando evidencia que contradiga la suposición del paciente o las conclusiones a las que llega. Como evidencia, mi amigo le señaló a Joan que la peluquera acababa de colgar el teléfono con violencia justo cuando Joan llegaba a la peluquería.

En la terapia cognitiva el paciente aprende a no aceptar los pensamientos automáticos así como surgen. En cambio, examinará, analizará y cuestionará sus pensamientos. El paciente desarrolla el hábito de examinar su pensamiento y de cuestionar las creencias, presunciones o proyecciones negativas.

Básicamente, el terapeuta cognitivo alienta a la persona a distraerse del patrón de pensamiento negativo. Entonces el paciente aprende a reconocer y cuestionar viejas presunciones como «nadie me quiere». Cuando se rompe el patrón negativo, las expectativas dolorosas ya no tienen poder de auto-cumplimiento.

La terapia cognitiva ha producido resultados radicales en casos de depresión leve o moderada. Los pacientes por lo general ven estos resultados en pocas semanas o meses.

INUTILIDAD APRENDIDA Y DEPRESIÓN AUMENTADA

Según lo que indica un estudio, los parientes de las personas con depresión mayor tienen un riesgo unas diez veces mayor de tener incidentes de depresión en las siguientes dos generaciones. Creo que esto es resultado de los genes y de un proceso de aprendizaje, específicamente, de aprender a ser indefenso, a sentirse inútil.[21]

Como estudiante del último año en la Universidad de Pennsylvania, Martin Seligman y un compañero realizaron una investigación que mostró que así como las personas aprendían a sentirse inútiles, podían también des-aprenderlo. Seligman y su colega tomaron perros que habían sido condicionados según el método de Pavlov. Todos los días, Seligman y sus compañeros exponían a estos perros a dos estímulos, un chillido y un breve shock. Esperaban que los perros asociaran el chillido con el shock y por ello reaccionaran ante el sonido luego como si les provocara dolor.

Los perros estaban en una caja con dos compartimientos separados por una pared baja, que podían aprender a saltar con facilidad. Para escapar del shock, lo único que tenían que hacer era saltar la barrera. Sin embargo cuando los exponían al shock, se quedaban gimiendo y no trataban de escapar. Los jóvenes investigadores estaban asombrados y confundidos.

Como los perros respondían de esta manera, Seligman y su colega no podían probar su teoría de los tonos. Los animales esencialmente habían aprendido que no importaba qué hicieran cuando llegaba el momento del shock, así que ¿para qué intentarlo? Es decir, que habían aprendido a ser indefensos, vulnerables, inútiles. Seligman afirma en sus posteriores escritos que los animales que habían aprendido este tipo de conducta mostraban muchos de los signos psicológicos de los seres humanos deprimidos.[22]

Nunca me sucede nada bueno.

Vivo bajo la Ley de Murphy. Si puede llegar a pasar algo malo, me pasará.

Siempre ha sido así, y siempre lo será.

Estas y otras afirmaciones parecidas reflejan actitudes de derrota. Los médicos las consideran explicaciones pesimistas, como lo son también todas las afirmaciones sin esperanza.

Seligman llamó a este tipo de explicaciones *estilo explicativo*, que es una frase un tanto elegante para decir que la persona las utiliza para explicar o interpretar malos eventos y experiencias.[23]

La persona aprende este estilo explicativo en la infancia y la adolescencia. En un grado mayor se basa en si la persona se considera a sí misma como indefensa, sin valía, sin esperanza, o si se cree merecedora y con valía.

El estilo explicativo tiene también estas dimensiones:

Permanencia o persistencia

Según Seligman, los que aprenden a ser indefensos creen que los malos eventos persistirán. Por eso claudican fácilmente ante la presencia de circunstancias negativas, al creer que lo más probable es que la situación se haga permanente. A menudo tienen un pensamiento distorsionado y exageradamente generalizado, lo cual veremos en el Capítulo 12.[24]

En el éxito de taquilla Annie, la huerfanita de rulos pelirrojos tiene un optimismo inclaudicable: «El sol saldrá mañana». A pesar de vivir en la pobreza y el abandono Annie se niega a ver su estado de orfandad como algo permanente. No ha aprendido a ser indefensa y vulnerable, y su personaje representa todo lo opuesto: la esperanza.

Totalidad

Seligman observó que las personas que dan explicaciones universales para sus fracasos creen que todo en la vida asciende o desciende a partir de una experiencia determinada. Si perciben que han fracasado en una dimensión de la vida, se ven fracasando en todas. A menudo tienen pensamientos exageradamente generalizados, de «todo o nada». Cuando encuentran que son imperfectos en un área, lo generalizan para que refleje su identidad completa. Luchan por ser perfeccionistas.

Personalización

La persona que se siente indefensa e inútil personaliza los fracasos externos. Quizá se culpe por las consecuencias de un evento sobre el que no tenía control, por ejemplo, asumiendo la culpa de pérdidas financieras porque personalmente no pudo prever la caída del mercado de acciones en 1929. Hay quienes manifiestan personalización y culpan a los demás; en este ejemplo de la crisis de la bolsa, quizá culpen a un contador, un analista o funcionario del gobierno. La personalización puede ser interna o externa. Quienes ven los eventos externos como algo independiente de la culpa personal tienen autoestima más elevada. Quienes internalizan y se culpan ante el infortunio suelen verse como de poca valía, sin esperanza, inútiles, y todo esto lleva a una baja autoestima.

PERCEPCIÓN DISTORSIONADA

Quienes aprenden a sentirse inútiles y sin esperanza suelen abandonar con facilidad y creen que los sucesos y eventos malos siempre persistirán. No hay nubes brillantes ni nada que funcione para bien. El futuro está destinado a tener días oscuros y tristes.

Si queman una tostada, suelen pensar que *no pueden hacer nada* bien. Están llenos de falsa culpa y falsamente se culpan también. Como con los perros del experimento de Seligman, se tiran al suelo y lloriquean en lugar de apartarse. Están psicológicamente atascados en su «pensamiento maloliente».

Cuando la percepción está distorsionada, hay que cambiarla. Y se puede hacer. La buena noticia en todo esto es que cuando se ha aprendido una conducta, se puede desaprender. Nadie tiene por qué permanecer para siempre en este estado.

En los capítulos que siguen aprenderá a reemplazar el «pensamiento maloliente», o pensamiento distorsionado, por pensamiento racional y al hacerlo estará desaprendiendo lo que aprendió para sentir que no sirve para nada.

La mayor parte de nuestras conductas son aprendidas (sí, también la depresión) y por eso pueden desaprenderse aunque tengan su raíz en nuestros genes.

7

LA ESPIRAL DESCENDENTE DE LA CULPA Y LA VERGÜENZA

Becky entró en mi oficina sintiéndose, según sus palabras «realmente terrible». Becky tenía entonces 35 años y era editora de una pequeña revista: un empleo con mucho estrés y fechas de entrega apremiantes. La compañía para la que trabajaba era muy desorganizada y su oficina solía ser un caos. El dueño tenía una disposición muy volátil y ante la menor provocación, perdía el control y despedía a quien tuviera ante sus ojos.

Los años de caos emocional habían cobrado su precio en la salud de Becky. La mayoría de sus amigos habían perdido su empleo o sufrido la tensión del abuso emocional en el lugar de trabajo. Su jefe, muchas veces había ignorado a Becky en oportunidades de ascenso, que sólo daba a las mujeres dispuestas a salir con él u ofrecerle favores sexuales. En cuanto a Becky, el hombre solamente parecía conocer la crítica dura y denigrante.

Becky sentía mucho resentimiento y amargura hacia este hombre. Lo culpaba por una cantidad de dolencias. También sentía vergüenza. Porque tenía sobrepeso y no era atractiva, sentía gran humillación cada vez que su jefe pasaba junto a ella, porque la expresión del rostro del hombre, sus palabras y su rechazo mostraban obvios sentimientos de desaprobación. En realidad, se sentó en mi consultorio con un enorme suéter envolviéndola como un cobertor, ocultando su cuerpo por completo. Admitió que esta era una costumbre de toda la vida.

El diagnóstico de Becky era esclerosis múltiple.

Luego de hablar largamente con Becky no pude sino llegar a la conclusión de que su dolencia estaba en parte ligada al torbellino emocional en su vida. Antes de poder encontrar ayuda efectiva para su mal físico, necesitaba sanar de sus heridas emocionales.

No solamente sentía amargura ante su situación laboral, sino que además sentía mucha *vergüenza*, que es una emoción realmente tóxica.

La vergüenza, por definición formal, es un doloroso sentimiento de haber perdido el respeto de los demás a causa de una conducta impropia, un pecado, o el haber sido etiquetado como incompetente. Surge del deshonor o la desgracia que produce cualquier cosa que sea lamentable, desafortunada o escandalosa.

La culpa y la vergüenza crónicas pueden llevar a la depresión

Nuestra razón principal para tratar el tema de la culpa y la vergüenza en este libro es la siguiente: estos dos estados se asocian comúnmente con la depresión mayor. La depresión situacional es por lo general resultado de una pérdida mayor en la vida de una persona: puede ser su cónyuge, un hijo, el matrimonio, el empleo, la casa o alguna otra pérdida importante.

La culpa y la vergüenza tienen su raíz en lo que *no* debiera haber ocurrido y también en lo que *sí* ocurrió. La culpa es un sentimiento doloroso de auto-reproche por haber hecho algo que reconocemos como inmoral, malo, un crimen o pecado. La vergüenza por lo general surge de lo que hizo otra persona, algo que la sociedad en general reconoce como inmoral, malo, crimen o pecado. La vergüenza es el reflejo que tiene la víctima de la mala conducta de un abusador.

> La culpa y la vergüenza tienen su raíz en lo que no debiera haber ocurrido y también en lo que sí ocurrió.

La culpa y la vergüenza evocan respuestas diferentes en nosotros. La vergüenza suele crear sentimientos de profunda pena y tristeza, además de falta de auto-valía. La culpa produce cierta cantidad de enojo porque nos sentimos atrapados por haber caído o por ser víctimas de nuestros defectos y debilidades. En ambas emociones, sin embargo, puede llegarse al resultado de sentirse sin valía, sin esperanza, sin utilidad alguna. Estos sentimientos a su vez pueden llevar a la depresión, el enojo, la ansiedad y una variedad de otras emociones tóxicas que estimulan una respuesta de estrés.

Muchas personas vinculan la vergüenza a recuerdos dolorosos de rechazos pasados, que producen sentimientos de desesperanza o indefensión, o de autoestima extremadamente baja. Estos sentimientos pueden dar como resultado la depresión, y en otros casos, llevan a la ira, el resentimiento o el enojo.

Tanto la culpa como la vergüenza crean un interminable círculo de pensamientos negativos. Estas emociones jamás llevarán a la libertad emocional, a la fuerza o la salud física ni mental.

EL GRAN PESO DE LA CULPA Y LA VERGÜENZA

Las personas que sienten culpa y vergüenza suelen andar con la cabeza gacha y los hombros encorvados. Dan la sensación de querer esconderse, como indicaba Becky con su suéter. Es una expresión instintiva de los seres humanos el querer ocultarnos si nos hallamos en una situación que pudiera causarnos vergüenza o culpa. Por ejemplo, no es común ver que quien es arrestado intenta ocultar su rostro o dar la espalda al público o a la cámara de televisión del equipo de noticias.

Adán y Eva sintieron mucha vergüenza en el Jardín del Edén después de desobedecer a Dios. Intentaron ocultarse de Él. Se sintieron concientes de sí mismos, desnudos, expuestos. Y lo mismo hace la vergüenza con nosotros. Nos deja sintiéndonos indignos de aprobación, concientes de nosotros mismos como si se hubiera expuesto a la luz nuestra falta de valía. La vergüenza nos hace sentir que toda persona con quien nos encontramos sabe todo acerca de nosotros, nos escudriña y nos critica, aunque con nuestra mente racional admitamos que la gran mayoría de las personas no nos conoce ni se interesa por nosotros.

¿Dónde aprendemos a sentir vergüenza?

Lamentablemente, muchas personas lo aprenden cuando niños. Y más triste aún es que lo aprenden de sus padres, que los ridiculizan o humillan ante sus hermanos o pares. Un maestro, entrenador u otra figura de autoridad, y hasta el bravucón de la escuela, pueden humillar y avergonzar a los niños.

El abuso sexual y físico también puede hacer que los niños crezcan sintiendo vergüenza. Las dificultades de aprendizaje como la dislexia o el déficit de atención pueden hacer que se etiquete a los niños como estúpidos, lentos, incapaces de aprender. Esto humilla a los niños y jóvenes y puede llevar a un sentimiento de vergüenza a largo plazo.

Desafortunadamente, muchos de los niños que cargan con la vergüenza no se despojarán de ella en la adultez. Hay adultos que han internalizado la vergüenza a tal punto que temen a la intimidad y tienen problemas de compromiso en su relación matrimonial. Les cuesta llevar adelante un matrimonio, o a veces pasan por diversos matrimonios y separaciones sin poder nunca ver su conducta, que es un sabotaje a sí mismos y está asociada con la vergüenza que cargan como un peso gigante e invisible muy dentro de sí.

Los adultos que temen a la vergüenza suelen terminar soportando divorcios y amoríos, una interminable cantidad de empleos consecutivos y parecen también sabotear sus relaciones más cercanas. Su vergüenza les hace vagar en una especie de desierto de relaciones personales. Los reiterados fracasos, claro, sólo agregan más vergüenza, fracaso, pena, y sensación de poca valía. Muy dentro de sí la persona con vergüenza siente que sinceramente es indigna de amor o de atención por parte de nadie.

La profunda depresión es lo que a menudo hallamos al final de este camino emocional. La vergüenza también puede llevar al abuso de drogas, al alcoholismo, a desórdenes alimentarios y al juego compulsivo, además de otras conductas compulsivas.

¿Culpa verdadera o falsa?

Millones y millones de personas en nuestra nación sufren de tremenda culpa por decisiones del pasado o abusos como amoríos, abortos, abuso sexual, violación y otras circunstancias.

Una mujer cargada de culpa vino a verme hace unos años porque sufría de fatiga crónica y severa fibromialgia. Durante mi examen de Jane me enteré de que había pasado por un divorcio unos dos años antes de que comenzaran los síntomas de su dolencia.

Justamente antes del divorcio Jane había descubierto que su esposo salía con su vecina, que además era la mejor amiga de Jane. Y se enteró de una manera bastante inusual. El marido de su mejor amiga se enteró primero y vino a la casa de Jane a buscar a su esposo. Cuando lo encontró le dio tal paliza que el hombre terminó en la unidad de terapia intensiva de un hospital cercano durante un par de semanas.

Jane, dedicada esposa, visitaba el hospital a diario para cuidar a su marido, sin entender por qué el vecino lo había atacado. Después de dos semanas, un día fue al hospital como siempre y encontró que su esposo ya no estaba. Les preguntó a las enfermeras y ellas le dijeron que su novia había venido a buscarlo cuando le dieron de alta. Jane enseguida comenzó a atar cabos y cuando se dio cuenta de lo que pasaba sintió tremenda humillación y vergüenza.

En lugar de considerar que su esposo era un despreciable bandido, Jane me dijo que se sentía culpable. Sentía que si hubiese sido más delgada y atractiva su esposo no la habría dejado por la amiga, más delgada y atractiva que ella.

Le expliqué a Jane la diferencia que hay entre la culpa verdadera y la falsa. La culpa verdadera viene cuando hemos hecho algo que sabemos que está mal y sentimos remordimiento por haberlo hecho (o al menos, porque nos hayan atrapado haciéndolo). La culpa o falta surge cuando no hemos hecho nada malo sino que hemos sido socios inadvertidos en el crimen, pecado o mala acción. La falsa culpa consiste en arrogarse uno la culpa que le pertenece a otra persona. Esto se llama «personalización» y es uno de los diez tipos de creencias negativas en la vida, o distorsión cognitiva que veremos en el capítulo 12.

Con la culpa verdadera necesitamos perdonar a quien nos hizo daño, pedir perdón a Dios y luego perdonarnos a nosotros mismos por la participación que hayamos tenido. Con la culpa falsa necesitamos reconocer que no hicimos nada malo, pedirle a Dios que nos ayude a caminar en libertad con respecto a quien pecó, perdonar a la persona que nos lastimó para poder verdaderamente andar sin cargas en nuestras emociones.

Jane decidió reconocer su falsa culpa, perdonar a su esposo y a su mejor amiga, y sanar emocionalmente. Este proceso no se dio de la noche a la mañana. Rara vez sucede así. El perdón y la liberación fueron un proceso que llevó unos tres meses. Pero cuando se completó este proceso, Jane estaba asombrada porque tanto su fibromialgia como su fatiga crónica habían desaparecido.

Cerebro versus corazón

Como sucede con todas las emociones tóxicas y dañinas la depresión que viene de la culpa o la vergüenza es principalmente cuestión del corazón. La mayoría de nosotros, sin embargo, no escuchamos nuestros corazones. Solamente escuchamos a nuestro cerebro.

El cerebro es el capataz del cuerpo, el que controla las tareas, y nunca descansa. Está diseñado para estar en algún nivel de alerta en todo momento. Aún cuando soñamos el cerebro intenta discernir percepciones y emociones y encontrar sentido para que la persona pueda responder con diligencia.

El cerebro es protector y territorial. Paul Pearsall escribió:

El cerebro no se distrae fácilmente de su letal alianza con el cuerpo. Compulsivamente se mantiene al pie del cañón intentando ganar la «carrera humana». El autor Thomas Moore escribe sobre la palabra en latín «vocatio», que significa hacer una pausa breve de las presiones de la vida cotidiana para maravillarse ante el hecho de estar vivo. Como el cerebro está programado principalmente para buscar el éxito y no la conexión que el corazón anhela, a duras penas tolera dichas vacaciones.[1]

Pearsall sostiene que el cerebro es tipo A, en tanto el corazón evidencia conducta del tipo B. Es decir que el cerebro siempre está apurado e incómodo con sólo estar en un lugar. La conducta tipo A implica ser crítico, duro, cínico, echando culpas, controlador y negándose a perdonar. Esta es la conducta que se vincula dramáticamente a la enfermedad.

EL CEREBRO ES TIPO A, EN TANTO EL CORAZÓN EVIDENCIA CONDUCTA DEL TIPO B

Por otra parte, la conducta tipo B del corazón es gentil, relajada y busca relaciones e intimidad duraderas. El cerebro pareciera, en cambio, que quiere «una explosión», en términos de Pearsall. No es como el corazón, que quiere «un vínculo».

El cerebro cree en «Yo, mí, mío», según Pearsall. Es un pesimista natural. El psicólogo Mihaly Csikszetmihalyi sostiene que el cerebro tiene tendencia hacia el pesimismo porque nuestros ancestros se veían obligados a estar siempre listos para defenderse contra predadores hostiles.[2]

Cuando el cerebro va en el asiento del conductor, el corazón, alma, sede de las emociones, puede sentirse abusado, herido, explotado y terminar lleno de dolor y pena. El corazón lleno de pena está estresado y a menudo deprimido.

Pearsall también ha escrito:

Cuando el cerebro ha abusado del corazón con su código cínico y fatal de auto-preservación por sobre todo lo demás, llevando al corazón más allá de sus límites fisiológicos, puede agotar su propio sistema de soporte vital. El corazón es el músculo más poderoso en el cuerpo humano pero aún así puede sentir la presión y la ruptura de las presiones que le aplica un cerebro estresado y que estresa.

Cuando no escuchamos ni prestamos atención a lo que nuestro corazón está intentando decirnos y solamente escuchamos a nuestro cerebro, sufrimos las peligrosas consecuencias del «síndrome del corazón descuidado», y efectos sobre nuestra salud, causados por el abuso, la explotación y abandono del aspecto sensible de lo que somos. Vivir en un mundo que cada vez tiene menos corazón solamente logra atacarlo más y más. Y aún así, si nos sintonizamos con nuestro corazón comenzamos a sentir al niño que llevamos dentro, ese ser interior más sensible que tiene la capacidad de enseñarnos el gozo de estar vivos.[3]

ESCUCHAR AL CORAZÓN

¿Cómo podemos aprender a escuchar a nuestro corazón? Muchos médicos que conozco les preguntan a sus pacientes: «¿Cómo se siente?» Esta es también la pregunta no verbalizada que muchos de nosotros enfrentamos cada mañana: «¿Cómo me siento hoy?» Para estar al tanto de nuestro propio estado emocional, sin embargo, tenemos que preguntarnos: «¿Cómo hago sentir a los demás?»

Si hemos de ser realmente objetivos y sinceros con nosotros y llegamos a la conclusión de que parece que hacemos sentir enojados, heridos, controlados o presionados a los demás entonces es muy probable que seamos del tipo que se deja llevar por el cerebro y estamos dejando de escuchar a nuestro corazón y al corazón de quien esté ante nosotros.

Creo que es muy importante que reconozcamos los sentimientos de culpa o vergüenza en nuestro corazón. Es la llave que abre las puertas de la salud y la plenitud. La Biblia dice: «El corazón conoce la amargura de su alma; y extraño no se entremeterá en su alegría» (Proverbios 14.10). El dolor, las desilusiones, las esperanzas postergadas y los sueños rotos de su vida están todos escondidos en lo más profundo de su corazón.

Una persona puede sanar de la depresión cuando llega a entender el ataque que el cerebro ha cometido contra su corazón. Primero ha de entender que el corazón humano realmente sí entiende la profundidad de su propio sufrimiento. En última instancia no hace falta que otra persona nos diga cómo nos sentimos, ya lo sabemos. Sabemos de las emociones que tenemos guardadas en lo más profundo. Quizá no sepamos cómo acceder a ellas, pero ahí están. El objetivo será aprender a reconocer lo que está intentando decir el corazón. Para entender la profundidad de nuestras propias heridas necesitamos conocer el lenguaje de nuestro corazón.

> PARA ENTENDER LA PROFUNDIDAD DE NUESTRAS PRO-
> PIAS HERIDAS NECESITAMOS CONOCER EL LENGUAJE DE
> NUESTRO CORAZÓN.

Un sobreviviente de cáncer explicó una vez cómo su corazón «le hablaba» con mensajes muy suaves. Creía que se habría salvado de mucha agonía física si hubiera aprendido a escuchar a su corazón más temprano. Dijo:

A través de mi cáncer aprendí que cuando el corazón habla, lo hace como el niño tímido que intenta llamar la atención de su madre ocupada tironeándole de la falda. Como el llanto de un bebé frustrado que intenta expresar su necesidad sin palabras, mi corazón lloraba en un lenguaje primitivo que sólo se puede entender cuando permitimos que el corazón entre en diálogo constante entre el cerebro y el cuerpo... nuestro corazón tiene un modo delicado para llamarnos la atención y para oírlo tenemos que concentrarnos en nuestro pecho y no en nuestra cabeza.[4]

Cuando un bebé recién nacido le sonríe por primera vez, cuando la persona a quien ama le manda una linda tarjeta para San Valentín, cuando su hijo adolescente le abraza y dice: «Te amo» ¿dónde lo siente?

¡En el corazón!

A menudo nos llevamos la mano al corazón cuando nos sentimos especialmente amados, halagados, aceptados o sobrecogidos ante la generosidad de alguien. Y de manera similar cuando nos sentimos heridos también sentimos esa herida en el corazón.

LA BUENA NOTICIA

La buena noticia es que los corazones rotos pueden sanar. Podemos aprender a atesorar, nutrir y proteger esta parte tan preciosa y sensible de nuestro ser.

Linda, cuya historia compartí con ustedes en el capítulo previo sobre la depresión, pudo recuperarse de su fibromialgia, perder peso y liberarse de la terrible atadura de la depresión y la culpa. Lo hizo reconociendo ante todo que podía cambiar los procesos de pensamientos dañinos que habían terminado lastimándola y causando su depresión. Aprendió a conectarse con su propio corazón y a aislar los profundos sentimientos reprimidos durante tanto tiempo. También aprendió a tener esperanza, a creer en la siempre presente posibilidad del amor, el aprecio, el gozo, la paz y la dignidad humana en el corazón de toda persona.

Lo que sucedió con el corazón de Linda y con todo su ser también puede pasarle a usted.

La buena noticia para los que sufren culpa o vergüenza es esta: Jesús murió en la cruz para quitar la mancha de la culpa y la vergüenza de nuestras vidas. Le aliento a recibir Su misericordioso, generoso regalo de perdón y libertad de estas emociones tóxicas. Luego perdónese ¡y siga adelante con su vida!

8

EL VENENO EMOCIONAL DEL MIEDO

Mark casi pierde la oportunidad de contarme su historia. Había venido a verme para que le prescribiera una dieta y un programa de ejercicios después de una cirugía de bypass coronario-arterial. Mientras hablábamos le dije que había estado pasando las noches de los últimos meses investigando más la conexión entre la mente y el cuerpo. Expresó interés en la idea de que las emociones dañinas y las enfermedades fatales tengan relación.

«Dame un ejemplo de una emoción tóxica», dijo Mark.

«Seguro» respondí. «¿Qué te parece el miedo?»

Mark me miró sorprendido.

«¿Me leíste la mente?», preguntó.

«No», dije, «¿Por qué?»

Porque creo que hay un vínculo directo entre el miedo y el ataque cardíaco que demostró que necesitaba un bypass.

Entonces Mark me contó su historia. Me dijo que toda su vida la gente lo había llamado miedoso, no solo sus compañeros en la infancia, sino también su padre, su abuelo, su tío y otros adultos. De niño había tenido que pasar mucho tiempo a solas. Su padre y su madre eran ministros y parecía que a menudo los llamaban en mitad de la noche para que fueran a ver a alguien de la congregación. Mark, el hijo mayor, quedaba a cargo de la casa en esas noches de emergencias. Sentía tremenda responsabilidad y la mayor parte del tiempo sentía miedo de que ocurriera algo terrible durante la ausencia de sus padres, o peor aún, que les pasara algo terrible a ellos y no volvieran.

Además, los padres de Mark eran ministros en una denominación muy estricta. Mark creció con miedo de que algo terrible le sucediera porque estaba seguro de haber pecado inadvertidamente y que por eso vivía con pecado no confesado y no perdonado. Temía lo que Dios pudiera hacerle por ser pecador.

«Y para colmo», dijo Mark, «mi abuelo, mi padre y mis dos tíos eran hombres a quienes les gustaba andar al aire libre. Les gustaba pescar y cazar y me llevaban con ellos. A mí no me gustaba para nada la idea de dormir en carpa, con ruidos de animales que no conocía. Allí fue cuando me quedó el apelativo de "miedoso"».

«¿Y de qué modo crees que esto tuvo que ver con tu ataque al corazón?», pregunté.

«Bueno, la noche que tuve el ataque oí pasos fuera de mi dormitorio. Desperté a causa del ruido, como si alguien con botas pesadas estuviera caminando sigilosamente justo fuera de mi dormitorio. Me gustaría decirte que salté de la cama y que asusté al que percibía como atacante, pero no fue así. Quedé paralizado, pegado a la cama. Empecé a sudar frío. Cuanto más intentaba moverme, menos podía hacerlo, y más pensaba en qué podría pasar si me levantaba. Mi corazón galopaba y antes de que pudiera hacer nada, sentí un fuerte dolor. Creo que habré dicho en voz alta el nombre de mi esposa porque ella despertó, saltó de la cama y llamó al 911 antes de que yo protestara. Me alegro de que lo haya hecho».

Entonces guardó silencio durante un momento.

«Por favor, no le digas lo que acabo de contarte. Nunca le dije que había oído pasos. No quiero alarmarla».

«¿Encontraste evidencia de que hubiera un ladrón en el vecindario?», pregunté.

«No», dijo Mark. «Lo que sí descubrí es que los vecinos habían comprado un perro enorme el día anterior. Cuando lo pienso, creo que habrá sido el perro el que saltó la cerca y andaba por nuestro jardín. Es tonto sufrir un ataque al corazón por culpa de un perro curioso.

La experiencia de Mark no es poco común. Muchas personas viven con mucho miedo, justo debajo de la superficie, y este miedo puede llegar a ser fatal.

«Pero», dirán muchos, «el miedo de Mark no tenía fundamento».

Eso no importa. Los miedos fantasma, los que no están arraigados en la realidad, son tan reales para el cuerpo como el peligro verdadero. Todos conocemos la experiencia de pensar que una manguera puede ser una serpiente cuando salimos al jardín por la noche, o que una pelusa puede ser una araña. Una mujer me contó que vio una serpiente de juguete que los dueños anteriores de la casa habían puesto para asustar a los insectos que comían las flores. Ella dijo:

«Casi me muero del susto al ver esa cosa. Afortunadamente fui a buscar una pala para decapitarla, y al regresar noté que no se había movido. Estaba en la misma posición. Creo que mi corazón siguió latiendo aceleradamente durante unos diez minutos».

Desde los ataques terroristas a nuestra nación en septiembre de 2001 el miedo y la ansiedad parecen haber aumentado en E.U.A. Mucha gente tiene un presentimiento malo de que otro incidente como ese vuelva a suceder. El miedo a lo desconocido tiene la misma fuerza que el miedo a lo que conocemos. Y todo tipo de miedo puede ser fatal.

Asociación del miedo con la enfermedad

El miedo se ha asociado con gran variedad de enfermedades, incluyendo las cardiovasculares y la hipertensión, enfermedades del aparato digestivo como la colitis, el mal de Crohn, el síndrome de colon irritable y las úlceras, con dolores de cabeza y enfermedades de la piel como la soriasis, el eczema y el acné por estrés. El miedo puede causar una respuesta inmune disminuida, lo cual puede llevar a infecciones frecuentes o al desarrollo de una enfermedad fatal. El miedo puede preceder a un ataque cardíaco como en el caso de Mark y aún llevar a la muerte.

El miedo es una emoción poderosa que produce una respuesta psicológica muy potente. Abundan las historias de personas cuyo miedo llegó a un nivel tan alto que cayeron muertas. Uno de los ejemplos clásicos del poder del miedo aparece en la Biblia. La historia tiene que ver con un hombre llamado Nabal, que significa «tonto» (ver 1 Samuel 2.5). El significado del nombre de este hombre puede ser un primer indicador de sus problemas para manejar la ira, porque, ¿no nos hace actuar como tontos a veces la ira o la reacción exagerada?

Nabal era un hombre muy rico, que tenía tres mil ovejas y mil cabras, lo cual es mucho ganado aún en nuestros días. El ganado en la economía del desierto de los tiempos bíblicos valía más que el oro. Los dueños de ganado como Nabal confiaban en vigilantes que protegían a sus rebaños y manadas. Afortunadamente para Nabal, David le proveía tal servicio.

En esa época David había sido ungido como próximo rey de Israel aunque todavía no había asumido. Dios había rechazado al rey de ese momento, Saúl, pero éste todavía ocupaba el trono. El rey Saúl no estaba nada contento y sentía muchos celos por lo cual intentó matar a David. David huyó para salvar su vida. Un grupo de hombres, venidos de diversos lugares, se había asociado con David así que tenía cientos de hombres y a sus familias rodeándolo en el área del desierto donde se ocultaba del rey Saúl y sus soldados. En parte, David sostenía a este grupo de hombres recibiendo «recompensa» monetaria y pago en alimentos de parte de la gente para quienes cuidaba ganado.

Durante la temporada de esquila cuando el ganado se encontraba en las áreas de pastura David envió a algunos de sus hombres para que le pidieran a Nabal el pago normalmente considerado usual por el servicio que había brindado durante el año. Era esta una época en que los dueños de ganado solían ser generosos. Nabal, sin embargo, se negó al pedido y fingió no saber nada de David, de sus hombres y sus actividades.

Cuando David se enteró de la respuesta de Nabal, una afrenta abierta además de una pérdida económica, se puso furioso. Sabía que la negativa de Nabal pronto se haría conocida en la región y que esto significaría que quizá otros siguieran su ejemplo. David no podía darse este lujo. El futuro rey ordenó a sus hombres a tomar sus espadas. David estaba decidido a obtener lo que le correspondía a él y a sus hombres aunque esto significara un conflicto armado.

Cuando Abigail, esposa de Nabal, se enteró de la tonta acción de su marido, actuó con rapidez para salvar lo suyo. Cargó varios asnos con un generoso regalo de doscientas hogazas de pan, dos odres de vino, cinco ovejas faenadas y ya listas para asar, cinco bolsas de grano, cien paquetes de pasas y doscientas tortas de higo. Abigail no le dijo a Nabal lo que estaba haciendo. En cambio, ordenó calladamente a sus sirvientes que llevaran la comida a David y luego fue tras ellos para presentarse ante él y rogarle que no atacara su propiedad.

Cuando Abigail llegó ante David cayó a sus pies y le pidió perdón por la acción mezquina, tonta y codiciosa de su esposo. Alentó a David a dejar de lado su enojo, a aceptar el regalo que ella había preparado y a concederle el pedido de paz entre David y su casa. David consintió.

Abigail volvió a casa donde encontró a Nabal dando una fiesta digna de un rey. La Biblia nos dice: «el corazón de Nabal estaba alegre, y estaba completamente ebrio» (1 Samuel 25.36). Abigail supo al regresar que su esposo no era capaz de oír racionalmente y de responder a lo que había hecho ella, así que esperó hasta el día siguiente para decírselo. Cuando le dijo lo cerca que había estado él de que lo mataran junto a todos sus sirvientes, «desmayó su corazón en él, y se quedó como una piedra» (v. 37). En otras palabras, sufrió un grave ataque cardíaco que le dejó en estado de coma. Murió diez días después.

Jesús advirtió que en este mundo puede haber y habrá circunstancias que harán «que desfallezcan los hombres por el temor y la expectación de las cosas que sobrevendrán en la tierra» (Lucas 21.26).

Los eventos mundiales y las crisis personales son dos fuentes de miedo fatal. El vudú puede ser otra de estas causas. En algunas naciones del tercer mundo todavía se practica el vudú como religión. Varios investigadores han estudiado la muerte en los rituales de vudú. El cardiólogo Regis DeSilva y su co-investigador Wade David creen que las muertes en el vudú en realidad son casos de muerte súbita resultado del miedo.[1] La excesiva estimulación de la respuesta de estrés, conocida como «estimulación simpática», puede causar que el corazón entre en fibrilación, como la fibrilación ventricular o la taquicardia ventricular, que pueden causar muerte súbita. En otras palabras, la gente que muere durante los rituales del vudú literalmente muere de miedo. El terror que sienten estimula al sistema nervioso simpático a tal grado que el corazón en realidad comienza a latir extremadamente rápido sin poder detener ese ritmo (fibrilación ventricular), y esto causa la muerte súbita.

LA GENTE QUE MUERE DURANTE LOS RITUALES DEL VUDÚ LITERALMENTE MUERE DE MIEDO.

¿QUÉ PASA CUANDO TENEMOS MIEDO?

La amígdala es la porción del cerebro que controla el miedo y la ansiedad. Está ubicada en lo profundo del cerebro, no lejos del hipocampo, que es el área que controla la memoria y ayuda al cerebro a aprender y retener la información.

Como sucede con todas las emociones intensas y tóxicas, hay una respuesta química en el cerebro cuando la persona siente mucho miedo. Esta actividad química excita estos centros vitales del cerebro en particular.

El miedo y la ansiedad parecen ocurrir en el mismo espectro general. El miedo es un choque de ansiedad concentrada a corto plazo. Es la respuesta aguda e inmediata de la ansiedad.

Mucha gente se recupera enseguida después de haber sentido miedo. Además, la causa del miedo por lo general es fácil de reconocer: el ruido en la noche, la persona que se cruza delante del auto en medio del tráfico, la explosión que parece demasiado cerca.

Algunos miedos suceden reiteradamente en el mismo entorno; es decir, que hay experiencias o circunstancias que parecen siempre disparar miedo en la persona. En estos casos, se llama fobia al miedo. Las fobias son irracionales, porque por lo general no hay razón obvia o conocida para que la persona reaccione con un miedo extremo. Hay gente que tiene un miedo irreal a las alturas. Ahora, muchas personas sienten miedo saludable a las alturas; no caminarán por una cornisa o por el borde de un acantilado para asomarse y ver lo que hay debajo, por ejemplo. Sin embargo, el miedo extremo o fobia a las alturas puede hacer que la persona no quiera subir a un ascensor con paredes de cristal, o acercarse a la ventana en el tercer piso de un edificio.

Hace poco me contaron de una mujer que tiene mucho miedo a los tigres. Nunca pasa cerca del sector de los felinos en el zoológico, ni ve películas donde aparezcan tigres, y si es posible hasta evita ver fotografías de tigres en avisos o revistas. No hay racionalidad en su miedo. Pero aún así, lo siente.

Parte de la definición de una fobia es que es un miedo que impide. La persona no puede moverse normalmente en la sociedad. Por ejemplo, la persona con fobia a las alturas no conducirá un auto si tiene que cruzar un puente alto, porque sentirá pánico. Esto disminuye su movilidad. Los que sufren de agorafobia, miedo al mercado, encuentran que les es casi imposible ir de compras al supermercado, o moverse en un aeropuerto. Comienzan a sudar frío cada vez que están en un lugar donde hay demasiada gente transitando. Hay gente que sufre de fobias a animales o insectos específicos, como las serpientes, las ratas o las arañas.

Cuando la persona tiene un ataque súbito de miedo el cuerpo responde con una respuesta de estrés aguda e intensa: la adrenalina fluye al torrente sanguíneo e inmediatamente da la señal al cuerpo en su máximo nivel de alerta para huir o pelear.

En la mayoría de los casos y aún en los de intenso miedo o fobia, la respuesta de estrés acabará tan pronto cambie la circunstancia que causó el miedo. En otros casos, sin embargo, la respuesta de estrés no cede. Las hormonas del estrés siguen segregándose. En estos casos el sistema cardiovascular o el inmunológico pueden verse afectados.

La liberación de hormonas del estrés durante un ataque de fobia o miedo puede causar palpitaciones o ritmo cardíaco acelerado, alta presión sanguínea y otros síntomas cardiovasculares que incomodan.

Ansiedad, exagerada preocupación y miedo

¿Es posible preocuparse demasiado? Sí. La exagerada preocupación describe la situación en que la persona se sobre identifica o se apega exageradamente al objeto de su preocupación. En este punto, la preocupación se convierte en exagerada preocupación. La persona que es objeto de la exagerada preocupación o sobreprotección vive bajo un gran nivel de estrés. ¡Lo mismo le pasa al que sobreprotege o se preocupa exageradamente!

Cuando la preocupación se convierte en exagerada preocupación, el receptor comienza a sentirse preocupado, ansioso, culpable, amenazado, con miedo y hasta enojado. La sobreprotección en realidad hace que la persona se sienta como si hubiera comido dos kilos de chocolate. Siente que se asfixia y busca huir.

Doc Childre escribió: «La mayor parte del tiempo cuando la gente se vuelve ansiosa, enojada, con reacciones exageradas o manipuladoras, están preocupándose por algo pero de manera poco efectiva y agotadora... La mente convierte la intención de cuidado genuino en algo que agota la mente y las emociones».[2]

La generación de nuestros abuelos solía calmarse diciendo: «Vivir y dejar vivir». En nuestra generación parece que hacemos todo lo contrario. Como aquel niño que amaba a su pollito tanto que llegó a asfixiarlo porque lo abrazó demasiado fuerte, solemos asfixiarnos y asfixiar.

Una de mis pacientes parecía ser profesional en esto de la sobreprotección. Brandy era una mujer bonita: Alta, delgada, con cabello oscuro y ensortijado y una personalidad que iluminaba la habitación en que entraba. A todo el mundo le gustaba su compañía. Podía convertir el evento más mundano en una fiesta. Así que ¿Por qué no tenía Brandi, de casi 50 años cuando la conocí, un proyecto de matrimonio y sí tenía una larga lista de relaciones y rupturas dolorosas?

La razón principal era su conducta sobre protectora. Tenía tal pasión por la vida y quería una relación con tal desesperación que cuando encontraba a un hombre lo espantaba con su sobreprotección. Comenzaba toda relación con un prematuro ataque de llamadas, regalos, cartas, notas y otras muestras de afecto. Enseguida quería conocer a toda la familia, llamar a todos los amigos, conectarse con todas sus conexiones. Si el hombre todavía no estaba mareado, Brandy lograba cambiar todo lo que creía que estuviera en contra de su gusto. Una vez, mientras salía con un hombre a quien le gustaba la música country, comenzó a vestir botas de cowboy y pantalones vaqueros, y ¡hasta compró un caballo! Nunca había montado en su vida, y no le gustaba «el lejano oeste», pero sentía que tenía que cambiar porque «le importaba» su novio.

Los hombres en la vida de Brandy habían vivido tremendamente bajo presión a causa de su sobreprotección, y todos habían huido tan pronto pudieron. Brandy entonces tenía todo lo contrario de lo que deseaba. Como consecuencia de su sobreprotección, se sentía sola.

En muchos aspectos nos hemos convertido en una sociedad llena de gente que sobreprotege.

¿Qué relación tiene esto con el miedo? Está arraigado en el miedo a perder, a perder el control, la identidad, a no conseguir lo que la persona siente que hace falta para poder vivir.

Brandy sentía miedo de que si no encontraba a alguien con quien casarse jamás tendría la vida que quería tener.

Siempre en la raíz de la sobreprotección hay un miedo al abandono, al rechazo y a la pérdida. Cuando respondemos a estas emociones generadoras de miedo nos estamos adentrando en un patrón de conducta que no sólo nos enferma psicológicamente sino también físicamente.

EL ANTÍDOTO PARA EL MIEDO Y LA PREOCUPACIÓN

Cuando sienta que su corazón se llena de miedo o que su mente comienza a aturdirse con pensamientos de pérdida irreversible, tómese un minuto para preguntarse: ¿Qué es lo que parece estar alimentando este miedo *en este momento*? Intente encontrar la causa de su estrés, la fuente del miedo. Y luego busque enfrentar esos temas.

¿Suele preocuparse demasiado por los demás? ¿Está aferrándose o buscando cosas que no son necesarias, o quizá no forman parte del plan de Dios para su vida? ¿Se preocupa al punto de estresarse y estresar a la persona a quien protege?

La fe es la cura suprema para el miedo. La fe es creer que Dios está a cargo de todas las cosas y que podemos confiar en que él hará lo que sea eternamente mejor para cada uno de nosotros. Le aliento a hacer algo: elija creer que Dios está obrando en su vida y en la de quienes le rodean. Elija creer que Dios está en control de todas las situaciones y circunstancias. La fe siempre es una elección, una decisión, ¡y le aliento a decidirse por ella a diario!

> La fe es la cura suprema para el miedo. La fe es creer que Dios está a cargo de todas las cosas y que podemos confiar en que él hará lo que sea eternamente mejor para cada uno de nosotros.

Jesús enseñó: «No se turbe vuestro corazón; creéis en Dios, creed también en mí». (Juan 14.1). Reiteradas veces en las Escrituras, Jesús o un ángel del Señor dijeron: «No teman». Cuando se trata del miedo, que estas palabras de Dios resuenen siempre en nuestros corazones, en toda situación y circunstancia, en toda relación, en todos nuestros sueños, esperanzas y deseos.

9

CUANDO LA PREOCUPACIÓN SE VUELVE FATAL

Fue casi demasiado fácil. Wanda entró en mi consultorio y abiertamente admitió en una de sus primeras afirmaciones: «Vivo preocupada, siempre me han llamado "Doña Preocupación"». Desde ese momento, me resultaba difícil no pensar en ella como «Doña Preocupación».

Wanda reconocía que la preocupación, un profundo sentimiento de continua ansiedad, estaba ligada quizá a las muchas dolencias que le afectaban. El tratamiento de su preocupación fue tan importante como el de sus síntomas físicos.

En general, somos una nación de preocupados. El Informe Mitchum sobre Estrés en la década de 1990 informaba que el trabajo, el dinero y la familia son continuas fuentes de estrés para la mayoría de los estadounidenses. Más de la mitad de la población adulta del país declaraba que se preocupan mayormente por el trabajo o el dinero.

Los desórdenes de ansiedad son la enfermedad mental más común en E.U.A. Afectan a casi diecinueve millones de norteamericanos. Una encuesta de Time/CNN realizada ocho meses después del ataque del 11 de septiembre reveló que en ese momento casi dos tercios de la población pensaba en los ataques terroristas al menos «algunas veces por semana».[1]

Como sucede con el miedo, la ansiedad se ha asociado con una cantidad de enfermedades fatales como las cardiovasculares, con la hipertensión, la colitis y el mal de Crohn, el síndrome de color irritable, las úlceras, los dolores de cabeza, las enfermedades de la piel como la soriasis, el eczema y el acné por estrés y la disminución en la respuesta inmunológica que a su vez puede hacer que la persona sea vulnerable a enfermedades más graves.

Muchas personas, sin embargo, a diferencia de Wanda, no ven que haya nada malo en su tendencia a la preocupación. Permítame preguntarle:

¿Le cuesta dormirse porque se preocupa ante la idea de perder su empleo? ¿Siente un nudo en el estómago cuando piensa en las acciones o en su plan de retiro? ¿Se siente molesta toda la mañana cuando su jefe llega de mal humor? ¿Siente como si por las noches estuviera sin esperanzas ni energía después de ver las noticias o programas que no muestran más que violencia, terror o guerra? ¿*Sabe* que está sacrificando su salud a causa de la preocupación por el siguiente paso en su carrera?

¿QUÉ ES EL DESORDEN DE ANSIEDAD?

La ansiedad es la incómoda y desagradable sensación de aprehensión que acompaña síntomas físicos como las manos sudorosas, la respiración entrecortada, los latidos acelerados y un nerviosismo general. La ansiedad suele permanecer más que el miedo porque es una sensación, un sentimiento que continúa durante mucho tiempo aunque haya desaparecido la amenaza real.

La ansiedad que es de menor intensidad, es lo que llamamos inquietud o preocupación. Sin embargo la ansiedad también puede ser de alta intensidad. En estos casos puede existir un desorden de ansiedad. En el mundo de la medicina los llamamos *ansiedad patológica*.

Los desórdenes de ansiedad son bastante comunes. Incluyen desórdenes de ansiedad generalizada, desórdenes de estrés postraumático, desórdenes de pánico, desorden obsesivo compulsivo y fobias.

Algunos desórdenes de ansiedad son más peligrosos para el cuerpo físico que otros. Los más amenazadores son los que crean la liberación de hormonas del estrés que no cesa después de una experiencia en particular o después de que haya pasado el evento. Veámoslos en mayor detalle.

Desórdenes de ansiedad generalizada

El desorden de ansiedad generalizada (DAG) es un estado de ansiedad usualmente crónico. Las personas con desorden de ansiedad generalizada sienten ansiedad acerca de una gran variedad de circunstancias en la vida, casi todo el tiempo. Sino están inquietos por el alto precio de la leche o y quizá se preocupen por lo que podría suceder para estropear los planes de sus vacaciones o si se han olvidado de cerrar todas las puertas antes de salir hasta las comprar. Para quienes sufren de desorden de ansiedad generalizada la vida siempre tiene algo por lo que vale la pena preocuparse. Usualmente no pueden imaginarse por que otros no se preocupan más, y a veces sienten que depende de ellos preocuparse porque nadie más parece hacerlo.

Desorden de ansiedad postraumático

El desorden de ansiedad postraumático (DAP) por lo general sobreviene después de un evento terrible como una violación, un secuestro, un asalto a mano armada, o cualquier otro evento traumático. Muchos veteranos de Vietnam sufrieron de desorden postraumático. Esta forma de desorden de ansiedad también puede darse durante un divorcio o luego de la muerte de un ser querido.

La persona con desorden de ansiedad postraumático puede pasar el día entero repitiendo mentalmente las cintas emocionales del evento o de la serie de eventos que le causaron estrés. También pueden tener pesadillas. A veces reaccionan exageradamente cuando algún evento inocuo o algún objeto inanimado disparan los recuerdos de su trauma.

Una de mis pacientes, a quienes llamaré Andrea, fue asaltada mientras trabajaba en una tienda en las afueras de la ciudad. Un hombre enmascarado entró a la tienda justamente cuando ella cerraba esa noche. La obligó a acostarse boca abajo en el piso mientras él apuntaba con una pistola a su cabeza. Luego de tomar dinero de la caja registradora escapó.

Hoy, más de un año después de aquel hecho, cada vez que Andrea oye que se abre una puerta, o huele el aroma del líquido limpiador que se usaba en el piso de la tienda, o pasa por una tienda del servicio rápido, siente gran ansiedad.

Para algunos, el estrés postraumático es una respuesta que sigue ocurriendo muchos años después del evento. Un hombre me dijo que sintió nuevamente los efectos postraumáticos mientras visitaba Israel hace algunos años. Oyó el ruido del lanzamiento de un cohete mientras estaba en el área norte de Golán e inmediatamente se echó al suelo, preparado para huir. Casi no se podía levantar, permaneció casi congelado en la misma posición durante varios minutos. Afortunadamente él y su esposa estaban con un guía del tour por lo que no pasó demasiada vergüenza. Estaba preocupado, sin embargo, que pudiera todavía sentir miedo tan intenso, ya que habían pasado 30 años desde que luchara en Vietnam. Me dijo: «No podía creer que sintiera esa respuesta automática de manera tan fuerte. Pensé que todo eso había quedado atrás». Para algunos, el síndrome postraumático jamás desaparece por completo.

Desorden de pánico

Una asombrosa cantidad de norteamericanos, 2.4 millones de adultos en los Estados Unidos, están afectados por desorden de pánico.[2] Con el desorden de pánico, sobrevienen sentimientos terribles de ansiedad repentina y sin aviso previo. El ataque de pánico puede suceder mientras la persona está conduciendo su auto en una ruta con mucho tránsito. También puede suceder mientras está en un auditorio, en una reunión de padres de la escuela. A menudo los sentimientos de pánico se ven acompañados por un terrible sentimiento catastrófico. El hecho de que la persona no sepa cuándo ni dónde puede ocurrir un ataque de pánico agrega más ansiedad.

UNA ASOMBROSA CANTIDAD DE NORTEAMERICANOS, 2.4 MILLONES DE ADULTOS EN LOS ESTADOS UNIDOS, ESTÁN AFECTADOS POR DESORDEN DE PÁNICO

El ataque de pánico inicia una típica respuesta de estrés, bombeando adrenalina en el torrente sanguíneo. Como sucede con el miedo repentino y otras emociones tóxicas este torrente de adrenalina hace que el corazón aumente su ritmo. Es muy común que la persona con un ataque de pánico tenga palpitaciones y dolor en el pecho al punto que piensa que está sufriendo un ataque cardíaco. La persona también tendrá las palmas sudorosas, la boca seca y sentirá náuseas, dolor abdominal, temblores, mareos, o sensación de asfixia.

Un hombre llamado Mike vino a verme porque tenía un caso extremo de ataques de pánico. Tenía un ataque de pánico al menos una vez a la semana, en general mientras iba conduciendo. De repente sentía dolor en el pecho, se le dormía el brazo izquierdo, tenía palpitaciones y le costaba respirar. Pensando que sufría un ataque cardíaco inmediatamente iba a la sala de emergencia más cercana. Su estado general de ansiedad empeoraba, claro, porque nunca sabía si realmente tenía un ataque cardíaco.

Gastaba mucho dinero por mes en tratamientos de sala de emergencia, hasta que finalmente recibió tratamiento para desorden de pánico.

Durante un ataque de pánico, la presión sanguínea de la persona puede subir a niveles muy altos. Uno de mis pacientes llegó a tener 220/140 durante un ataque de pánico que sufrió en mi consultorio. Apenas paso el ataque, su presión sanguínea volvió a 120/80. Una respuesta de estrés tan dramática en el cuerpo con el tiempo y con ataque reiterados puede hacer que la persona tenga hipertensión, enfermedades cardiovasculares, o un derrame.

Desorden obsesivo compulsivo

Otro tipo de desorden de ansiedad es el obsesivo compulsivo. Con este desorden, ideas o imágenes perturbadoras inundan la mente de la persona, ésta es la parte obsesiva del desorden. Quien sufre de este desorden crea rutinas y rituales reiterados para librar la mente de estas imágenes. Uno de los personajes literarios más famosos que representa un desorden obsesivo compulsivo es Lady Macbeth, en la obra de Shakespeare, Macbeth. Macbeth ve la mancha de sangre en sus manos después de haber cometido un asesinato. Se lavaba las manos una y otra vez para librarse de los sentimientos de culpa asociados con esta imagen mental. Lavarse las manos, por supuesto, no tenía ningún efecto. Era una conducta sin sentido y repetida porque no la absolvía de su culpa. Dicha rutina y ritual reiterado es la parte compulsiva del desorden obsesivo compulsivo. Uno de los desórdenes obsesivo compulsivos más comunes es la ansiedad por los gérmenes. Las personas que sufren este desorden se lavan las manos rutinariamente y ritualmente después de tocar cualquier objeto, ya sea un picaporte, un lápiz, o el teléfono. Otros se retraen en lugar de arriesgarse a saludar dando la mano a una persona. Algunas personas con este desorden en particular se lavan las manos cientos de veces al día. Muchas personas con este desorden de ansiedad saben que los rituales que practican no tienen sentido. Sin embargo son incapaces de parar. Una vez fui testigo de un ejemplo extremo de este tipo de conducta en una paciente llamada Eloísa. Esta mujer de mediana edad se lavaba las manos incesantemente y trabajaba incansablemente día y noche para mantener su casa libre de gérmenes. Aspiraba y limpiaba desde el amanecer hasta el anochecer. Quien entraba en su casa tenía que quitarse los zapatos. Seguía a sus huéspedes con una botella de desinfectante, limpiando picaportes y superficies que tocaran. Puede usted imaginar la tensión en la que vivía Eloísa y quienes la visitaban.

Esta mujer vivía en un continuo estado de tensión nerviosa. Cuando vino a mi consultorio estaba nerviosa, inquieta y agotada a causa de esa interminable rutina de limpiar. Pude ayudarla con medicación y refiriéndola a psicoterapia.

Los desórdenes que he mencionado aquí: desorden de ansiedad generalizada, desorden de estrés postraumático, desorden de pánico, y desorden obsesivo compulsivo, estimulan la respuesta del estrés. Y esto lleva a niveles elevados de adrenalina y cortisol.

Formas más cotidianas de la ansiedad

Preocupación general

Casi diecinueve millones de norteamericanos sufren de desórdenes de ansiedad, pero muchos más sufren de ansiedad leve que todavía no se ha llegado a convertir en estado de desorden. Sentir ansiedad severa o continua no es necesariamente patológico, en el sentido de que la persona tenga una perturbación emocional o mental. En muchas de estas personas, la preocupación simplemente se ha convertido en un hábito mental. Ellos ven automáticamente las situaciones en términos de la peor situación posible. Si su hijo adolescente se lleva el auto por la noche, esta persona va a pasar todo este tiempo mientras el hijo esta afuera preocupándose si el hijo tuviera un accidente con el auto y muriera. Si planifica viajar a visitar a su nieto se preocupa de que un terrorista puede estar en el avión.

El que se preocupa continuamente quizá permanezca despierto toda la noche pasando por una serie de posibilidad de «qué pasaría si». Como con cualquier hábito mental que se arraiga en el cerebro este hábito de la preocupación general suele empeorar con el tiempo.

Gran temor

El gran temor lleva al pensamiento distorsionado, a un estado que puede llevar a la falta de esperanza y a la desesperación. Cuanto mayor la ansiedad y el gran temor, tanto mayor la liberación de hormonas del estrés.

Preocupación por cosas

Muchas personas tienen ansiedad que no se relaciona con personas sino con cosas. ¡Como nación parecemos estar consumidos por el concepto de consumir! En lugar de seres humanos parecemos colectores humanos. Coleccionamos cosas, almacenamos cosas, hacemos ventas de garaje para liberarnos de cosas, compramos o alquilamos espacio para guardar otras cosas que casi nunca usamos, y pasamos innumerable cantidad de horas comprando cosas para reemplazar, actualizar, o agregar a lo que ya tenemos. Muchas personas le prodigan grandes cuidados a sus cosas.

Dedican horas cada semana a ordenar, limpiar, y en general juguetear con sus posesiones materiales, y en especial las cosas electrónicas que todavía no saben manejar. Una mujer me dijo hace poco que siempre sabía cuando su hijo –de edad universitaria– estaba tensionado. Dijo: «o sale a pescar, para relajarse, o pasa horas que podría dedicar al estudio ordenando sus cosas de pesca». Este joven se preocupaba demasiado por su cosas materiales, en su caso, está preocupación por los objetos era un reflejo de su tensión y no la causa de la tensión.

La Biblia tiene palabras fuertes para quienes se preocupan demasiado por el dinero y las posesiones: «El que confía en sus riquezas caerá; mas los justos reverdecerán como ramas» (Proverbios 11.28).

Jesús enseñó: «Mas buscad primeramente el reino de Dios y su justicia, y todas estas cosas os serán añadidas» (Mateo 6.33). Buscar el reino de Dios incluye estar genuinamente agradecido por las cosas que el Señor te ha dado, y estar decidido a pasar un tiempo de calidad a solas con Dios en oración y silenciosa reflexión en Su Palabra. Buscar primero el reino de Dios, contrasta con luchar por adquirir riquezas, posición social, o posesiones. También se opone a luchar por controlar a las personas o las situaciones.

El vínculo entre la ansiedad y la enfermedad

Una importante cantidad de dolencias físicas y enfermedades graves se han vinculado a la ansiedad, incluyendo enfermedades cardiovasculares, úlceras, síndrome de colon irritable, y enfermedades relacionadas con una función inmunológica disminuida. Una de las dolencias principales es el dolor de cabeza tanto de tensión nerviosa como la migraña.

La tensión causa aproximadamente el 90 por ciento de todos los dolores de cabeza.[3] Si jamás ha tenido un dolor de cabeza, usted es una persona un poco extraña. Los dolores de cabeza por tensión por lo general ocurren durante una temporada estresante en el trabajo, una temporada de tensión en una relación, o un período de dificultades económicas. Imagino que muchas personas permanecen despiertas haciendo sus formularios de impuestos el 15 de abril para luego tener insomnio y un gran dolor de cabeza por tensión nerviosa.

La ansiedad crea un estrés que particularmente ataca a los músculos del cuello y la parte superior de la espalda. Estos músculos se tensionan y se fatigan, sufren espasmos y crean dolores de cabeza.

Las migrañas, por el contrario, son de origen vascular. Su causa es la dilatación de los vasos sanguíneos en la cabeza. El mismo estrés que causa el dolor de cabeza puede disparar el terrible dolor de una migraña, pero en este caso el cuerpo somatiza el estrés en los vasos sanguíneos en vez de los músculos. Si habitualmente tiene dolores de cabeza, su cuerpo esta intentando decir de que algo anda mal y que debe tomar una acción. Muchas veces lo que está mal es demasiado estrés, quizá esté demasiado ansioso o demasiado preocupado. Una simple técnica de relajación y el reenfocar sus pensamientos serán de beneficio a muchas personas para terminar con un dolor de cabeza antes de que se haga intenso.

Ansiedad y enfermedades cardiovasculares

El desorden de ansiedad, sea desorden de estrés postraumático, desorden obsesivo compulsivo, o desorden de ansiedad generalizada, dispara una respuesta de estrés que puede causar que la epinefrina inunde el cuerpo. La presión sanguínea es muy vulnerable a la epinefrina. Demasiada epinefrina, y la presión sanguínea se disparará a las nubes. Cuando esto sucede, el suave recubrimiento endotelial de las arterias puede desarrollar pequeñas rasgaduras. Este daño ocurre con frecuencia en los puntos donde las arterias se abren en dos, especialmente en las arterias coronaria y carótida.

Las personas que están cargadas con depósitos de grasa que hacen que las plaquetas sean más pegajosas y más susceptibles a formar coágulos, tienen el entorno ideal para la formación de una enfermedad cardiovascular y para la acumulación de placas.

Diversos estudios de investigación han mostrado que los desórdenes de ansiedad llevan a mayor riesgo de enfermedades de la arteria carótida. En un estudio que duró cuatro años, los hombres que sentían ansiedad durante períodos largos de tiempo mostraban mayor aumento de placa en las arterias carótidas que los hombres que no sentían ansiedad continua.[4]

Hallé estudios que han documentado un vínculo entre la enfermedad de las arterias coronarias y los desórdenes de pánico, como así también entre las enfermedades cardiovasculares y la preocupación. Un estudio mostró que la ansiedad y la muerte súbita aparentan estar conectadas. En este estudio, los investigadores llegaron a la conclusión de que las arritmias ventriculares (ritmo peligroso del corazón) puede haber sido el mecanismo de la muerte súbita en personas con desórdenes de ansiedad, a diferencia de un ataque al corazón que por lo general implica coágulos en la sangre.[5]

> DIVERSOS ESTUDIOS DE INVESTIGACIÓN HAN
> MOSTRADO QUE LOS DESÓRDENES DE ANSIEDAD
> LLEVAN A MAYOR RIESGO DE ENFERMEDADES
> DE LA ARTERIA CARÓTIDA

Ansiedad y úlceras

Durante siglos los acupunturistas chinos han creído que el estómago y el bazo están conectados con la emoción de la ansiedad. Es muy posible que tengan razón. Estamos aprendiendo más acerca de la conexión del cuerpo y la mente todo el tiempo, y cuando se trata de úlceras, esta teoría parece tener sostén en la actividad de una bacteria particular. Investigadores médicos creen hoy que hasta el 95 por ciento de los pacientes con úlceras duodenales y el 80 por ciento de los pacientes con úlceras gástricas están infectados con helicobacter pylori (H-pylori).[6] ¿Qué relación puede tener la ansiedad con una bacteria?

Primero, el estrés reduce significativamente la secreción de jugo digestivo, incluyendo el ácido hidroclórico y las enzimas digestivas. El cuerpo envía el flujo sanguíneo fuera del aparato digestivo y lo redirige hacia los músculos para prepararlos para la respuesta de huida o pelea.

Otra forma de decirlo es que este estrés enciende al sistema nervioso simpático y apaga al sistema nervioso parasimpático. El sistema nervioso parasimpático es el que ayuda a la digestión y es el sistema nervioso que operará cuando la persona está calma y relajada. Esta es una de las razones por la que es importante estar relajado y cómodo cuando uno come.

Cuando el estómago y el tracto digestivo tienen menos jugos digestivos, la microscópica bacteria llamada H-pylori puede propagarse. La mayoría de las personas que tienen esta bacteria no exhibe síntomas. Pero cuando la mucosa del estómago o del intestino delgado está dañada por la aspirina, el ibuprofeno, u otros medicamentos antiinflamatorios, o por el alcohol, o una infección, esta bacteria puede hacer gran daño en esa área. Se forma una úlcera cuando la mucosa se perfora o se daña con un daño mayor a los 5 mm. de tamaño.

Una vez ocurrido el daño o la irritación, la colonización de bacterias producirá aún mayor inflamación. La mayoría de las úlceras pépticas (gástricas en el estómago, duodenales en la primera parte del intestino delgado) son resultado de la combinación de H-pylori y medicación antiinflamatoria.

¿Qué relación tiene esto con la ansiedad? Sabemos que en los Estados Unidos hay una incidencia mucho más alta de úlceras en proporción de su población comparado con las naciones del tercer mundo.[7] La teoría es que los norteamericanos sufren más estrés y tienen más desórdenes de ansiedad, lo cual da como resultado síntomas como el dolor o las molestias producidas por las hormonas del estrés que se liberan en el organismo. Para compensar el dolor o las molestias, tomamos más medicación antiinflamatoria.

Ansiedad y síndrome de colon irritable

Otro de los desórdenes comunes vinculados con la ansiedad es el síndrome de colon irritable (SCI). Este es el desorden gastrointestinal más común en los Estados Unidos. Afecta aproximadamente a uno de cada cinco norteamericanos. Casi el 50 por ciento de las consultas gastroenterológicas están relacionadas con este síndrome.[8]

Los síntomas de este síndrome incluyen dolor abdominal, espasmos, hinchazón abdominal, constipación y diarrea, moco en las deposiciones y una urgencia extrema por ir al baño.

Cuando la respuesta de estrés del cuerpo es de alto nivel el intestino grueso se mueve espontáneamente, lo cual por lo general da como resultado diarrea. Las contracciones del colon aumentan, es decir la peristalsis, para eliminar la «carga» de la persona si tiene que huir o pelear.

Al mismo tiempo el cerebro da la señal al intestino grueso para que se vacíe y envía la señal opuesta al intestino delgado.

Disminuye el movimiento espontáneo. A veces la reacción de estrés puede causar gran disminución en el intestino delgado sin aumentar significativamente la actividad del intestino grueso. Esto da como resultado constipación. No es poco común que quienes sufren síndrome de colon irritable tengan alternativamente diarrea y constipación.

Ansiedad y otras enfermedades del tracto digestivo
El estrés puede agravar otras enfermedades del estómago, los intestinos, y el aparato digestivo, como la colitis ulcerosa y el mal de Crohn. Estas enfermedades a menudo suelen entrar en remisión cuando la persona logra controlar sus niveles de estrés.

Ansiedad y respuesta inmunológica disminuida
La ansiedad crónica produce estrés, y como sucede con todas las emociones que producen estrés el resultado es una respuesta inmunológica disminuida. A su vez, esto da como resultado mayor susceptibilidad a infecciones, incluyendo el resfrío común.[9]

LOS RESULTADOS MÁS SEVEROS DE LA ANSIEDAD

Si bien en general los ataques de ansiedad *no llevan* a la muerte, la ansiedad extrema puede causarla. La Biblia nos da una dramática historia relacionaba con un severo ataque de ansiedad. Esta historia se refiere a un esposo y su mujer, Ananías y Safira (ver Hechos 5).

Esta pareja había anunciado una generosa ofrenda ante todos sus amigos en los tiempos en que la iglesia cristiana se iniciaba en Jerusalén. La presencia y el poder milagroso de Dios aparecían de manera dramática en este primer grupo de creyentes en Jesús. Si bien los creyentes, incluyendo a Ananías y Safira, estaban profundamente comprometidos a aceptar y seguir a Jesús como el Mesías, muchos de los miembros de sus familias judías no lo estaban. Los nuevos creyentes estaban aislados de la sociedad en general. Para poder vivir, ponían sus recursos en un fondo común. Muchos vendían sus tierras y otras posesiones para compartirlas con los que no tenían nada y corrían peligro de morir de hambre.

Ananías y Safira habían anunciado que estarían entre los que vendían todo por el bien de la nueva iglesia.

Solamente había un problema: no lo entregaron todo a la iglesia. Guardaron parte del dinero que recibieron por las propiedades vendidas. Fingieron entregar la suma total como acto de gran fe y generosidad, cuando en verdad estaban mintiendo a los demás creyentes. Según el relato de la Biblia, este matrimonio parecía querer el prestigio y reconocimiento social de una ofrenda hecha de corazón. Su ofrenda no fue un acto de fe, ni una acción motivada por el amor y la buena voluntad. Por inspiración divina, el apóstol Pedro reconoció el engaño. Le dijo a Ananías cuando este entregó el dinero a los pies de Pedro: «Ananías, ¿por qué llenó Satanás tu corazón para que mintieses al Espíritu Santo, y sustrajeses del precio de la heredad? Reteniéndola, ¿no se te quedaba a ti? y vendida, ¿no estaba en tu poder? ¿Por qué pusiste esto en tu corazón? No has mentido a los hombres, sino a Dios. Al oír Ananías estas palabras, cayó y expiró. Y vino un gran temor sobre todos los que lo oyeron» (Hechos 5.3-5).

Tres horas más tarde, cuando Safira apareció, no sabiendo lo que había pasado Pedro le preguntó: «¿Has vendido la tierra por tal cantidad?» Entonces Safira respondió: «Sí, por esa cantidad». Pedro entonces supo que ella también era parte del engaño y le contó lo que había sucedido con su esposo. La Biblia nos dice: «Al instante ella cayó a los pies de él, y expiró» (Hechos 5.8, 10).

Ananías y Safira murieron de muerte súbita, posiblemente por una arritmia o por ataques cardiacos causados por un ataque de pánico. Estas dos personas se encontraron en una situación en la que de repente estuvieron expuestas, ante el ridículo de quienes pensaban impresionar, enfrentados a la realidad de que posiblemente fueran resistidos en lugar de aplaudidos, rechazados en lugar de aceptados. Se enfrentaron con un hombre que era un gigante espiritual y tenía mucha autoridad. La exposición repentina, el giro de los hechos para desventaja, un enfrentamiento inesperado, son todas situaciones que tienden a producir alto grado de ansiedad. En su caso, fue una combinación triple de ansiedad y los resultados fueron profundos.

Busque tratar la raíz de su ansiedad antes que le dé un golpe fatal. Mark Twain dijo una vez: «He pasado por algunas cosas terribles en mi vida, algunas de las cuales sucedieron en realidad». A veces pasamos demasiado tiempo preocupándonos por el futuro o por cosas del pasado. Entonces pasamos gran parte de nuestras vidas permitiendo que los fracasos del pasado y los miedos del futuro dominen nuestro pensamiento.

Filipenses 4.6-7 dice: «Por nada estéis afanosos, sino sean conocidas vuestras peticiones delante de Dios en toda oración y ruego, con acción de gracias. Y la paz de Dios, que sobrepasa todo entendimiento, guardará vuestros corazones y vuestros pensamientos en Cristo Jesús».

En Mateo 6, Jesús nos enseña a librarnos de la ansiedad. En el versículo 25, Jesús dice: «Por tanto os digo: No os afanéis por vuestra vida, qué habéis de comer o qué habéis de beber; ni por vuestro cuerpo, qué habéis de vestir. ¿No es la vida más que el alimento, y el cuerpo más que el vestido?» Y en el versículo 34, Jesús dice: «Así que, no os afanéis por el día de mañana, porque el día de mañana traerá su afán. Basta a cada día su propio mal». En otras palabras, vivir el día presente y no preocuparse por el futuro o por el pasado. En lugar de preocuparnos debemos orar y dar gracias. La actitud de gratitud relaja el cuerpo y calma la mente. Siga el consejo de 1 Pedro 5.7: «Echando toda vuestra ansiedad sobre Él, porque Él tiene cuidado de vosotros».

LA TRAMPA HILADA DEL RESENTIMIENTO
Y LA AMARGURA

Hace unos dieciocho años entró a mi consultorio una mujer menuda de mediana edad llamada Lois. Sufría de artritis leve, específicamente de dolores en las articulaciones de los dedos. En ese entonces se entendía muy poco sobre la relación entre la alimentación, las emociones, el estilo de vida, y las enfermedades. Le indiqué medicación antiinflamatoria común y la envié a su casa.

Lois mejoró durante algún tiempo, pero luego comenzó a tener mas dolor, hinchazón, y sensación de calor en los dedos. Indique análisis de sangre y descubrí que tenía artritis reumatoide. La referí a un reumatólogo.

Durante su primera consulta conmigo le había preguntado sobre su historia personal. Acababa de pasar por un divorcio muy amargo. Después de 30 años su esposo la había abandonado por otra mujer mucho más joven. El hombre tenía dinero, y Lois había pasado de vivir en una mansión y conducir un auto muy caro a vivir en un departamento pequeño y conducir un auto de segunda mano. Apenas podía pagar las cuentas con lo que recibía como cuota de manutención hasta que el acuerdo final del divorcio se completara con la venta de la propiedad, según el acuerdo del divorcio. Con la mención apenas del nombre de su ex esposo el dulce rostro del Lois y sus modos suaves cambiaban dramáticamente. Su cara se convertía en una máscara. Con la voz casi en un susurro y llena de enojo, me dijo que odiaba a su esposo y que quería verlo muerto. Cuanto más hablaba más pequeños se hacían sus ojos y su mirada, más desafiante. Hasta sonrió cuando me dijo que quería verlo muerto y que no quería para él una muerte pacífica. Quería que perdiera la vida de manera dolorosa y que sufriera aún más de lo que sufría ella. Rara vez había encontrado yo tal amargura y resentimiento en un paciente. Sus palabras helaron el aire de mi consultorio y me perturbaron durante toda la tarde.

> HASTA SONRIÓ CUANDO ME DIJO QUE QUERÍA VERLO MUERTO Y QUE NO QUERÍA PARA ÉL UNA MUERTE PACÍFICA

Por cierto, Lois tenía muchas razones para sentir amargura. Pero las razones no son las que producen amargura. Son las actitudes. Lois podría haber elegido cómo sentirse con respecto a su ex esposo. El reumatólogo a quien Lois visitó le dio medicación para la artritis reumatoide. Pero continuó visitándome como médico de familia. Sin importar que le prescribiera el especialista, la condición de Lois empeoraba con los meses y los años.

En unos pocos años, esta mujer amable, llena de gracia, y gentil, quedó torcida, doblada, y contracturada. Su rostro adquirió la misma expresión helada que yo había visto cuando me habló amargamente de su ex esposo por primera vez. Los dedos de sus manos y sus pies quedaron deformados. Su cuello y su espalda comenzaron a torcerse, por lo que quedó en una posición de jorobada.

Al hablar con ella años más tarde vi que su amargura y resentimiento habían ganado. Seguía vituperando a su ex esposo, aún después de tantos años, con gran vehemencia. Percibía que él era la causa de todo su dolor. Juró nunca perdonarlo. Me dijo que seguía consolándose por las noches con imágenes de su sufrimiento en un accidente de auto en el que quedaba atrapado mientras el vehículo explotaba en llamas. También dijo que se consolaba con la idea de que él y su nueva esposa arderían en el infierno algún día.

Cuando le pregunté a Lois si pensaba perdonar a su esposo alguna vez, me dijo rotundamente: «No, yo pienso seguir sintiendo así hasta que muera».

Su continuo estado emocional me asombraba, y yo sentía que sus torcidas emociones dentro de ella tenían relación con el sufrimiento de su cuerpo. También, yo sabía que no podría ayudarla.

Rechazó mi consejo de ver a un siquiatra. En realidad permaneció extremadamente llena de amargura hasta el día en que murió.

Hoy, estoy firmemente convencido de que la amargura y la falta de perdón tienen que haber causado la artritis de Lois. Si hubiera tomado la muy difícil decisión de perdonar a su ex esposo, quizá hubiera evitado el devastador dolor y sufrimiento que acompañaba a su dolencia física. Finalmente, el resentimiento lastimaba más a su cuerpo y a su alma, que lo que podría lastimar a su ex esposo y a su nueva esposa.

Aunque actualmente todavía no hay un vínculo científico establecido entre la enfermedad y las emociones del resentimiento, la amargura, y la culpa; estas emociones casi siempre están estrechamente vinculadas a la ira, la ansiedad, y la depresión. Las tres últimas están fuertemente vinculadas a la enfermedad. Provocan una fuerte respuesta de estrés. Estoy totalmente convencido de que el resentimiento y la amargura son dimensiones de la ira: son las cenizas candentes de la ira y de la hostilidad continua. También estoy totalmente convencido de que mucha ansiedad y depresión tienen su origen en la culpa continua por la que una persona jamás recibió genuino perdón.

En la antigüedad, la gente lo entendía mucho mejor

Una rápida mirada a la historia parece revelar que los antiguos tenían un mejor entendimiento que nosotros en cuanto a la conexión entre el resentimiento, la amargura, y la enfermedad. En el año 600 A. D, la tradición médica de la India advertía a los curadores en contra de intentar dar tratamiento a quienes estaban llenos de emociones tóxicas. El texto indio de Ayurveda llamado *Astangahradaya Sustrasthana*, indica: «el médico deberá rechazar al paciente... que está ocupado con otras actividades... que es violento, afligido por gran pena, lleno de miedo».[1]

En otras palabras, los curadores, creían que los pacientes con emociones extremadamente tóxicas tenían peor prognosis. Creían que estas emociones eran más poderosas que la capacidad del cuerpo para lograr la homeostasis, o el equilibrio saludable. Eran más potentes que cualquier medicina o tratamiento que pudieran prescribir los sanadores indios.

Las emociones tóxicas no solamente impiden el proceso de sanación sino que empeoran los efectos de la enfermedad agregando nuevos procesos bioquímicos contra los que el cuerpo debe luchar para vencer. Esto parece especialmente cierto cuando se trata de enfermedades auto inmunes, y la artritis reumatoide es una de las formas más dolorosas y progresivas de una enfermedad auto inmune.

La enfermedad auto inmune comienza cuando el sistema inmunológico se ataca a sí mismo. En términos militares, la agresión contra las propias fuerzas se llama fuego amigable. La persona con una enfermedad auto inmune es la que vive en un estado de guerra de fuego amigable.

En una enfermedad auto inmune, el «ejército» del cuerpo, normalmente preparado para lanzar un ataque contra invasores, las células del cáncer, las bacterias, o los virus, pierde su capacidad para discernir al verdadero enemigo. Comienza a atacar a los tejidos y órganos sanos. Y no sólo eso, sino que se vuelve menos competente para atacar a los invasores. Un ataque contra nuestro propio cuerpo de parte del propio sistema de defensa puede matarnos eventualmente. El proceso de muerte quizá no suceda inmediatamente, ni rápidamente, pero con el tiempo el impacto puede ser muy doloroso, incapacitante, y fatal.

- En el caso de la artritis reumatoide, el tejido que rodea a las articulaciones (sinovial) es atacado y puede ser destruido eventualmente.
- En la esclerosis múltiple, otra enfermedad auto inmune, la vaina de mielina que recubre los nervios, es la que sufre el ataque.
- En la tiroiditis Hashimoto, el sistema inmunológico ataca a la glándula tiroides.
- En la soriasis, el sistema inmunológico ataca a la piel.
- En la diabetes tipo 1, el objetivo del ataque son las células del páncreas.

Otras enfermedades auto inmunes que vemos en nuestra sociedad son el lupus, la colitis ulcerosa, y el mal de Crohn.

En el caso de una enfermedad auto inmune, no se trata de que el cuerpo ve a su propio tejido como invasor y comienza a atacar lo, sino que el estado de ánimo general de la persona casi siempre se ve afectado. Esto es porque el sistema inmunológico que está atacando genera proteínas en la sangre llamadas citocinas, que inducen a la fatiga y la depresión.[2]

El cerebro puede enviar señales hormonales y nerviosas para suprimir el sistema inmunológico cuando está bajo estrés. Cuando hay una perturbación en la influencia reguladora del cerebro sobre el sistema inmunológico, esto puede llevar a un aumento de la actividad inmunológica y habrá más oportunidades de desarrollar enfermedades auto inmunes e inflamatorias.[3]

Los investigadores de enfermedades auto inmunes Sternberg y Gold creen que la capacidad del cerebro para regularse a sí mismo también se ve perturbada durante un ataque auto inmune. Esto lleva a una respuesta auto inmune aún mayor, que produce aún más inflamación. La espiral descendente puede ser dramática y aterradora.

Como ya hemos mencionado anteriormente, el cerebro y el sistema inmunológico del cuerpo se comunican en un diálogo continuo. El cerebro tiene la capacidad de suprimir la función inmune durante períodos de estrés. Pero cuando ocurre una disrupción en la capacidad reguladora del cerebro, la actividad inmunológica o la respuesta inmune pueden cambiar su rumbo y seguir en el curso equivocado. Este puede ser el mecanismo que lleve a una enfermedad auto inmune.[4]

Y como también dijimos anteriormente, durante períodos de estrés, los glucocorticoides como el cortisol causan un aceleramiento temporario del sistema inmunológico. La cantidad de cortisol liberado a lo largo del tiempo es un factor importante en relación con el sistema inmunológico. Un evento de estrés importante, como la pérdida de un ser querido, puede hacer que las glándulas adrenales segreguen una gran cantidad de cortisol. Esto, por lo general, lleva a la supresión del sistema inmunológico, disminuyendo las defensas del cuerpo.

El estrés continuo más común, el de todos los días, hace que las glándulas adrenales segreguen cantidades más pequeñas de cortisol, que en realidad estimulan el sistema inmunológico. Cuando la activación del sistema inmunológico ocurre una y otra vez, puede darse como resultado una enfermedad auto inmune. El cuerpo se confunde, sin saber si es realmente necesario huir o pelear, sin saber de quien escapar, o contra quien pelear.

La intención de Dios para las glándulas adrenales y la liberación de cortisol fue que dieran a la persona la capacidad de escapar de situaciones traumáticas y de predadores peligrosos. El cuerpo no está diseñado para administrar cortisol muchas veces al día a causa de casos de un estrés menor. El efecto de goteo continuo de pequeñas dosis de cortisol envía una señal: «¡A acelerar el sistema inmunológico!» Algo nos está atacando». Cuando el cuerpo no puede encontrar invasores extraños como virus o bacterias para atacar, el sistema inmunológico se confunde y puede comenzar a atacarse a sí mismo, causando una enfermedad auto inmune.

Antes de morir, creo que Lois había quedado atrapada en el odio. Su amargura y resentimiento habían crecido a tal punto, alimentados continuamente por recuerdos que evocaban ira en ella, no solamente odiaba a su ex esposo y a su nueva esposa, sino que ella también odiaba todo acerca de su vida. Odiaba el lugar y el modo en que vivía, su aspecto, como se sentía físicamente... Hasta se odiaba a sí misma.

Poco antes de morir Lois se mudó. Un pariente me informó que había muerto casi paralizada. Su cuerpo se había convertido en una prisión llena de dolor físico y emocional.

Cuando recibí esta noticia de parte de su familiar, no pude sino sentir que el sufrimiento de Lois, tan severo y devastador, había sido innecesario. Había sido una mujer tan atractiva y prometedora, pero permitió que sus emociones la consumieran y le robaran todo su potencial.

ENTENDER Y EVITAR LA TRAMPA DEL ODIO

A menudo, una fuerte sensación de injusticia que resulta en amargura o resentimiento se mezcla con ira ardiente. La combinación es el odio, una emoción verdaderamente tóxica en toda persona y momento.

Así como el amor es la emoción fuerte más potente, el odio es la más poderosa entre las negativas. El resentimiento, la amargura y la ira son los oscuros senderos que llevan a esta pasión dañina.

Muchas personas parecen creer que el amor y el odio son dos caras de la misma moneda, existentes en toda persona. No es mi percepción después de haber trabajado durante años con personas llenas de odio. Hay muy poco, si es que hay, amor en la persona que refleja extrema amargura, resentimiento, ira u odio. El odio exige cada vez más espacio emocional hasta que lo llena todo y echa fuera toda emoción positiva. El odio crudo es algo feo, temible de ver en una persona. Es lo más cercano al mal que puedo atreverme a llegar.

> EL ODIO EXIGE CADA VEZ MÁS ESPACIO EMOCIONAL HASTA QUE LO LLENA TODO Y ECHA FUERA TODA EMOCIÓN POSITIVA...

El odio comienza con un profundo dolor

El Dr. Fred Luskin es co fundador y director del Proyecto de Perdón de la Universidad de Stanford. En su libro, *Forgive for Good*, [Perdone para siempre], documenta bien el concepto de un profundo dolor y su vínculo con el odio y la necesidad de perdonar.

Un profundo dolor es cualquier circunstancia, queja o resentimiento que la persona considera injusto o dañino. Puede ser real o imaginario. Según Luskin, se da profundo dolor ante la coincidencia de dos situaciones:

* Sucede algo en la vida que no queríamos que sucediera.
* Enfrentamos el problema pensando demasiado en éste.[5]

Cuando estas dos cosas suceden simultáneamente, básicamente estamos dándole demasiado espacio en nuestra mente a ese dolor en particular. Ahora, si somos propietarios de un edificio de departamentos y alquilamos el 90 por ciento de éstos a alcohólicos, gángsteres, drogadictos y ladrones ¿qué pasaría? Es muy posible que tendríamos una cantidad de problemas en el edificio: desde daños a las instalaciones a la disminución del valor de la propiedad a causa de la delincuencia, sin mencionar el hecho de que estos inquilinos indeseables quizá no puedan pagar su alquiler a principios de cada mes. Los inquilinos destructivos no destruyen solamente su espacio sino toda área común. En última instancia, el 10 por ciento restante de los inquilinos, gente que cumple, será responsable de cargar con la carga financiera de la hipoteca y las reparaciones.

Tarde o temprano, como dueño de este edificio, deberá ir a la quiebra, o enfrentar tantos problemas que lo más posible es que decida abandonarlo todo.

Lo mismo sucede con nuestro bienestar emocional, en especial cuando se trata de albergar dolor, rencor y ofensas. Cuando uno le alquila demasiado espacio a las emociones tóxicas, eventualmente *todos* los pensamientos se ven afectados, y no solamente los que se dirigen hacia la ofensa. La persona pasa rápidamente a ser cínica, desconfiada y pesimista, y en algunos casos, a estar enojada y deprimida contra el dolor que siente.

Quien alberga falta de perdón suele echar humo. Muestra un constante estado de irritación, frustración y hostilidad. Suele reaccionar exageradamente ante la menor provocación. Gastan un dólar de energía por cada problema de dos centavos que aparezca. Si alguien los mira mal en la estación de servicio cuando están de camino al trabajo, no dejarán de hablar de eso durante tres días. Van rumiando los pensamientos negativos hasta que la negatividad los consume.

Luskin utiliza la metáfora de un televisor, en el que la persona elige qué canales ver. Las ofensas y el rencor son las películas de horror o de sexo. Si la persona ve demasiados programas de este tipo, el resultado será de miedo o tensión sexual. Pero si elige ver buenos programas que transmitan valores de pureza, honestidad, justicia y conducta moral, la persona no solamente se entretiene y a veces aprende, sino que tiene una sensación general de bienestar.

Estos factores también están presentes cuando alguien forma una pena dentro de sí:

- La persona toma la ofensa de manera muy personal.
- La persona culpa al ofensor por cómo se siente.
- La persona crea una «historia de pena» que relata una y otra vez.

La historia de penas es simplemente un relato de la experiencia dolorosa, proveniente de un pasado que no sanó. Esta historia mantiene a la persona atrapada en los recuerdos dolorosos. Cuanto más relata y ensaya su historia, tanto más se arraigarán la amargura, el resentimiento y la falta de perdón. Cada vez que cuenta su relato, los sentimientos de dolor, ira y resentimiento surgen a la luz. La herida emocional no sana nunca porque continuamente se quita la costra de la cicatrización que quiere formarse para sanarla.

Según Luskin, este círculo interminable de historias de pena representa en realidad intentos inefectivos por imponer reglas que no pueden cumplirse.

Le daré un ejemplo: una noche cuando fui a ver un juego de básquetbol, estacioné en un lugar muy grande, donde debía pagar cinco dólares a la empleada. Había una sola empleada esa noche, y desde el otro lado del estacionamiento, veíamos que había muchos autos que entraban desde otras entradas, sin pagar. La empleada no tenía radio ni medios de cerrar estas entradas, así que no podía detener a los que no pagaban.

Observé cómo esta joven se sentía cada vez más frustrada en su predicamento. Seguía cobrando cinco dólares de los que sí pagaban, mientras veía que otros autos entraban impunemente sin pagar. No podía hacer cumplir la regla de los cinco dólares, por lo que se sentía muy agitada.

Quién pone las reglas

Muchas veces nos encontramos siendo no solamente víctimas de reglas que no podemos hacer cumplir, sino creadores de estas reglas, que intentamos imponer a los demás:

- Esperamos que todos nuestros compañeros de trabajo hablen en voz baja, o que no hablen... en todo momento.

- Esperamos que nuestros jefes o supervisores nos den crédito por todo lo que hagamos.

- Esperamos iguales derechos e igual paga por igual tarea, las promociones que hemos ganado, y esperamos que nuestros amigos se den cuenta cuando somos generosos con ellos.

- Esperamos que todo el mundo cumpla con sus plazos, que den el vuelto correctamente, que nuestro cónyuge haga su parte de trabajo de la casa y que los demás conductores cumplan con las señales de tránsito.

Estas reglas son imposibles de imponer en lo personal, y en tanto creamos que las reglas deben cumplirse *todo el tiempo*, nos sentiremos frustrados y enojados.

A veces nos sentimos extremadamente frustrados o molestos por las reglas que otros parecen imponernos. Y enfrentemos el hecho de que vivimos en una sociedad legalista. Como pueblo, vivimos orientados a las reglas. Parece que tenemos reglas para todo. Vivo en un complejo de condominio donde hay un acuerdo con más reglas que el código del municipio. Sin saberlo he roto algunas de estas reglas, y pagué multas de cientos de dólares. Todo esto hace que uno se pregunte para qué eligió vivir en un condominio. Lo ideal es que estoy supuesto a tener menos trabajo de mantenimiento cuando en realidad, las reglas parecen ser más extenuantes que el trabajo que haría uno en una casa.

Siempre encontraremos reglas impuestas por los demás, que los demás esperan que cumplamos, aunque ni siquiera estemos al tanto de que estas reglas existen. Hay personas que tienen reglas implícitas sobre lo que consideran conducta educada, sobre cómo comer, lo que es socialmente aceptable, cómo hay que cuidar el jardín, y aún sobre lo que es gracioso o no.

Cuando otras personas se niegan a obedecer nuestras reglas y no tenemos autoridad para hacerlas cumplir, necesitamos aprender a no frustrarnos, a no enojarnos, a no sentir resentimiento o amargura. Tenemos que decidir concientemente que no sudaremos la gota gorda por pequeñeces.

TENEMOS QUE DECIDIR CONCIENTEMENTE QUE NO
SUDAREMOS LA GOTA GORDA POR PEQUEÑECES.

También necesitamos hacer un esfuerzo consciente por no jugar al policía del universo. No todas las reglas de todo el mundo serán iguales a las nuestras. Lo mejor que podemos hacer, es vivir según nuestras reglas y dejar que los demás vivan según las suyas.

LLEGAR A LA RAÍZ DE LA INJUSTICIA

La ira que tiene que ver con las reglas imposibles de imponer fácilmente llega a convertirse en amargura, hostilidad y continuo resentimiento. Se transforma, de ira candente en cuanto a una situación en particular, para ser ira en estado de hervor continuo, una ofensa permanente. Cada vez que recordamos el insulto, agregamos otra capa de ira al montículo acumulado de ofensas. Con el tiempo el resentimiento y la amargura se hacen cada vez más fuertes. Estas no son emociones que disminuyan con el tiempo.

El juego de la culpa

El juego de la culpa es por cierto parte de la amargura y el resentimiento continuos. La persona que siente amargura casi siempre cree que el otro tiene la culpa. Puede ser el cónyuge que cometió adulterio, la suegra que insistió en el divorcio, el padre abusivo o el jefe irracional. A veces la gente le echa la culpa a Dios. La persona amarga de veras siente que Dios tendría que haber impedido que el esposo se fuera, que el padre fuera abusivo, o que el fuego destruyera la casa.

El hecho de rumiar las injusticias del pasado hace que el sentimiento de injusticia se haga permanente. Y como habrá más circunstancias negativas adicionales luego de tal divorcio, abuso, incendio, y demás, la sensación de injusticias se hace más profunda.

La persona llena de amargura suele decir:

- «Yo no merecía esto».
- «No tendría que haberme pasado a mí».
- «Esto no es justo».

La persona resentida suele decir:

- «Yo merecía tal cosa buena, pero se lo dieron a otro». La «cosa buena» puede haber sido una recompensa, un ascenso, un aumento, o cualquier otro reconocimiento visible y de valor.
- «Nadie aprecia lo que soy o lo que hago».
- «Trabajo demasiado y me pagan poco».

He tenido muchos pacientes que vienen a verme con dolencias emocionales, físicas, o depresión. Dicen:

- «Si mi compañero de trabajo no me hubiera delatado por llegar tarde, mi jefe no me habría despedido». No importa que esta persona llegara tarde 90 días de cada 100.
- «Si mi profesor me hubiera tenido simpatía, yo no habría fracasado en el curso, ni hubiera tenido que graduarme más tarde, lo cual significó que debí enrolarme en el ejército, y sufrir la guerra, por lo que jamás pude terminar mis estudios universitarios, y por lo que mi vida se arruinó». No importa que esta persona no fuera buen estudiante, que no asistiera las conferencias, o que no entregara los trabajos que se le pidieran.
- «Si mi cónyuge no se hubiera divorciado de mí, yo habría tenido una vida maravillosa». No importa que la vida con ese cónyuge distara mucho de ser maravillosa.

La gente que juega el juego de la culpa no solamente culpa a otra persona por un fracaso o eventos del pasado, sino que sigue culpando a la persona por los fracasos y experiencias negativas del presente. Mucho después de que el ofensor haya tenido un papel directo en la vida de esta persona, seguirá señalándolo y diciendo: «Todo lo que salga mal en mi vida será tu culpa». Oí una entrevista en las noticias de un hombre que había matado a golpes a su esposa. No se hacía responsable de sus acciones, diciendo: «ese día se portó demasiado mal».

Los que se vuelven expertos en el juego de la culpa llegan a ser psicológicamente dependientes de la persona a la que están culpando. Se perciben a sí mismos como incapaces de arreglar o cambiar una situación dolorosa. Esta falta de poder abre a la persona a la depresión.

Culpar a Dios

Como dije antes, algunas personas no culpan a otros o a sí mismos tanto como culpan a Dios por lo que les ha sucedido.

A lo largo de los años he conocido a cantidad de personas que admiten con reticencia, y por lo general después de una larga conversación, que están enojados con Dios. Culpan a Dios por que su esposa o esposo murió de cáncer, porque perdieron un buen empleo, porque tuvieron un accidente que les dejó desfigurados, incapacitados, o con cicatrices. Algunas personas culpan a Dios por *todo* lo que les ha pasado en la vida.

La Biblia enseña que a las personas nos suceden cosas buenas y malas. La vida no siempre es justa. Hay personas buenas que a veces sufren y viven cosas dolorosas. Hay gente mala que tiene mucha riqueza material o que está en posiciones de poder y prestigio. La promesa de Dios nunca es que quienes Le sirvan evitarán todo dolor y cosas difíciles, sino que Su presencia estará con los que Le obedecen, en *todo momento*. Él promete ayudarnos en nuestros momentos de necesidad. Y promete estar con nosotros cuando pasemos por «el valle de sombra» y prepararnos para el futuro que desea para nosotros (ver Salmo 23; Juan 14.1-4).

¿Qué haría usted si sintiera enojo o resentimiento en contra de Dios? ¡Dígale lo que siente! La Biblia no tiene ejemplos de condenación de Dios hacia las personas que expresaron su enojo hacia Él. Como dijo una mujer: «Dios tiene hombros lo suficientemente grandes como para cargar con cualquier expresión de ira o resentimiento que le ofrezcamos».

¿QUÉ HARÍA USTED SI SINTIERA ENOJO O RESENTIMIENTO
EN CONTRA DE DIOS? ¡DÍGALE LO QUE SIENTE!

Job es una persona en la Biblia que expresó sus más profundos sentimientos hacia Dios, incluyendo confusión, dolor, y enojo. El salmista David escribió reiteradas veces de cómo se sentía porque Dios había afligido su alma.

Una vez que haya expresado sus sentimientos hacia Dios por completo, pídale a Dios que le ayude a confiar en Él «también en esto». La Biblia nos dice que: «a los que aman a Dios, todas las cosas les ayudan a bien, esto es, a los que conforme a su propósito son llamados» (Romanos 8.28).

Quizá no seamos capaces de ver un buen propósito en aquello que hemos pasado, pero debemos reconocer que lo vemos con ojos finitos, limitados al aquí y el ahora. Dios ve con ojos infinitos a lo largo de toda la eternidad.

LA RELACIÓN ENTRE LA ENVIDIA Y EL RESENTIMIENTO

Hay un estrecho vínculo entre sentir envidia hacia una persona y sentir resentimiento hacia esa persona. Generalmente llamamos a la envidia por otro nombre: *celos*.

¿Alguna vez sintió celos? Es un sentimiento terrible que puede robarle todo su gozo. Los celos son el doloroso o resentido conocimiento de que otra persona está disfrutando de una ventaja. Va aparejado con un intenso deseo de poseer esa misma ventaja. Los celos llevan a sentimientos de rivalidad o venganza, que a la vez llevan a la ira y la hostilidad.

Los celos tienen una tendencia consumidora, parecida a la depresión o la hostilidad. Los celos carcomen a la persona y manchan todo lo que hace o ve.

Muchas personas creen que son celosas por que aman a alguien y no quieren que nadie más ni siquiera se acerque o se haga amiga de esta persona. La Biblia, sin embargo, dice esto: «El amor no tiene envidia» (1 Corintios 13.4).

La Biblia también dice:

- El corazón apacible es vida de la carne; mas la envidia es carcoma de los huesos. (Proverbios 14.30)
- Es cierto que al necio lo mata la ira, y al codicioso lo consume la envidia. (Job 5.2)
- Y manifiestas son las obras de la carne, que son: ... (incluyen) envidias. (Gálatas 5.19, 21)
- No tenga tu corazón envidia de los pecadores. (Proverbios 23.17)
- No tengas envidia de los hombres malos, ni desees estar con ellos. (Proverbios 24.1)

Los escritores del Antiguo Testamento reiteradamente advierten contra la envidia. Observan que lleva a «confusión y cosas malas» (Santiago 3.13-16; Gálatas 5.26; Romanos 13.13, como ejemplos).

La enorme necesidad de perdón

Una persona encuentra la cura para la envidia y el juego de la culpa asociado al resentimiento, únicamente cuando está dispuesta a perdonar a quien le ha ofendido.

Hace poco vinieron a verme un hombre y su esposa. Rodney tenía palpitaciones del corazón y un feo eczema que le cubría el rostro, las manos, la espalda, y las piernas. Se sentía muy incómodo. Edna, su esposa alta y rubia, sufría de fatiga crónica y fibromialgia. Comenzamos a hablar sobre sus vidas, y no pasó mucho tiempo antes de que pudiera yo reunir las piezas de la imagen emocional. Él era un ejecutivo con una compañía de computación. Viajaba todo el tiempo. Edna permanecía en la casa cuidando a sus dos hijos pequeños. Mientras él no estaba, Edna, mujer cristiana y líder en su iglesia, comenzó a tener un amorío con un joven jardinero cubano.

Rodney, que era muy rubio, con piel muy blanca, y cabello muy dorado, comenzó a sospechar cuando su bebé nació con piel oscura y cabello negro. Llorando desconsoladamente una noche, Edna le confesó sobre su amorío y el embarazo consecuente. Rodney quedó devastado.

Rodney había culpado a Edna por todo lo que les salía mal en sus vidas antes del amorío y después de éste, y por el dolor por el que estaban pasando. Había aceptado al niño como propio pero apenas hablaba con su esposa después de la confesión. Vivía con sus celos, su ira, y su profundo dolor enterrados en su corazón, donde comenzó a infectar su organismo durante dos años. Edna, por otro lado, se había enterrado en profunda humillación y vergüenza.

Antes de prescribirles algo para sus síntomas físicos, tuve la oportunidad de guiarlos en una oración por la liberación. Los alenté, con ayuda de Dios, a dejar atrás todas sus emociones tóxicas reprimidas, a dejar atrás el dolor del pasado, y a buscar el perdón mutuo y también el perdón de cada uno para sí mismo.

Lo que sucedió en los siguientes minutos fue asombroso.

Ambos comenzaron a llorar, luego a sollozar. Ambos temblaban y casi gritaban de desesperación a medida que la inundación de emociones salía de sus corazones. Después, pasaron algún tiempo perdonándose uno al otro y cada uno a sí mismo por el dolor que habían causado.

Para cuando este matrimonio salió de mi consultorio, se veían como personas diferentes. Sus ojos brillaban más, había cambiado el color gris de su piel. Había una sensación de calma en sus expresiones y en su actitud. Ambos se comprometieron a arremangarse las mangas –de manera figurada– para trabajar en cambiar esos pensamientos distorsionados. Tomaron la mutua decisión de buscar la sanación y la libertad de su dolor físico, emocional, y espiritual.

Como médico, sentí gran alegría. Firmemente estaba convencido de que su sanidad física estaba cerca... Y así fue. Cuando enfrentaron y liberaron las emociones tóxicas que habían estado infectándolos, ambos quedaron completamente libres de todos los síntomas por los que habían venido a consultarme.

CÓMO DETENER EL DESARROLLO DE UNA PENA PARA QUE SE CONVIERTA EN ODIO

A menudo les digo a las personas: «el odio es una enfermedad prevenible». Usted puede impedir que el gran dolor se arraigue e infeste su alma emocional. Si se encuentra usted echando humo por una situación en particular, pregúntese:

- «¿Por qué me perturba tanto esto?» ¿Hubo una regla imposible de cumplir en esta situación? Pregúntese si el modo en que espera que los demás se conduzcan tiene que ver con la raíz de su respuesta.

- «¿Qué puedo hacer si otra persona elige desobedecer esta regla imposible de cumplir?» No es una pregunta que debiera hacerle sentir que no puede tener influencia sobre otros, pero sí está destinada a disparar pensamientos de alternativas a la ira o la frustración.

Enseguida dé el paso de liberar su frustración. Niéguese a permanecer estancado en la conducta de otra persona.

Quizá no pueda cambiar una situación o la conducta ajena, pero sí puede elegir responder ante esa conducta de manera que promueva su propio bienestar emocional y su salud física.

Deje que pase volando

Una mujer me contó esto una vez: Su abuela había comenzado a sufrir de demencia y la familia la puso en un hogar de ancianos. De joven la abuela jamás había dicho malas palabras, ni había criticado a su hija o sido abusiva. De repente, manifestaba estas conductas y cuando se le preguntaba a la abuela no recordaba en absoluto haber dicho tales cosas. Se asombraba de que otros usaran «ese lenguaje» en su presencia.

La hija de esta mujer con demencia se sentía muy inquieta y molesta por el cambio en su madre. La nieta, quien me contó la historia, era un poco más objetiva. Le dijo a su madre: «Mamá, hay cosas que debes dejar que pasen volando y sigan de largo», y con las manos hizo un gesto como de alas en vuelo. La madre rió y estuvo de acuerdo en que la respuesta era adecuada.

En los siguientes dos años, hasta que la abuela murió, la hija y la nieta compartieron cantidad de momentos en que simplemente se miraban y hacían este gesto de alas volando. La nieta me dijo: «Era nuestra forma taquigráfica de decir: "No vale la pena recordar esto. Esta no es la abuela en realidad. No podemos aferrarnos a esto o dejar que nos lastime. Tenemos que dejar que pase volando y siga de largo"».

Luego la nieta dijo: «Mucho después de que muriera la abuela, mamá y yo seguíamos usando esta taquigrafía para recordarnos mutuamente que los insultos, los comentarios críticos y las palabras de ira no valen la pena. No hay que aferrarse a ellos. Cuando alguien se cruza delante en medio del tráfico o nos hace un gesto obsceno, hacemos el gesto de volar. Un día le pregunté a mamá qué pensaba de un sermón que acabábamos de ver en televisión, y ella hizo la señal de las alitas. ¡Funcionaba también para la mala teología que no debíamos prestar atención!»

Dar un paso positivo

No sólo debe decidir dejar pasar algunas cosas, o ignorar conductas ofensivas, sino que además deberá dar el paso *positivo* de impedir que la ofensa se arraigue.

Silbe o canturree algo. Escuche un CD, o un casete, ¡o sintonice su estación de radio favorita y cante!

Vuelva su mente hacia algo positivo que requiera algo de concentración. Los expertos en envejecimiento nos dicen que una de las mejores formas de mantener viva la mente en la ancianidad es seguir aprendiendo y memorizando citas positivas, poemas, versículos de la Biblia y canciones. Saque algo que esté aprendiendo y memorizando y practique recitar ese pasaje.

También podrá volver la mente a la planificación de una tarea en particular: algo que no tenga nada que ver con la persona o la ofensa que acaba de sufrir. Por ejemplo, si está redecorando la habitación de su hija, planificando una fiesta o diseñando algo nuevo en el patio, comience a pensar en eso y haga un dibujo o esquema de lo que está organizando.

Responda inmediatamente para ayudar a alguien que está en necesidad. Convierta una acción de ofensa en su contra en un acto de amorosa generosidad.

Los Miserables es un libro, una película y un musical que ha impactado a millones de personas literalmente desde que apareció por primera vez. El personaje principal, Jean Valjean, es injustamente condenado por robar una hogaza de pan para alimentar a su familia que moría de hambre. Al ser liberado de la prisión, endurecido por la injusticia y los años de trabajos forzados, roba plata de un cura que le da comida y refugio. Cuando atrapan a Jean con estos elementos, el cura se niega a acusarlo, y agrega más cosas de plata en la bolsa.

Este singular acto de misericordia cambia la vida de Valjean para siempre. Se vuelve un hombre benevolente y misericordioso.

> «La amargura solamente nos lastima a nosotros mismos. Si odias, estarás dándole a esa persona tu mente y tu corazón. No regales ni desperdicies esas cosas»
> —Nelson Mandela

El mejor antídoto para una ofensa es responder con un acto de benevolencia o generosidad hacia alguien más. Al hacerlo, estará eligiendo alquilar más espacio en su corazón al amor y no a la falta de perdón, al odio, la ira, la amargura o a otras emociones tóxicas.

Niéguese a regalar su salud emocional y física. El ex presidente de Sudáfrica Nelson Mandela, cuando se le preguntó cómo sobrevivió a los años en prisión sin volverse amargado, respondió: «La amargura solamente nos lastima a nosotros mismos. Si odias, estarás dándole a esa persona tu mente y tu corazón. No regales ni desperdicies esas cosas».

Parte II

PRESCRIPCIÓN

RECLAMANDO LAS EMOCIONES SALUDABLES

ELIJA LA SALUD

Víctor Frankl era un psiquiatra judío. Los nazis lo tomaron como prisionero y lo llevaron a los campos de la muerte de la Alemania de la Segunda Guerra Mundial, donde vivió cosas tan repugnantes al sentido de la decencia de una persona normal que a duras penas podía describirlas con palabras.

Los padres, el hermano y la esposa de Frankl murieron en los campos de concentración o en las cámaras de gas. Solamente su hermana sobrevivió, de los miembros de su familia inmediata. Frankl mismo sufrió torturas e incontables indignidades, y nunca sabía si sus captores le enviarían en un momento a las cámaras de gas o le dejarían entre los «salvados», con la tarea de quitar los cuerpos y remover las cenizas de los cremados mientras estaban todavía vivos.

Un día, desnudo y a solas en un cuarto, Frankl comenzó a darse cuenta de lo que más tarde llamaría «la última de las libertades humanas», la única libertad que sus captores nazis no podían quitarle. Frankl reconoció abiertamente que los nazis podían controlar todo su entorno y hacer lo que quisieran con su cuerpo. Sin embargo, nunca podrían destruir su identidad interior. Se vio a sí mismo como ser humano conciente de sí, con la capacidad de ser un observador casi objetivo de su situación. Todavía tenía en sí el poder de decidir cómo le afectarían interiormente sus circunstancias y el trato que recibía de los nazis. Vio que había una brecha entre lo que le sucedía (el estímulo) y su reacción ante éste (respuesta) y que en esa brecha estaba la libertad o poder de *elegir* una respuesta.[1]

Frankl entonces enfrentó la realidad de que sus propias decisiones, y no sus circunstancias, definían su identidad. No importa qué tan horrible fuera su entorno, y no importa cuánta humillación y degradación le hicieran pasar otras personas, todavía tendría el control de cómo decidir su respuesta.

Lo mismo vale para cada uno de nosotros.

No importa qué cosas haya tenido que pasar, hasta el dolor indecible, sigue teniendo el control de su identidad. No hay evento que pueda cambiarle por dentro a menos que usted lo permita. No hay persona que pueda hacer que responda usted de una manera en particular por dentro a menos que usted elija reaccionar de ese modo. La libertad de forjar sus propias opiniones, ideas, actitudes y decisiones reside únicamente, exclusivamente *en usted*.

EL PODER DE SU ACTITUD

Hace poco leí un corto ensayo sobre la actitud, escrito por Charles Swindoll. Escribió:

Las palabras jamás pueden transmitir adecuadamente el increíble impacto de nuestra actitud hacia la vida. Cuanto más vivo tanto más me convenzo de que la vida es un 10 por ciento lo que nos sucede y un 90 por ciento el modo en que reaccionamos ante ello.

Creo que la decisión más importante que puedo tomar día a día es qué actitud tener. Es más importante que mi pasado, mi educación, mi cuenta bancaria, mis éxitos o fracasos, la fama o el dolor, lo que otros piensan o dicen acerca de mí, mis circunstancias, o mi posición. La actitud me permite seguir andando o me impide el progreso. Alimenta mi fuego o ataca mis esperanzas. Cuando mis actitudes son las correctas no hay barrera demasiado alta, ni valle demasiado profundo, ni sueño demasiado extremo, ni desafío demasiado grande para mí.

Strengthening Your Grip
[Aferrándose más fuerte]
Charles R. Swindoll
Insight for Living, www.insight.org
(Nashville, Tenn: W Publishing Group, 1982), pp. 206-7.
Usado con permiso de Insight for Living, Plano, TX 75026.

En cierta medida, todas las emociones fatales derivan de nuestras actitudes. Y las actitudes son algo que podemos controlar. Podemos elegir cómo pensar y cómo sentirnos acerca de cualquier circunstancia, evento, o relación en nuestra vida. Podemos elegir en gran medida cómo enfrentamos la pena, el resentimiento, la amargura, la vergüenza, los celos, la culpa, el miedo, la preocupación, la depresión, la ira, la hostilidad, y toda otra situación emocional que dispare una respuesta física.

El primer paso que necesita tomar hacia la salud es reflexionar sobre sus propias actitudes. Hágase cargo de sus actitudes. Pregúntese: «¿Es éste el modo en que quiero pensar y creer?»

Verifíquelo con su verdadero ser

Como dijimos en un capítulo anterior, su corazón es su verdadero yo. Aún antes de que se forme el cerebro de un feto, un diminuto corazón comienza a latir. Los científicos no saben qué es lo que hace que comience su largo viaje de latidos durante setenta, ochenta, o más años. Los médicos utilizan el término *auto ritmo* para indicar cómo el corazón comienza a latir por sí mismo.

Si bien la fuente del latido del corazón está dentro del mismo corazón los investigadores creen que el cerebro controla el ritmo de cada latido. Aún así, el corazón no necesita estar conectado al cerebro para seguir con su latido firme y rítmico. Cuando el cirujano toma un corazón para realizar un transplante, corta los nervios que conectan al corazón con el cerebro de la persona fallecida. Luego pone el corazón en el pecho de otra persona y reinicia los latidos. Los cirujanos no saben cómo reconectar los nervios del corazón recién instalado con el cerebro, así que se pierde la conexión entre ambos órganos, al menos durante un tiempo corto. Sin embargo, el nuevo corazón comienza a latir, latir y latir cuando se lo provoca.

¿Cómo puede ser esto? En los últimos años los neurocientíficos han descubierto que el corazón tiene su propio sistema nervioso independiente. Existen al menos cuarenta mil células nerviosas (neuronas) en el corazón. Es la misma cantidad que hay en diversos centros subcorticales del cerebro (debajo de la corteza cerebral).[2]

En otras palabras, el corazón es más que una mera bomba biológica. Estas células nerviosas le dan la capacidad de pensar y sentir.

El «cerebro» del corazón y el sistema nervioso envían mensajes al cerebro que está en el cráneo, creando una comunicación de diálogo entre ambos órganos. En la década de 1970 los fisiólogos John y Beatrice Lacey del Fels Research Institute encontraron una falla en el pensamiento popular con respecto al cerebro. La creencia popular era que el cerebro tomaba todas las decisiones del cuerpo. La investigación de los Lacey indicó otra cosa.

Específicamente, estos investigadores descubrieron que si bien el cerebro puede enviar instrucciones al corazón a través del sistema nervioso, el corazón no obedece automáticamente. En cambio, el corazón parece responder a veces como si estuviera pensando la información que ha recibido. A veces cuando el cerebro envía una señal de alerta al cuerpo en respuesta a un estímulo externo, el corazón se acelera como es de esperar. En otras ocasiones, sin embargo, el corazón va más lento mientras todos los demás órganos se aceleran como es de esperar.

La selectividad de la respuesta del corazón les sugirió a los investigadores que el corazón no responde mecánicamente a la señal del cerebro. En cambio, el corazón parece tener su propia opinión, que envía como respuesta devuelta al cerebro.

Lo que fue todavía más interesante en esta investigación fue el hecho de que los mensajes que el corazón enviaba al cerebro parecían ser mensajes que el cerebro no solamente entendía sino que también obedecía. En efecto, el corazón y el cerebro mantienen un diálogo inteligente. A veces el corazón envía mensajes al cerebro, y en otras ocasiones el cerebro parece enviar mensajes al corazón. Los mensajes del corazón parecen ser capaces de afectar la conducta de una persona.[3]

Nuestro verdadero ser se compone de lo que nuestro corazón le dice a nuestro cerebro, de lo que nuestro cerebro le dice a nuestro corazón, y de lo que nuestra voluntad decide creer, decir, y hacer.

Comuníquese con su propio corazón

Dos de los más poderosos antídotos que conozco para las emociones tóxicas son los siguientes:

- Comuníquese con su propio corazón.
- Aprender a vivir en el amor que fluye del corazón.

El Rey David hablaba con su propio corazón. Se preguntó a sí mismo: «¿Por qué te abates, oh alma mía, Y te turbas dentro de mí? Espera en Dios; porque aún he de alabarle, salvación mía y Dios mío» (Salmo 42.5).

Quizá se sienta un poco tonto «hablando con su corazón», ¡pero hágalo de todos modos! Pronuncie para sí lo que siente en lo más profundo. Porque sacar a la luz las palabras logrará dos cosas: aclarará lo que sinceramente siente, y liberará algunas de sus emociones reprimidas.

Observe que David no solamente admitió ante sí mismo que su alma estaba abatida. Luego se dijo: «¡Ten esperanza en Dios!» Y de su curso de acción, dijo: «Aún he de alabarle». Y es más, David dijo que alabaría a Dios, «Salvación mía». No alababa a Dios por una acción específica que Dios hubiera efectuado o fuera a realizar en el futuro, sino por el solo hecho de saber que Dios estaba presente con él.

Estos tres pasos dio David en su «conversación con su alma». Son muy importantes, y usted puede seguir su ejemplo:

1. Admita ante sí mismo, en voz alta, lo que siente.

2. Diga en voz alta que está decidido a tener esperanza en Dios.

3. Diga en voz alta su decisión de alabar a Dios por Quién es Él en su vida. Reconozca Su presencia cercana y Su continua disposición hacia usted.

David luego pronunció estos mismos conceptos a Dios en oración: «Dios mío, mi alma está abatida en mí; me acordaré, por tanto, de ti» (Salmo 42.6).

Pase de hablarse a sí mismo a hablarle a Dios. Admita sus sentimientos ante Dios. Eche sobre Él sus preocupaciones y diga en voz alta que decide confiar en Él, recuerde que Él está con usted y siempre le será fiel.

¿Qué le hace falta para comunicarse efectivamente con su corazón? Deberá estar en silencio y hacer un esfuerzo por apagar las continuas películas mentales que se reproducen en su cabeza, apartarse del recuerdo de dolorosas frustraciones y penas. El corazón habla en un susurro. Muchas personas encuentran que les ayuda concentrarse en eventos o personas que les han dado gozo, amor, felicidad y paz. También tenga una actitud de gratitud y aprecio enfocándose en todas las cosas buenas de su vida en lugar de en los traumas o cosas negativas.

EL CORAZÓN HABLA EN UN SUSURRO.

Pregúntele a su corazón:

- «¿Qué es lo que sientes en realidad?»
- «¿Por qué, realmente, te sientes de esta manera?»
- «¿Qué cosa buena estás realmente esperando?»
- «¿Qué cosa buena quieres que se cumpla?»

El corazón habla en voz muy callada. Quizá sienta un «codazo» leve en su interior, una sensación de advertencia. Otórguele a su corazón el beneficio de comunicarle su sabiduría a su cerebro.

No puedo describir la cantidad de pacientes de cáncer que me dicen que «sabían» que tenían cáncer incluso antes de que se les diagnosticara. Por otro lado, he tenido pacientes que me dicen que tienen mucho miedo de tener cáncer aunque en realidad en lo profundo de su ser no creían de veras que así fuera y se sorprendieron cuando el médico les dijo que estaban sanos. Estas personas habían permitido que el miedo nublara los mensajes de su corazón. Le aliento a pasar unos minutos al día, cada día, escuchando a su corazón. Y luego:

- Pronuncie palabras de aliento a su corazón.
- Diga palabras de aprecio por las bendiciones de la vida, palabras de gracias y alabanza a Dios.
- Recuerde eventos en su vida en que haya sentido tremendo gozo, paz o amor.

* Diga palabras de reconocimiento por logros personales, demostración de noble carácter, o acciones de amabilidad o ministerio hacia los demás. Si nadie más reconoce abiertamente la bondad del Señor manifestada en y a través de su vida, reconózcala usted.

* Lea en voz alta la Palabra de Dios para su corazón. Le recomiendo poner énfasis en las palabras de Jesús en el Nuevo Testamento, en el libro de Proverbios y en 1, 2 y 3 de Juan.

* Diga sus oraciones y preocupaciones ante Dios, comenzando con un momento de agradecimiento a Él por todo lo que ha hecho, está haciendo, y ha prometido hacer. Diga su alabanza a Dios por Quién es Él.

* Entregue a Dios sus frustraciones, miedos y enojo. Entregue a Dios sus preocupaciones. La Biblia nos dice: «echando toda vuestra ansiedad sobre él, porque él tiene cuidado de vosotros» (1 Pedro 5.7).

* Pídale a Dios que llene su corazón con Su amor y presencia. Abiertamente invite al Espíritu Santo a impartirle el fruto de Su presencia en usted, que incluye: «amor, gozo, paz, paciencia, benignidad, bondad, fe, mansedumbre, templanza» (Gálatas 5.22-23).

Cuando uno vive a Dios en su corazón, también vive Su amor. La Biblia dice que ambas cosas son inseparables: «El que no ama, no ha conocido a Dios; porque Dios es amor» (1 Juan 4.8).

SU RELACIÓN CON DIOS, ¿ESTÁ EN SU CABEZA O EN SU CORAZÓN?

El pastor Jack Frost ha hablado elocuentemente sobre tener una relación de corazón con Dios. Lo contrasta con «la experiencia mental de la doctrina», lo cual lleva a la persona a volverse legalista y propensa a juzgar a los demás. El legalismo es frío y duro en comparación con el calor y la maravilla del amor divino.

El padre de Frost era un hombre severo y duro a quien era imposible agradar. Frost percibía que Dios funcionaba de la misma manera. Continuamente buscaba ganar la aprobación de Dios y Su amor del mismo modo en que había buscado agradar a su padre. En cambio, encontró lo que llama: «frío abandono».

Eventualmente la familia de Frost cayó en una grave crisis. Su esposa estaba terriblemente deprimida. Sus hijos tenían muchos problemas de conducta. Su corazón estaba enredado en el frío legalismo, siempre juzgando a los demás.

Luego, un día mientras Frost clamaba a Dios, el Espíritu de Dios le ministró de manera asombrosa. Frost estaba en el suelo, y el amor de Dios comenzó a bañarlo como las olas del mar en la playa. Lloró desconsoladamente durante un largo rato mientras el amor de Dios quitaba el carozo de dolor escondido hacia la superficie de su corazón, para finalmente llevárselo.

Cuando Frost se puso de pie, era un hombre nuevo. Dijo: «Tuve un encuentro radical con Jesús que cambió los temas morales en mi vida». Sintió que por primera vez estaba en contacto con su propio corazón, después de muchos años. Vio a Su Padre celestial amoroso y a su vez, sintió amor en lugar de miedo, rechazo, condena, amargura o dolor. En esos momentos sobrenaturales de «baño de amor del corazón» el péndulo de su corazón y el del corazón de Dios entraron en un ritmo sincronizado.[4]

He tenido algunos pacientes que crecieron con un padre parecido al de Jack Frost. Han ensayado relatos de condena, juicio y odio que a veces me hicieron sentir gran tristeza y disgusto por la situación en que crecieron. Algunos de estos padres les dijeron a sus hijos, verbal o implícitamente, que eran y son estúpidos, sin valor e incapaces de lograr nada.

Todo niño tiene la necesidad básica de ser amado incondicionalmente, de ser amado simplemente porque existe, simplemente porque es una creación que Dios confió a esta tierra. Los niños que son abrazados, besados y alzados en brazos regularmente son mucho más sanos que los que no reciben estas demostraciones de afecto. El tacto es un componente vital para que un bebé o un niño crezcan en salud.

LA COMUNICACIÓN FISIOLÓGICA DEL CORAZÓN AL CUERPO

Cuando aprende usted a comunicarse con su corazón y a liberar sentimientos de amor positivos a su alma, su corazón a la vez comunicará este mensaje de bienestar a su cuerpo, mediante la liberación de hormonas y neurotransmisores útiles. El canal de comunicación más importante entre el cuerpo y el corazón, sin embargo, es el campo electromagnético del corazón, que es unas cinco mil veces más fuerte que el campo electromagnético creado por el cerebro.[5]

Los científicos son capaces de detectar la información electrónica que envía el corazón por medio de una prueba de ondas cerebrales llamada electroencefalograma (EEG). Gary Schwartz y sus colegas en la Universidad de Arizona descubrieron en sus experimentos que los senderos de comunicación neurológica y de otros tipos podían explicar los complejos patrones de la actividad cardíaca en nuestras ondas cerebrales. En otras palabras, actuando algo así como los que descifraban códigos en la Segunda Guerra Mundial, estos investigadores debieron aprender «el lenguaje del corazón». Sus datos mostraron la existencia de interacción energética directa entre el campo electromagnético del corazón y del cerebro.

Además el ritmo cardíaco suele enviar mensajes variados al cerebro y al cuerpo.[6] Cuando una persona siente miedo, por ejemplo, el corazón se acelera enviando una señal a todo el cuerpo. Cuando la persona está contenta y feliz, el ritmo cardíaco disminuye, diciéndole a todo el sistema nervioso que la persona se siente bien.

Un relojero del siglo diecisiete descubrió un principio fascinante que podemos aplicar a este tema de los latidos del corazón. Christian Huygens inventó el reloj de péndulo, y con gran orgullo fabricó una colección de sus relojes para vender. Un día, mientras estaba en la cama, observó que todos los péndulos se movían al unísono aunque sabía con certeza que no los había iniciado para que se movieran de esa manera.

Huygens se levantó de la cama y reinició el movimiento de los péndulos, a propósito a destiempo para romper la sincronización.

Para su asombro, en pocos momentos los péndulos volvían a moverse juntos.

Más adelante los científicos descubrieron que era el reloj más grande con el ritmo más fuerte el que pautaba la sincronización de los demás. Le dieron a este fenómeno el nombre «entrañamiento»[7], que aparece en diversos aspectos de la naturaleza.

El hecho es que el oscilador biológico más fuerte del cuerpo es el corazón. Actúa de manera similar a la de los relojes de Huygens. El corazón tiene la capacidad de hacer que todos los demás sistemas del cuerpo sigan su ritmo, sea cual sea. Cuando el corazón está en paz o lleno de amor comunicará armonía a todo el cuerpo. Y de manera contraria, cuando las emociones tóxicas hagan que el corazón lata de forma irregular, más fuerte, o más rápido, el corazón comunicará lo opuesto a la paz a los demás órganos del cuerpo.

CUANDO EL CORAZÓN ESTÁ EN PAZ O LLENO DE AMOR COMUNICARÁ ARMONÍA A TODO EL CUERPO.

Hablando en términos espirituales, cuando usted siente la paz de Dios, el corazón comunica paz a cada fibra de su ser. Cada uno de los órganos vive este reposo. Cuando la persona vive el amor de Dios y el amor de los demás el corazón de manera similar comunica este amor a su mente y a todo el cuerpo. Cuando el amor llena su corazón todo su cuerpo se zambulle, digamos, en un mar de sanidad.

El Médico y Sanador más grande que haya vivido jamás, Jesucristo, explicó este fenómeno en Sus propios términos: «No es lo que entra en el hombre lo que lo contamina, sino lo que sale de su corazón» (paráfrasis del autor del pasaje de Mateo 15.16-18).

Un paciente llamado Hal vino a verme porque tenía palpitaciones. Le dije que cada vez que tuviera uno de estos episodios debía detenerse y escuchar a su corazón y no a su cabeza que le decía que estaba teniendo un ataque cardíaco y que debía llegar al hospital lo antes posible. Le dije a Hal: «Dése un baño de amor diario para el corazón». Me refería a que Hal necesitaba ir a un lugar tranquilo de oración cada día, y permitir que su corazón viviera las cosas que deseaba vivir: momentos de tranquilidad, callada gratitud, pequeños placeres. Le dije a Hal que pasara al menos diez minutos al día «empapando» su corazón en las cosas que le gustaran.

Una de las cosas que Hal más amaba era su nieto más pequeño, Josh. Josh adoraba a Hal y lo imitaba en todo. En sus momentos de «baños del corazón» Hal comenzó a tomar pensamientos y sentimientos desde lo profundo de su corazón, idénticos a los pensamientos y sentimientos que tenía cuando Josh lo visitaba. Le alenté a saborear el placer de esas experiencias y a comenzar a dar gracias a Dios, una a una, por cada una de las ocasiones preciosas y momentos que disfrutaba con su nieto.

Pronto, cada vez que el estrés de Hal disparaba las palpitaciones, aprendió a tomar la fotografía de Josh de su billetera, a conectarse con su corazón y a agradecer calladamente a Dios por este precioso niño. Él y su esposa Frances comenzaron a dar paseos juntos en el bosque, algo que hacían cuando eran novios. A Hal le encantaba el olor de la tierra húmeda del bosque y la gran diosa elegancia de los árboles de castaño que crecían en su propiedad. De hecho, la había comprado por los árboles, pero de algún modo a lo largo de los años había olvidado apreciar su belleza y grandiosidad.

Poco tiempo después las palpitaciones de Hal desaparecieron. Y lo más importante, sin embargo, fue el hecho de que Hal había aprendido a volver a disfrutar de la vida. Había aprendido a escuchar a su corazón.

Comience a practicar una actitud de gratitud y apreciación. En Filipenses 4.4, Pablo dice: «Regocijaos en el Señor siempre. Otra vez digo: ¡Regocijaos!» Pablo les escribió esto a los de la iglesia de Filipo, una colonia romana. Sin embargo, escribía desde la prisión. Era inminente su juicio y las condiciones para Pablo eran muy duras. Aún así escribió también desde la prisión en Efesios 5.20: «dando siempre gracias por todo al Dios y Padre, en el nombre de nuestro Señor Jesucristo». Donde va la mente, va la salud de su cuerpo. Si su mente está llena de ansiedad, miedo, ira, depresión y culpa, crónicamente estará estimulando la respuesta de estrés que abrirá la puerta a las enfermedades para que entren a su cuerpo. Creo que muchas enfermedades, como las auto inmunes y el cáncer, están directamente relacionadas con emociones fatales. Es como si las emociones fatales fueran el interruptor de encendido para la destrucción de su cuerpo.

Comience a practicar diariamente la apreciación y el agradecimiento. Elogie a su esposa, a sus hijos, a sus compañeros de trabajo y a sus amigos con regularidad. Comience a elogiar o a dar palabras de aprecio a extraños como los mozos, los vendedores de la tienda, los operadores de las cabinas de peaje y las personas con las que entra en contacto cada día. En lugar de señalar sus defectos comience a ver sus virtudes. Recuerdo haber felicitado a un operador del peaje por el gran trabajo que hacía y por cómo su fila avanzaba más rápido que las demás. Su rostro se iluminó de orgullo. La mayoría de las personas anhelan que otros reconozcan y aprecien el buen trabajo que hacen. Es cierto que la gente trabajará más duro por el reconocimiento que por el dinero.

REEMPLACE EL PENSAMIENTO
DISTORSIONADO CON LA VERDAD

La gente evitaba a Milt, y no era de extrañar. En un restauran-
te lleno de gente, Milt solía andar con la camisa fuera de los
pantalones para poder levantarla fácilmente y mostrar sus cicatrices de sus tantas operaciones. No importa cómo comenzara la
conversación eventualmente siempre terminaba con alguno de sus
muchos cuentos sobre las «extrañas e inusuales enfermedades»
que había sufrido.

Después de casi dos décadas de diligentes esfuerzos por con-
vencer a los burócratas de las agencias que se ocupan de los discapacitados de que estaba «muriendo» de enfisema, Milt finalmente
ganó. Sintió absoluto deleite por el hecho de que el gobierno había
afirmado que su estado era de enfermedad crónica y rara vez deja-
ba de mencionarlo.

Agnes era similar en algunos aspectos, aunque sus enfermedades crónicas eran diferentes. Era una mujer muy baja, extremadamente obesa que programaba su semana con las visitas a quiroprácticos, doctores, masajistas, especialistas médicos diversos y
otras personas que ella esperaba que la hicieran sentir mejor.
Tenía poco más de treinta años pero actuaba y tenía el aspecto de
una mujer mucho mayor. La gente muchas veces creía que era
anciana. Después de años de visitar una larga lista de proveedo-
res médicos, finalmente le dieron un diagnóstico de fatiga crónica, artritis y fibromialgia. Llevaba su diagnóstico como si fuera
un escudo de honor. Casi no hablaba de otra cosa.

Conocí a Milt y Agnes poco después de abrir mi consultorio,
y francamente, eran un enigma para mí. Jamás había conocido

antes a personas que parecieran no querer sanar. No conocía en ese momento la frase pensamiento distorsionado, pero en retrospectiva, definitivamente diría que esa era su dolencia. A lo largo de los años he descubierto que entre un tercio y la mitad de todos mis pacientes con enfermedades crónicas que no parecen *querer* mejorar, tienen un pensamiento distorsionado acerca de sus dolencias. Sus identidades parecen nubladas por emociones tóxicas que surgen de un sistema de creencias retorcido y quebrado.

Algunas personas parecen desarrollar pensamientos distorsionados a edad temprana. Una paciente mía tenía solamente veinticinco años cuando enfermó crónicamente. Su enfermedad se inició luego de que su esposo anunciara que era homosexual y le dijo que quería dejarla para buscar una pareja masculina. Su subsiguiente enfermedad crónica había mantenido a su culposo ex esposo cerca de ella para cuidarla en los días malos. Con migrañas crónicas, dolor de espalda crónico y dolor témporo-maxilar crónico, y una creciente lista de dolores y malestares, me confesó que ahora todos los días eran días malos.

¿Qué es el pensamiento distorsionado?

Hace años se volvió muy popular una historieta llamada Pogo porque describía con exactitud y en forma sucinta al ser humano. Pogo decía: «¡Hemos conocido al enemigo, y somos nosotros!»

Tristemente, a menudo somos nuestros peores enemigos cuando integramos en nuestro ser las ideas y creencias que nos hacen más mal que bien.

La literatura psicológica y psiquiátrica a veces llama al pensamiento distorsionado *reversión psicológica*.

Es una condición en la que el paciente dice que quiere sanar, pero subconscientemente no desea hacerlo. Los psicólogos y psiquiatras han sabido desde hace tiempo que algunos pacientes tienen una naturaleza auto derrotista. Se resisten al tratamiento en diversas formas. Olvidan tomar la medicina porque «no les gusta el sabor que dejan en su boca». Insisten en que no responden al tratamiento aunque sus síntomas mejoren. Quizá dejen el tratamiento justamente cuando parece estar funcionando. Las razones para sabotearse a sí mismo son diversas y numerosas. Una de las más obvias es la siguiente:

«Yo soy mi enfermedad».

Algunas personas crecen con una enfermedad o la han sufrido durante tantos años que forman su identidad personal alrededor de ella. El punto de su singularidad es la enfermedad o dolencia que tienen. Seguramente este era el caso de Milt y Agnes. En personas como estas, la enfermedad se convierte en su estilo de vida. Milt no se veía a sí mismo como Milt. Se veía como Enfisema Milt. Estas personas no perciben que son gente con vidas normales que circunstancialmente se enferman, sino como personas enfermas que hacen cosas normales todas enfocadas en la remota posibilidad de que podrían sanar.

MILT NO SE VEÍA A SÍ MISMO COMO MILT. SE VEÍA COMO ENFISEMA MILT.

En algunos aspectos, sus enfermedades se convierten en los empleos que odian, en el tedio de las tareas de la casa, en las relaciones aburridas y sin amor. Cuando se le pregunta a una persona con esta forma de pensamiento distorsionado: «¿Qué haces para divertirte?», suelen responder con una mirada vaga. En verdad, no tienen carreras o entretenimiento preferido. Su único pasatiempo es hablar de sus enfermedades. Cuando oiga que una persona utiliza frases como «mi artritis», «mi dolor crónico», o «mi esclerosis múltiple», tendrá una pista de que la persona ha adoptado su dolencia o enfermedad y está comenzando a identificarse inseparablemente con ésta.

La gran mayoría de estas personas que se ven a sí mismas como enfermas suelen tener carreras enfermas. En otras palabras, no trabajan. En contraste con las personas que genuinamente están discapacitados o que físicamente son incapaces de trabajar por una razón legítima, creen conciente o subconscientemente, que sus enfermedades les dan el derecho a toda forma de asistencia de caridad o del gobierno. El dinero de la asistencia social que reciben es la recompensa por sufrir su enfermedad. Se deleitan en pequeñas cosas que no necesitan ni merecen de verdad, desde la calcomanía de estacionamiento para discapacitados al reconocimiento por formar parte de un juicio colectivo. Los que reciben amor extra, dinero extra, excitación o estima a partir de sus enfermedades rara vez tienen un fuerte deseo o compromiso por sanar.

Hace poco vino una mujer a mi consultorio. Era de México. Estaba cargada de emociones tóxicas. Entró cargando una valija llena de vitaminas y suplementos que estaba tomando. Se había enojado con el taxista que la había traído desde el aeropuerto. Cuando comenzó a descargar sobre él la razón de su visita a los Estados Unidos, el hombre le había respondido: «Su problema es que usted realmente no quiere sanar». En mi opinión, el taxista había dado en el clavo.

Pasé una semana ayudando a esta mujer a identificar y cambiar su sistema de creencias distorsionadas. Para cuando salió informó que se sentía mucho mejor. Espero que esos sentimientos le duren. Era un paquete lleno de creencias negativas.

CREENCIAS NEGATIVAS

El Dr. James Durlacher escribió:

> Las creencias negativas en la vida por lo general provienen de una observación real o imaginaria, de un comentario o algo que alguien dijo, o algo que se oyó decir a una persona, por lo general con autoridad. Esta autoridad puede ser uno de los padres pero también puede ser un pariente, un maestro, un clérigo, un oficial de la policía, un empleador, empleado, o cualquier otra persona a quien el individuo considere con autoridad o conocimiento.[1]

Cuando estamos estresados, deprimidos, enojados, ansiosos, preocupados, o sintiéndonos culpables, somos más propensos a malinterpretar los eventos y a pensar de manera distorsionada. Un pensamiento distorsionado suele llevar a otro, y antes de darnos cuenta estamos atrapados en una espiral descendente. Comenzamos a pronunciar frases negativas tales como:

- «Nada me sale bien».
- «No puedo hacer nada bien».
- «Todo lo que toco fracasa».

Dos de los pioneros líderes en esta área son el Dr. Albert Ellis y el Dr. Aaron Beck.

El Dr. Ellis, un reconocido psicólogo de la década de 1950, desarrolló una forma de psicoterapia llamada *terapia emotiva racional*. El Dr. Ellis creía que las emociones tóxicas surgen de tres creencias negativas e incorrectas:

Creencia equivocada número 1: Debe irme bien.

Creencia equivocada número 2: Deben tratarme bien.

Creencia equivocada número 3: El mundo tiene que ser fácil.[2]

La persona mentalmente sana, racional y potencialmente positiva es la que reconoce que a nadie le va bien *todo* el tiempo. Todos tenemos defectos, debilidades y puntos débiles. La percepción sana es la de saber que a veces habrá gente que *no nos tratará bien*, y que en ocasiones el mundo *no será fácil*.

En la década de 1960 el Dr. Beck desarrolló la terapia cognitiva en la que el paciente aprende a cambiar su manera de pensar y el modo en que interpreta los eventos. Una parte importante de la terapia implica cambiar el modo en que la persona *habla*.

En respuesta a una situación percibida de manera negativa la persona en terapia cognitiva aprenderá a decir:

- «Esto no salió bien, pero la mayoría de las veces las cosas sí van bien».
- «Quizá haya cometido un error esta vez, pero muchas veces hago las cosas bien».
- «Quizá haya fracasado en esto pero en general he disfrutado de éxitos en mi vida».[3]

Uno de los expertos en terapia cognitiva es el Dr. David Burns, un reconocido psiquiatra y autor del bestseller *Feeling good* [Sintiéndose bien]. El Dr. Burns ha realizado más de treinta mil sesiones de terapia cognitiva, y ve los siguientes principios como vitales para que la persona obtenga el control de sus creencias tóxicas y patrones de pensamiento negativo:

* Nuestros pensamientos crean nuestro estado de ánimo. Cognición en realidad hace referencia a creencias, percepciones y actitudes mentales y al modo en que interpretamos los eventos. Estos pensamientos pueden crear emociones de ira, hostilidad, depresión, tristeza, ansiedad, miedo, vergüenza, o culpa.

* Cuando la persona se siente deprimida sus pensamientos están dominados por la negatividad.

* Los pensamientos negativos vinculados a un torbellino emocional por lo general contienen importantes distorsiones. Estas distorsiones pueden llamarse también patrones de pensamiento irracional, tergiversado o irrealista.[4]

El Dr. Burns ha identificado diez tipos de creencias negativas:

1. Pensamiento todo-o-nada
La persona que piensa de esta manera ve todo en términos de blanco o negro. No hay grises posibles. Los perfeccionistas verán su trabajo como algo perfecto o como algo sin valor alguno. La persona saludable ve espectros y variaciones y excepciones en casi todas las áreas de la vida.

2. Sobregeneralización
Es la tendencia a llegar a conclusiones apresuradas a partir de muy poca evidencia. Por ejemplo, el hombre rechazado por una mujer a quien ha invitado a salir llega a la conclusión de que todas las mujeres le rechazarán y que jamás logrará una cita. El pensamiento saludable saca conclusiones únicamente después de tomar en cuenta abundante evidencia.

3. Filtro mental negativo

Esta persona filtrará toda información positiva o buena. No quiere oír elogios ni palabras de afirmación o apreciación. Solamente oye las críticas. La persona sana oye tanto lo bueno como lo malo.

4. Descalificar lo positivo

La persona oye el elogio pero no lo toma en cuenta. Da explicaciones para rechazar toda felicitación, elogio o reconocimiento. Por ejemplo, si le dan un ascenso dirá: «No lo merezco. Es que me tienen pena porque en verdad, soy un perdedor nato». La persona saludable recibe los elogios y los usa para validar su autoestima.

5. Conclusiones apresuradas

Esta persona cree que sabe todo el tiempo, con un 100 por ciento de exactitud, lo que los demás piensan de ella. La persona saludable no cree poder leer las mentes de los demás.

6. Magnificación (predecir catástrofes) o Minimización

Esta persona exagera la importancia de eventos o encuentros aislados. Puede magnificar sus propias emociones, errores o imperfecciones. Minimizará, sin embargo, los éxitos que haya tenido. La persona con pensamiento saludable maximiza los puntos buenos y minimiza los errores.

7. Razonamiento emocional

Esta persona ve los resultados como consecuencia directa de sus emociones. Por ejemplo, sentirá que no tiene esperanzas de pasar un examen, así que ni siquiera se presenta. La persona saludable separa los hechos presentes de los del futuro.

8. Declaraciones de «debería»

Esta persona tiene un rígido conjunto de reglas sobre lo que se debe, se debería, no se debe, no se debería o lo que obligatoriamente hay que hacer. La persona saludable conoce y expresa el hecho de que hay muy pocas reglas infalibles en la vida.

9. Encasillar y descalificar

Esta persona posiblemente categorice y encasille a los demás y a sí misma como «estúpido», «idiota», «imbécil», «perdedor», «tonto», o «cerdo». La persona saludable evita las etiquetas (Me gusta recordarles a las personas que Dios le dio a la humanidad la autoridad y responsabilidad de dar nombres a los animales, no a los seres humanos.)

10. Personalización

Esta persona se culpa a sí misma por eventos sobre los que no tiene control alguno, o menos control del que supone. He conocido padres que se culpan a sí mismos porque sus hijos han probado las drogas. Se llenan de culpa y auto-condena cuando de hecho necesitan responsabilizar al adolescente por sus decisiones y conductas. La persona saludable se niega a asumir responsabilidades o culpas por las decisiones que otros tomen libremente.[5]

REFLEXIONE Y REEXAMINE

Creo que muchas personas necesitan reflexionar sobre diversas posiciones y opiniones y reexaminar sus creencias al respecto:

«Es mejor mantener el secreto»

Una persona debiera guardarse muy pocas cosas como secreto. La gran mayoría de los secretos son negativos. Algunos traumas impensables de la infancia, como el incesto o el abuso sexual, pueden dañar el alma de tal modo que la amargura y el odio se mantienen calientes durante décadas, erupcionando muchos años más tarde como terribles pesadillas, llanto descontrolado, incapacidad de funcionar en las rutinas de la vida, depresión y otras conductas negativas. Los abusadores suelen decirles a sus víctimas: «Mantengamos esto en secreto». Vivir con un horrendo secreto solamente parece funcionar durante algún tiempo, porque el peso del bagaje emocional vence hasta el alma más fuerte.

> Vivir con un horrendo secreto solamente parece
> funcionar durante algún tiempo, porque el
> peso del bagaje emocional vence hasta el
> alma más fuerte.

El amor y el odio pueden no ser opuestos

Muchas personas tienen una idea distorsionada sobre el amor y el odio. Un alto porcentaje de personas me han dicho que creen que el amor y el odio son opuestos. En mi experiencia, la gente que siente odio extremo rara vez tiene capacidad para demostrar amor genuino hacia nadie, incluyéndose a sí mismos. El odio intenso por lo general nace del rechazo. Su contraparte es la aceptación, que puede o no ser igual al amor. Cuando la persona comienza a ver que su odio está arraigado en el rechazo, puede avanzar hacia el perdón y hacia la libertad de las emociones tóxicas que había estado sintiendo.

La presión quizás no sirva para un mejor rendimiento

En ocasiones me han dicho: «Trabajo mejor bajo presión».

Bueno, sí y no. Parece que a veces es necesario sentir un poco de presión para que alguien pueda funcionar, concentrar su energía o priorizar sus tiempos. Rara vez, sin embargo, logramos ser creativos al máximo, o resolver problemas y tomar decisiones cuando estamos en una atmósfera de estrés. El estrés en realidad disminuye la capacidad de la persona para enfrentar circunstancias difíciles.

Examine sus pensamientos automáticos

Si sospecho que un paciente tiene pensamiento distorsionado, le invito a escribir en un diario todas las maneras en las que sus ideas y pensamientos puedan llegar a convertirse en distorsiones o autosabotaje. Les pido que identifiquen declaraciones que pronuncian luego de monitorear el modo en que se refieren a sí mismos.

Mi consejo es: Escúchese. Cada vez que se oiga llegando a una conclusión que pudiera reflejar alguno de los diez patrones de pensamiento del Dr. Burns, o cada vez que se oiga decirse «estúpido», anótelo.

Luego, le pido a la persona que revise lo que anotó en su diario y que junto a cada posible etiqueta de pensamiento distorsionado escriba un versículo o pasaje corto de la Biblia que se refiera a dicha percepción.

Le pido que confiese ante Dios que se ha permitido pensar de manera distorsionada. Ha comprado mentiras. Le aliento a buscar el perdón de Dios y a pedirle al Señor que la libre de la atadura que estas mentiras han creado en su alma. La invito a pedirle a Dios que sane las emociones tóxicas y el pensamiento distorsionado que ha adoptado.

Finalmente, le aconsejo memorizar los versículos que ha anotado en su diario. Son los que seguramente necesitará, y citará, para impedir que se arraigue el pensamiento distorsionado.

Permítame compartir algunos de estos versículos de la Biblia que creo tienen gran poder de transformación cuando se trata del pensamiento distorsionado.

Verdades que transforman

- Todo lo puedo en Cristo que me fortalece. (Filipenses 4.13)

- Mas a Dios gracias, el cual nos lleva siempre en triunfo en Cristo Jesús. (2 Corintios 2.14)

- Mi Dios, pues, suplirá todo lo que os falta conforme a sus riquezas en gloria en Cristo Jesús. (Filipenses 4.19)

- [Jesús dijo] No hagáis extorsión a nadie, ni calumniéis; y contentaos con vuestro salario. (Lucas 3.14)

- No os sorprendáis del fuego de prueba que os ha sobrevenido... sino gozaos por cuanto sois participantes de los padecimientos de Cristo, para que también en la revelación de su gloria os gocéis con gran alegría. (1 Pedro 4.12-13)

- Fíate de Jehová de todo tu corazón,
  Y no te apoyes en tu propia prudencia.
  Reconócelo en todos tus caminos,
  Y él enderezará tus veredas. (Proverbios 3.5-6)

- Olvidando ciertamente lo que queda atrás, y extendiéndome a lo que está delante, prosigo a la meta, al premio
  del supremo llamamiento de Dios en Cristo Jesús.
  (Filipenses 3.13-14)

- No os engañéis; Dios no puede ser burlado: pues todo lo
  que el hombre sembrare, eso también segará. (Gálatas 6.7)

- Envió su palabra, y los sanó, y los libró de su ruina.
  (Salmo 107.20)

- Bendice, alma mía, a Jehová,
  Y no olvides ninguno de sus beneficios.
  Él es quien perdona todas tus iniquidades,
  el que sana todas tus dolencias;
  El que rescata del hoyo tu vida,
  El que te corona de favores y misericordias. (Salmo 103.2-4)

- No nos cansemos, pues, de hacer bien; porque a su tiempo
  segaremos, si no desmayamos. (Gálatas 6.9)

Le aliento a comprar un libro con promesas de la Biblia que
contenga pasajes de las Escrituras referidos a las garantías que
Dios da en la Biblia, y una concordancia que le permita buscar
versículos relacionados por temas o palabras.

Todos tenemos algún grado de pensamiento distorsionado. La
clave para tener una mente renovada, para desarrollar una mente
que realmente piense como piensa Jesús, es enfrentar continuamente el pensamiento distorsionado con la verdad de Dios.
Busque desarrollar la capacidad de identificar el falso pensamiento, reconocer qué tipo de distorsión está tomando lugar, y luego
cambie ese pensamiento por la verdad saludable de Dios.

He trabajado con muchas personas que descubrieron que al hacer el esfuerzo sincero de atacar sus patrones de pensamiento disfuncional tenían menos ataques de depresión, ansiedad, enojo, pena, vergüenza, celos y otras emociones tóxicas. No es difícil reemplazar las mentiras por la verdad de Dios. Sólo hace falta la intención y el esfuerzo consistente... lleva tiempo y energía encontrar declaraciones de la verdad de Dios y aplicarlas a las mentiras de la vida. Jesús promedió: «Si vosotros permaneciereis en mi palabra, seréis verdaderamente mis discípulos; y conoceréis la verdad, y la verdad os hará libres» (Juan 8.31-32).

Elija pensar de manera nueva

El apóstol Pablo presentó un reto a los seguidores de Cristo:
«No os conforméis a este siglo, sino transformaos por medio de la renovación de vuestro entendimiento, para que comprobéis cuál sea la buena voluntad de Dios, agradable y perfecta» (Romanos 12.2).

Una parte de la experiencia de la renovación espiritual de su mente es elegir concientemente que cambiará lo que deja entrar en ella, y por eso, cambiará sus patrones de pensamiento.

La Biblia nos dice lo siguiente sobre lo que elegimos para nuestros pensamientos: «Por lo demás, hermanos, todo lo que es verdadero, todo lo honesto, todo lo justo, todo lo puro, todo lo amable, todo lo que es de buen nombre; si hay virtud alguna, si algo digno de alabanza, en esto pensad» (Filipenses 4.8).

Elija pensar en las cosas que evoquen emociones positivas en usted. Concéntrese en ellas. Ponga énfasis en estas cosas. Reflexione en ellas con frecuencia. Son su mejor línea de defensa contra las emociones tóxicas.

John Hagee dijo:

Cuida tus pensamientos, porque se convertirán en palabras. Cuida tus palabras, porque se convertirán en acciones. Cuida tus acciones porque se convertirán en hábitos. Cuida tus hábitos, porque formarán tu carácter. Cuida tu carácter, porque se convertirá en tu destino.

13

EL PODER LIMPIADOR DEL PERDÓN

Los que perdonan son los que deciden y eligen perdonar. No hay nada automático, no intencional o casual en el perdón. Es una elección, un acto voluntario.

Los que eligen perdonar son los que deciden dejar atrás el resentimiento y el deseo de castigar. Tienen voluntad y disposición de renunciar a todo reclamo por la compensación de una ofensa. En realidad cancelan la deuda que sienten que otra persona tiene hacia ellos.

El perdón permite a la persona dejar ir la ira reprimida, el resentimiento, la amargura, la vergüenza, el dolor, la culpa, el odio y toda otra emoción que se oculte en lo profundo del alma y enferme a la persona emocional y físicamente. Por lo general, el verdadero acto de perdón es catártico, y la persona entera se siente albergada por un manto de paz.

El perdón hace que se esfumen las capas de dolor y sana lo rudo y áspero del dolor emocional. Decir «te perdono» es como darse una ducha emocional. El perdón limpia y libera al alma aprisionada.

Muchas veces tenemos que dar el primer paso de perdón para iniciar el proceso. A veces tenemos que repetir la acción de perdonar cada vez que surge un nuevo conjunto de recuerdos dolorosos a la superficie.

Una mujer, que se había divorciado de su esposo abusivo, me dijo: «Sé por qué Jesús dijo que hay que perdonar 70 veces 7. Creo que ya he perdonado a mi esposo unas 370 veces. ¡Y quizá hagan falta 120 veces más para que pueda llegar yo al fondo del manantial del perdón!» (Ver Mateo 18.21-22)

Esta mujer había sufrido pesadillas en las que su esposo aparecía en posturas amenazantes, insultándola. Tenía recuerdos instantáneos de su conducta abusiva. Por un lado lamentaba el divorcio, pero por otro lado sentía gran alivio. El divorcio para ella significaba que ya no tenía que vivir en continuo estado de confusión, frustración, humillación o de amenazas físicas.

Sin embargo, esta mujer también descubrió que quería ver a su esposo sufriendo por todo el dolor que le había causado. Quería un castigo para él. Quería que amara a alguien y que luego sufriera el rechazo de esa persona, para que supiera cuánta angustia le había causado a ella. Sabía que estos pensamientos y sentimientos de venganza no eran compatibles con el perdón.

Cuando empezó a perdonar, se embarcó en la sanidad emocional. Me dijo: «Desaparecieron mis pesadillas. Mis dolores de cabeza. Y mi presión sanguínea se normalizó».

Le llevó casi cuatro años sentir que había perdonado por completo al ex esposo. Surgió de este proceso de perdón con mayor fuerza emocional y física, y de hecho, más sana de lo que había estado durante los siete años de matrimonio y los dos subsiguientes al divorcio. Tenía más energía, más fuerza, más vitalidad y más entusiasmo con respecto al futuro. Me dijo que sentía renovadas esperanzas y que hacía todo tipo de planes positivos y potencialmente satisfactorios.

¿CÓMO DEFINE USTED EL PERDÓN?

Una de las razones por las que a muchas personas les cuesta perdonar es porque tienen un entendimiento falso, o un concepto confuso de lo que es el perdón. Permítame ser muy claro con respecto a lo que quiero decir, y no decir, cuando uso la palabra perdón.

El perdón no se basa en encontrar alguna cualidad redentora que haga que la persona merezca ser perdonada. Jamás podemos basar el perdón genuino en la «buena conducta» de alguien, como si compensara su anterior conducta dañina. El perdón es algo que se da dentro de usted y proviene únicamente de su deseo de perdonar, por el perdón mismo.

Nadie que lastime con intención merece perdón de la persona herida. Aún así, es mucho mejor perdonar y vivir en la consecuente libertad emocional y en salud, que sufrir los efectos de no perdonar.

El perdón no requiere que la persona minimice la validez de su dolor, la cantidad de dolor que sufrió o la importancia de la experiencia dolorosa. Perdonar no significa que la persona diga: «no importa», o «no fue tan malo lo que me hicieron». No. Es decir: «Elijo, ya no aferrarme a este sentimiento de rencor o falta de perdón hacia quien me lastimó».

El perdón no significa dejar ir a la persona de modo que no se requiera justicia. La persona que perdona igualmente puede requerir que el otro aparezca en la corte y que enfrente penas legales por un crimen que haya cometido en su contra. El perdón significa poner a la otra persona plenamente en manos de Dios, permitir que Dios obre Su justicia en la vida de esa persona. Es confiar en que Dios se ocupará con el ofensor, con la situación, con los horribles recuerdos de hechos terribles. Es confiar que Dios sanará la herida interna. En fin, la justicia de Dios, con Su misericordia, amor y deseo de redimir y perdonar, siempre será muy superior a la del hombre.

Algunos afirman que las heridas emocionales sanan con el tiempo. Rara vez lo he podido ver. Los recuerdos sí, quizá se esfumen levemente con el tiempo. La gente puede madurar y cambiar. Pero el tiempo no tiene nada que cause que se disipe automáticamente una dolorosa emoción tóxica. Los eventos muy dolorosos de la infancia pueden doler con igual intensidad setenta u ochenta años más tarde.

Podemos pasar por alto ofensas menores o superficiales, o transgresiones molestas, en segundos o minutos. Pero perdonar heridas emocionales profundas y ofensas gravemente hirientes es casi siempre un proceso. A menudo requiere de tiempo y esfuerzo intencional por perdonar.

Jamás hemos de perder de vista el hecho de que el perdón es cuestión de voluntad.

JAMÁS HEMOS DE PERDER DE VISTA EL HECHO DE QUE
EL PERDÓN ES CUESTIÓN DE VOLUNTAD.

Finalmente, el perdón es un acto de fuerza. Algunas personas lo ven como debilidad. Nada está más lejos de la verdad. Hace falta poca fortaleza interior para albergar ira, resentimiento u odio. Pero hace falta mucho coraje para dejar de lado la ira y buscar la paz. Algunas de las personas más fuertes han hablado sobre la necesidad de perdonar. Mahatma Gandhi dijo: «El débil no puede perdonar jamás. El perdón es atributo de los fuertes».

Hacen falta dos para la reconciliación

Para perdonar hace falta solamente una persona. Pero para la reconciliación se necesitan dos. Uno puede perdonar a alguien si el otro no perdona, pero la reconciliación siempre requerirá de la voluntad de ambas partes. Es una diferencia que hay que destacar.

Una de las historias modernas más potentes sobre el perdón, apareció hace unos años en el programa Larry King Live. Jim Bakker y su ex esposa Tammy Faye Messner aparecieron juntos en el programa para hablar de cómo se habían perdonado mutuamente, a sí mismos y a todos los demás en torno a su vergonzosa caída después de gozar popularidad en la televisión cristiana de la década de 1980, a partir de acusaciones de fraude económico y relaciones sexuales ilícitas.

Tanto Jim como Tammy relataron historias de profundo dolor y perdón. Ambos se habían sentido traicionados por un ministro por la pérdida de su ministerio, pero ambos habían sido capaces de perdonar a este hombre. Tammy había perdonado a Jim por su adulterio. Jim había perdonado a su esposa por divorciarse de él y casarse con su mejor amigo mientras él estaba en prisión.

En cuanto al amorío de Jim, Tammy dijo: «El perdón es una elección. Nuestras vidas están hechas de decisiones y elecciones. Podría haber elegido la amargura, y odiar a Jim, pero también podía elegir perdonar. Me costó mucho perdonarlo. Fue duro, pero pude hacerlo y entender qué había sucedido y seguir adelante».

En cuanto al rechazamiento de Tammy y a quienes habían atacado su ministerio, Jim dijo: «La Biblia es muy clara, y esto es lo que estudié en prisión. Cuando comencé a estudiar las palabras de Jesucristo aprendí que Él dijo que si uno no perdona de corazón, perdonando a todos, no será perdonado. Cristo dijo: "Bienaventurados los misericordiosos porque obtendrán misericordia".

Yo necesitaba misericordia, necesitaba perdón, así que iba a dar a otros lo que yo mismo necesitaba».[1]

Quizá usted perdone y encuentre que la otra persona no está dispuesta a reconciliarse. Si pasa esto, sepa que ha hecho su parte. Deje atrás las emociones tóxicas entre usted y esta persona. Confíe en que Dios hará Su obra en la vida de la otra persona, a Su tiempo y usando Sus métodos.

También reconozca que hay algunas situaciones en las que puede no ser aconsejable la reconciliación, como en casos de violencia familiar, de acecho, de conducta abusiva, de abuso sexual de un niño. Si este es el caso, no se castigue emocionalmente porque no es posible la reconciliación. Dios le pide que perdone, y no que vuelva a unirse a alguien que le ha lastimado o que demuestra continuas conductas destructivas.

EL PERDÓN ABRE LA PUERTA AL AMOR

Hay quien dice que el perdón fluye automáticamente, casi, del corazón lleno de amor. No es así, sino todo lo contrario. El perdón es el que lleva a la capacidad de amar. Es virtualmente imposible amar a alguien contra quien sentimos rencor o con quien tenemos un asunto pendiente, alguien que nos ha rechazado o ha causado dolor emocional. El amor no es lo primero. El perdón sí lo es.

Un psiquiatra llamado George Ritchie escribió sobre los sobrevivientes de los campos de concentración de la Segunda Guerra Mundial. Aquí está lo que escribió sobre un hombre llamado Wild Hill:

[Wild Hill] era uno de los prisioneros en los campos de concentración, pero obviamente no había estado allí durante mucho tiempo. Su postura era erguida, sus ojos brillaban, su energía era infatigable. Como hablaba fluido inglés, además de francés, alemán, ruso y polaco, llegó a ser el traductor no oficial en el campo de concentración.

Aunque Wild Hill trabajaba entre 15 y 16 horas al día, no mostraba señales de fatiga. Cuando todos los demás caíamos rendidos, él parecía obtener nuevas fuerzas.

¡Sentí asombro al enterarme, cuando llegaron los papeles de Wild Bill, que había estado en Wuppertal desde 1939! Durante seis años había comido apenas para sobrevivir, dormido en las mismas barracas sucias y apestosas como todos los demás, sin el menor deterioro físico o mental.

Wild Hill era nuestro mayor valor, y razonaba con los distintos grupos aconsejando a perdonar.

«No es fácil para algunos perdonar», le dije un día. «Muchos han perdido a miembros de sus familias».

«Vivíamos en la sección judía de Varsovia», dijo lentamente, hablando de sí mismo por primera vez. «Mi esposa, nuestras dos hijas y nuestros tres hijitos varones. Cuando los alemanes llegaron a nuestra calle, nos pusieron a todos en fila contra la pared y comenzaron a disparar con ametralladoras. Rogué que se me permitiera morir con mi familia, pero porque hablaba alemán me pusieron en un grupo de trabajo. Tenía que decidir en ese mismo momento», continuó. «Si iba a permitirme odiar a los soldados que habían hecho esto. Era una decisión sencilla, en realidad. Yo era abogado. En mi profesión había visto muchas veces lo que el odio puede hacerle a la mente y al cuerpo de las personas. El odio había matado a las seis personas que yo más amaba en el mundo. Decidí entonces que pasaría el resto de mi vida, así fueran unos días o muchos años, amando a toda persona con quien entrara en contacto».

Fue ese el poder que había mantenido sano al hombre, frente a toda privación e indignidad.[2]

Las personas más sanas parecen ser esas almas generosas que ríen con facilidad, que olvidan pronto las cosas desagradables y que están dispuestas a perdonar rápidamente hasta las ofensas más duras. Esta cualidad, como la de los niños, les mantiene sin cargas emocionales y espirituales, y al fin redunda en beneficio de su salud física. No es un misterio para mí, como médico, que la Biblia nos enseñe a volvernos «como niños» en nuestra relación con Dios, y en nuestra capacidad para perdonar, creer y expresar nuestra fe (Mateo 18.3).

Solamente el perdón genuino puede apagar las brasas ardientes de las emociones tóxicas. Solamente el perdón genuino puede liberar a una persona para vivir libre de los desechos dolientes y tóxicos de una gran herida interior.

LOS BENEFICIOS DEL PERDÓN SOBRE LA SALUD

Un proyecto científico realizado en la Universidad de Wisconsin, recibió el sencillo nombre de: «Estudio del perdón». El estudio demostró que aprender a perdonar puede ayudar a prevenir enfermedades cardíacas en personas de mediana edad. La incidencia de enfermedades cardíacas era mayor en quienes admitían no poder perdonar. El riesgo de enfermedades cardíadas era mucho más bajo en quienes informaban que eran capaces de perdonar con facilidad. Estos investigadores llegaron a la conclusión de que la falta de perdón puede predecir mucho mejor que la hostilidad el nivel de riesgo de sufrir problemas de salud física.[3]

El Dr. Fred Luskin, a quien mencioné antes, era el director del Proyecto del Perdón en la Universidad de Stanford. Parte de su trabajo involucraba proyectos que él llamó HOPE *(Esperanza); Healing Our Past Experiences (Sanando nuestras experiencias pasadas)*. En uno de estos proyectos Luskin trabajó con adultos de entre 25 y 50 años que habían sufrido emocionalmente y no podían perdonar. Algunos de ellos tenían cónyuges que les habían sido infieles. Otros estaban casados con personas alcohólicas o drogadictas. Y otros se sentían abandonados por sus mejores amigos.

Los resultados de este proyecto continuo todavía se están publicando, pero una de las conclusiones a las que llegaron Luskin y sus colegas es la siguiente: la persona que aprende a perdonar a alguien o algo en particular se vuelve más capaz de perdonar en sentido más amplio y general. Quienes desarrollan la capacidad para perdonar tienen mayor control sobre sus emociones, y son personas menos enojadas, menos molestas, y sienten menos dolor en comparación con quienes no reciben entrenamiento sobre cómo perdonar, o quienes no tienen la capacidad para perdonar.

En estos adultos que aprendieron a perdonar, Luskin encontró una importante disminución en la cantidad de dolencias físicas.

Uno de los estudios de Luskin se realizó con cinco mujeres de Irlanda del Norte. Cuatro de ellas habían perdido a sus hijos a raíz de la violencia política. Cuando aprendieron a perdonar descubrieron que podían mostrar mayor perdón hacia quienes habían matado a sus hijos. Las mujeres informaron que se sentían más optimistas, y sus niveles de depresión mejoraron.[4]

En otro estudio relacionado con los niveles de dolor emocional cayeron casi un 40 por ciento en una semana debido al entrenamiento en la capacidad de perdón, y la depresión también bajó significativamente. Los participantes informaron un aumento estadísticamente importante en sus sentimientos de vitalidad física y bienestar general, y el 35 por ciento de las personas que participaron en el estudio dijeron que sentían «menos desesperanza».[5]

LAS CONSECUENCIAS DE NO PERDONAR

Si elige no perdonar a alguien le garantizo que sus emociones tóxicas, fatales, de resentimiento y odio seguirán envenenando su sistema de maneras tan peligrosas como si bebiera un poco de veneno cada día. Y no sufrirá solamente su cuerpo, sino también su mente, su espíritu y su bienestar emocional en general.

Al no perdonar realmente, se está lastimando a sí mismo. La falta de perdón rara vez herirá a la persona que le ha ofendido. La mayoría de las personas a las que no está dispuesto a perdonar ni siquiera se enteran de que usted está molesto con ellos. Muchas personas son tan poco educadas, que ni siquiera se enteran de que han ofendido a los demás.

LA MAYORÍA DE LAS PERSONAS A LAS QUE NO ESTÁ DISPUESTO A PERDONAR NI SIQUIERA SE ENTERAN DE QUE USTED ESTÁ MOLESTO CON ELLOS.

Estaba hablando de esto hace poco con una amiga, y me dijo que durante años había sentido que una persona de su iglesia le tenía antipatía. Admitió que había albergado resentimiento hacia esta persona. Luego me dijo que se acercó a ella cuando estaba conversando con alguien más. La mujer ni siquiera reconoció su presencia, aunque Jane estaba segura de que la había visto acercarse. Además, creyó oír que mencionaba su nombre en la conversación con la otra señora, lo cual le hizo pensar que estaban criticándola o diciendo un chisme.

Años más tarde, Jane se enteró de que la otra persona había estado contándole un problema personal a la mujer de quien Jane creía que la había ofendido. ¡El problema personal tenía que ver con una mujer llamada también Jane! Mi amiga dijo que supo en un instante que las dos habían estado tan inmersas en su conversación que ni siquiera se habían dado cuenta de que ella estaba parada tan cerca. También se dio cuenta de que si la hubieran reconocido, habría interrumpido una sesión de consejería muy necesaria en ese momento.

Dijo: «albergué resentimiento y sospecha en mi corazón durante años. Todo, totalmente infundado. Aprendí que es mejor perdonar y dejar pasar las cosas, en especial si hay alguna duda de que haya malinterpretado la conducta de alguien».

Las malas interpretaciones muchas veces son causa de nuestros sentimientos de dolor, rechazo o falta de comprensión.

El perdón es un proceso

Muchas veces hace falta expresar y sentir el perdón en un proceso de varios pasos. Veo el proceso en tres etapas:

Admitir que siente que le han ofendido

Antes de poder perdonar habrá que admitir abiertamente para sus adentros que los hechos, palabras, situaciones o actitudes le han herido emocional y espiritualmente, en el pasado o en el presente. Admita que siente que le han ofendido, no importa cuán leve piense que sea la ofensa.

Hay personas que dicen: «Sé que no tendría que molestarme esto», o «la gente me dice que era de esperar», o «quizá estoy exagerando». No niegue, descarte o ignore lo que siente. Reconozca que lo sucedido le ha causado dolor emocional.

Me han dicho a veces: «Oh, ya perdoné a esa persona» y luego me cuentan algo que claramente demuestra que no la han perdonado de veras. Quizá hayan dicho con los labios «Te perdono», pero jamás han sentido el perdón desde el corazón.

Oí la historia de una señora que hoy tiene casi sesenta años, y cuyo tío solía abusar sexualmente de ella. Su tío se le había acercado cuando tenía unos 15 años, y le dijo: «Tu tía sabe lo que sucedió. Nunca más intentaré volver a tener sexo contigo. Por favor, perdóname».

Dolida, herida, además de intimidada y asustada, con sus 15 años la joven dijo: «Te perdono».

Casi cuarenta años más tarde, y porque sufría pesadillas y su sistema inmunológico estaba tan deprimido que parecía vulnerable a casi todo virus o bacteria que pasara a su lado, tuvo que admitir: «Lo perdoné de palabra. Y quizá en mi mente también. Pero no lo había perdonado de veras con el corazón».

Aceptar el perdón de Dios en su vida

Según la Biblia la única forma en que una persona puede perdonar profunda y totalmente a otra es sabiendo primero que Dios la ha perdonado. El perdón de Dios hacia nosotros forma la base de nuestra capacidad para perdonar a otros. Mire lo que dijo Jesús:

- [Orad] Y perdónanos nuestras deudas, como también nosotros perdonamos a nuestros deudores. (Mateo 6.12)

- Porque si perdonáis a los hombres sus ofensas, os perdonará también a vosotros vuestro Padre celestial; mas si no perdonáis a los hombres sus ofensas, tampoco vuestro Padre os perdonará vuestras ofensas. (Mateo 6.14-15)

- No juzguéis, y no seréis juzgados; no condenéis, y no seréis condenados; perdonad, y seréis perdonados. (Lucas 6.37)

Si cree que ha tenido participación alguna en la ofensa, confiese esto ante Dios y reciba Su perdón. Y luego perdónese a sí mismo. Acepte el hecho de que el perdón de Dios es completo. De hecho, la Biblia nos dice que lo que Dios perdona, lo olvida. (Ver Salmo 103.12).

Si cree que no ha tenido participación alguna en la ofensa cometida hacia usted, igualmente será sabio de su parte pedir perdón a Dios por albergar falta de perdón hacia la persona. Pídale a Dios que le sane de los recuerdos dolorosos que guarde del evento o circunstancias en las que se sintió herido.

Abiertamente entregue al ofensor en las manos de Dios

Hace algún tiempo hablé con una persona que me dijo que cuando trabaja en consejería con personas que necesitan perdonar, les entrega un juguete de goma. Les dice que lo tomen con ambas manos, y que lo aprieten con toda su fuerza. Luego, les dice: «Ora, si estás listo para perdonar, quiero guiarte en una oración. Quiero que veas a la persona a quien estás perdonando como ese juguete de goma que estás apretando tan fuerte. Así funciona el perdón en tu alma. Estás aferrándote a esta persona, y ha llegado el momento de dejarla ir. Mientras oramos, quiero que dejes ir a esta persona y la pongas en manos de Dios. Suelta el juguete. Luego, con las palmas de las manos hacia arriba, recibe el amor de Dios. Pon tus manos sobre tu corazón».

Le pregunté: «¿Qué sucede cuando haces esto?»

«A veces, la persona apenas puede soltar el juguete. Cree que le será fácil, pero le cuesta mucho. Otras veces, cuando sí lo suelta, comienza a sollozar. A veces, el llanto dura bastante tiempo. Y es solamente después de que se desahogó que puede recibir sinceramente el amor de Dios en su corazón. Muchas personas no están listas para una emoción tan fuerte como el perdón».

«¿Sucede siempre de esa manera?», pregunté.

«Bueno, el perdón es una emoción. Así que siempre habrá emoción si el perdón es genuino. Hay personas menos demostrativas que otras, pero el perdón es emocional. No puede ser de otra manera, porque son las emociones las que están sanando».

Pida a Dios que le ayude

Pídale a Dios que le ayude a perdonar a la persona que le ha ofendido. ¡Él sabe de perdón mucho más que cualquier ser humano! Confíe en que Dios le impartirá la capacidad para perdonar por completo y sin pedir nada a cambio.

Pronuncie las palabras de perdón

Concéntrese en el nombre de la persona que le ha herido, juzgado mal, criticado o causado dolor emocional. Diga el nombre de la persona en el espacio en blanco de la siguiente oración:

Padre celestial, decido hoy perdonar a _____
_____por cualquier ofensa cometida en contra de mí, sea a sabiendas o inconscientemente. Te entrego todos los recuerdos y emociones tóxicas de falta de perdón que pueda haber enterrado en mi corazón. Declaro ante Ti ahora mismo que este evento, situación o circunstancia de ofensa en mi contra está muerto para siempre. Sáname, Padre. Ayúdame a avanzar en la libertad y la fuerza del perdón.

Según mi experiencia con los pacientes a quienes les indico orar así, encuentro que algunas personas comienzan a sentirse inundadas de recuerdos. Piensan que están perdonando solamente una ofensa, pero de repente, aparecen cinco más. Es como cuando se descorcha una botella de champagne.

Aliento a la persona a repetir la oración a medida que recuerda nuevas ofensas. A veces ha habido gente que debió repetirla una docena de veces, o más. Permítame asegurarle que como resultado han sentido mayor liberación y alivio del que pensaban cuando comenzaron a decir la oración.

Piense si necesita pedir u otorgar perdón a la persona que le ofendió

Puede haber ocasiones en que el proceso de perdón se completa solamente cuando le pida usted perdón a la otra persona. A veces uno necesita ir hacia la persona que nos ha pedido perdón, habiéndoselo negado nosotros, y otorgar el perdón que pidió. El perdón es el mayor regalo que podemos darle a otros.

Perdón parcial versus perdón total

El perdón superficial o parcial no trae limpieza emocional. Cuando uno perdona parcialmente a otro, quizá sienta que disminuyen sus sentimientos negativos, pero no gana libertad emocional ni paz en el corazón. El perdón parcial suele darse en la mente. La gente perdona porque cree que hay que hacerlo o que es buena idea. Pronuncian las palabras y creen que han perdonado, pero en lo profundo los recuerdos de la ofensa siguen disparando sentimientos de dolor y resentimiento.

La persona que perdona parcialmente siente reconciliación también parcial. Los intentos por restaurar la amistad fracasan. Siguen surgiendo los recuerdos dolorosos. Se siente poco afecto hacia la persona que nos ha ofendido.

El perdón pleno, por el contrario, permite la libertad total de todo sentimiento negativo que sintiéramos hacia el ofensor. Este tipo de perdón es limpiador y catártico.

Si sigue trabajando en el perdón y desea sinceramente sentir la plenitud de la catarsis del perdón total, sepa que llegará esta libertad si sigue pidiéndole a Dios que le ayude a perdonar.

Perdonarse a sí mismo

Quizá este sea el acto de perdón más difícil. Para estar realmente limpio y poder avanzar hacia el bienestar emocional, necesitará mirar su propia vida, y las áreas en las que fracasó, para pedir el perdón de Dios.

Una vez que le pedimos perdón a Dios necesitamos creer de veras que Él nos ha perdonado. La Biblia promete: «Si decimos que no tenemos pecado, nos engañamos a nosotros mismos, y la verdad no está en nosotros» (1 Juan 1.9).

Entonces necesitamos perdonarnos a nosotros mismos. Si no lo hacemos, sentiremos probablemente vergüenza, remordimiento, culpa y la sensación de lamentar.

Algunas personas encuentran que les es difícil perdonarse porque abusaron de su cónyuge o hijos, por los amoríos e infidelidad, por los abortos, la drogadicción o el alcoholismo o por derrochar el dinero de la familia apostando.

El apóstol Pablo dijo estas palabras de aliento: «Hermanos, yo mismo no pretendo haberlo ya alcanzado; pero una cosa hago: olvidando ciertamente lo que queda atrás, y extendiéndome a lo que está delante, prosigo a la meta, al premio del supremo llamamiento de Dios en Cristo Jesús» (Filipenses 3.13-14).

No alcanza con decir sencillamente: «Oh, eso quedó en el pasado. Lo olvidaré y seguiré adelante». Hacer esto es descartar un paso vital: el del perdón. La confesión del pecado y el sentir el perdón de Dios son vitales para realmente poder olvidar el pasado.

Al mismo tiempo una vez que hemos confesado nuestros pecados a Dios y recibido Su perdón, debemos avanzar hacia el objetivo que tenemos por delante. Esto incluye una acción activa e intencional de fijarnos metas y ver el futuro con esperanzas, creyendo plenamente: «Todo lo puedo en Cristo que me fortalece» (Filipenses 4.13).

Descubrirá seguramente que cuando haya pasado por su propio proceso de perdón, un día mirará atrás y verá que lo que le pasó se convirtió en bendición para su vida, y no en la cicatriz o pena que inicialmente imaginó que fuera.

El perdón genuino produce emociones sanadoras: amor, profunda paz en la mente y el corazón, y genuino gozo. Le aliento a comenzar a aceptar estas maravillosas emociones que Dios tiene pensadas para su plenitud.

VIVIR EN ESTADO DE PERDÓN

Elija vivir en estado de perdón. La única manera de hacerlo es pedir a Dios perdón diariamente y perdonar diariamente a los que le hayan lastimado, ridiculizado, perseguido, rechazado, criticado o maldecido, o a quienes hayan quebrado su paz mental o insultado su fe personal.

Si está teniendo dificultades, le aliento a leer y a estudiar todo lo que la Biblia nos dice al respecto. Utilice una concordancia para encontrar muchas referencias. En la Biblia hay muchas historias y enseñanzas sobre el perdón.

- La historia de José es el maravilloso relato de un joven que vivió reiteradas injusticias; pero finalmente llegó a ver que todas esas injusticias servían a los propósitos positivos de Dios para su vida y la de los miembros de su familia (Ver Génesis 37.45).

- La parábola del hijo pródigo es el relato del generoso perdón de un padre (Ver Lucas 15.11-32).
- La parábola del sirviente que debía mucho dinero es la de nuestra necesidad de perdonar (Ver Mateo 18.23-35).

El perdón continuo impide que se construyan y acumulen las emociones tóxicas. El perdón diario es mi prescripción principal para una salud completa mental, emocional, espiritual y física de una persona.

> EL PERDÓN DIARIO ES MI PRESCRIPCIÓN PRINCIPAL PARA UNA COMPLETA SALUD MENTAL, EMOCIONAL, ESPIRITUAL Y FÍSICA DE UNA PERSONA.

Un gran pasaje de la Biblia para memorizar es: «Quítense de vosotros toda amargura, enojo, ira, gritería y maledicencia, y toda malicia. Antes sed benignos unos con otros, misericordiosos, perdonándoos unos a otros, como Dios también os perdonó a vosotros en Cristo» (Efesios 4.31-32).

14

EL VALOR TERAPÉUTICO DEL GOZO

El gozo es una emoción profundamente personal. Nadie puede decir de veras si alguien siente gozo. Una de las manifestaciones exteriores del gozo, sin embargo, será la disposición a sonreír siempre y la capacidad de reír con ganas.

Hace años traté a una mujer llamada Samantha. Sammi, como le decían sus amigas y llegué a llamarla yo, pasaba muchas horas en cama, sufriendo de severa fibromialgia, fatiga crónica, alta presión y artritis. Reconocí durante el curso de nuestras primeras entrevistas de diagnóstico que Sammi también sufría depresión emocional seria. Me dediqué a su depresión mientras también le daba medicación para ayudar con los síntomas de sus dolencias físicas.

A medida que pasaban las semanas, Sammi comenzó a tener algunos días buenos. Sus síntomas comenzaron a disiparse, de manera casi paralela a la terapia emocional que recibía y a medida que su depresión se esfumaba. Pronto, Sammi tenía más días buenos que malos. Sin embargo de vez en cuando, se hundía en profunda desesperanza. Me reuní con ella en una de estas ocasiones e inmediatamente tomé mi recetario y anoté: *Reír con ganas al menos diez veces al día.*

Pareció sorprendida cuando le entregué la prescripción. Le dije:

«Sammi, ¿cuánto hace que no te ríes con ganas, con carcajadas que te aflojan las piernas, llorando y casi explotando de risa?»

«No lo sé. Creo que nunca reí así».

«Bueno, mi prescripción consiste en reír. Ve a comprarte el libro de chistes más graciosos que puedas encontrar. Alquila películas cómicas. Luego siéntate y lee o mira la televisión hasta que rías. Hazlo cada vez que aparezca una nube negra en el horizonte de tu alma, o cada vez que sientas que tu cuerpo comienza a sentir dolores. Quiero que con la risa eches fuera la tristeza y el dolor».

La siguiente vez que vi a Sammi, su rostro había cambiado por completo. Entró en el consultorio como si fuera dueña del lugar, me dio la mano y luego me abrazó con tal fuerza que casi me ahoga. Todo en ella había cambiado: su voz, su expresión, su manera de caminar. Con brillo en los ojos y una gran sonrisa dijo para que todos oyeran: «Dr. Colbert, ¡Aprendí a reír! ¡Jamás me había sentido tan bien en mi vida!»

La Biblia dice: «El corazón alegre constituye buen remedio» (Proverbios 17.22). En mi práctica de prescribir risa he visto que ese versículo dice la verdad. Muchas veces.

LA RISA ES BUEN REMEDIO

El Dr. Lee Berk del Centro Médico de la Universidad Loma Linda ha escrito sobre la salud y los beneficios curativos de la risa. Dice que la risa energiza al sistema inmunológico y reduce las hormonas del estrés tan peligrosas para el cuerpo. En un estudio con dieciséis hombres que vieron un video cómico sus niveles de cortisol bajaron un 39 por ciento luego de unas buenas carcajadas. Los niveles de adrenalina (epinefrina) cayeron un 70 por ciento, en tanto los niveles de la hormona del bienestar llamada endorfina subieron un 27 por ciento. Y no sólo eso, sino que la hormona del crecimiento (hormona de la juventud) subieron en un 87 por ciento.[1]

El descubrimiento de Berk en cuanto al cortisol es especialmente importante. El cortisol es la hormona peligrosa del estrés que una vez elevada durante períodos de tiempo extendidos, puede actuar como un ácido en el cuerpo. Afecta especialmente al cerebro, eventualmente causando pérdida de la memoria. Es difícil reducir el cortisol médicamente cuando su nivel ha aumentado. ¡La risa es por cierto una buena prescripción! El doctor Berk

y otros han mostrado que la risa puede hacer bajar la presión sanguínea. En el año 2000 un equipo de investigadores de la universidad de Maryland informó que las personas que integraban el
humor a su forma de hablar a menudo tenían menos posibilidades de sufrir un ataque cardíaco que aquellas que no lo hacían. Y
otro equipo de investigadores descubrió que las personas con
buen sentido del humor suelen sentir «menos estrés y mejor estado de salud».[2]

En sus investigaciones el Dr. Berk informaba que la risa ayuda
al sistema inmunológico en formas muy específicas:

- Aumenta la inmunoglobulina A, que ayuda a protegerse
  contra las infecciones respiratorias.

- Aumenta el interferón gama, la primera línea de defensa
  contra los virus en el sistema inmunológico.

- Aumenta las células B que producen anticuerpos directamente contra bacterias dañinas.

- Aumenta el complemento 2, una combinación de proteínas que actúa como catalizador en reacciones de anticuerpos.[3]

Norman Cousins, periodista y editor del *Saturday Review*,
contrajo una enfermedad extremadamente dolorosa en el tejido
conectivo llamada espondilitis anquilosante. La enfermedad le
causaba tal dolor que apenas podía mover sus articulaciones.
Jugar al tenis, viajar, o tan sólo participar de actividades cotidianas que antes disfrutaba se convirtió de repente en algo terriblemente doloroso.

Cousins se negaba a aceptar el oscuro pronóstico de su médico. Con el cuerpo atacado por el dolor, recordó un artículo que
había leído acerca de que las emociones negativas podían predisponer a la persona a ciertas enfermedades, y esta enfermedad en
particular figuraba entre ellas. Comenzó a preguntarse si habría
emociones negativas vinculadas a su dolencia y también a pensar
si las emociones positivas podrían funcionar de manera contraria
para sanarlo. Entonces pensó en un experimento personal.
Comenzó a ver películas cómicas para obligarse a reír y ver si la

risa influía en su nivel de dolor. Los hermanos Marx y la Cámara Cándida se convirtieron en su terapia favorita, además de hacerle disfrutar carcajadas contando chistes y haciendo bromas a otras personas. Hasta les pidió a las enfermeras que le leyeran historias cómicas.

Con el tiempo, observó que reír antes de ir a dormir le ayudaba a dormir mejor. De hecho, diez minutos de unas buenas carcajadas tenían un efecto un tanto anestésico, dándole al menos dos horas de sueño sin dolor. Cuando el efecto analgésico de la risa comenzaba desgastarse, Cousins pasaba a otra película cómica. Después de reír durante al menos 10 minutos, descubrió que podía volverse a dormir durante otras dos horas.

A medida que continuaba con su terapia de la risa, observó que algo más sucedía. ¡Estaba mejorando! La inflamación en su cuerpo, medida según su tasa SED, comenzó a disminuir después de cada sesión de risa. Con el tiempo, su tasa de inflamación bajó a niveles normales. Cousins sanó. El New England Journal of Medicine documentó la notable historia de su utilización de la risa en diciembre de 1976.[4] El estudio dio lugar a un libro titulado *Anatomy of an Illness (Anatomía de una enfermedad)*, publicado en 1979.

El poder sanador de la risa se convirtió en la pasión de su vida. Cousins trabajó con la Universidad de Loma Linda en la investigación sobre el modo en que la risa afecta a las hormonas del estrés y al sistema inmunológico. Pasó los últimos doce años de su vida en la Escuela de Medicina de la UCLA, donde fue profesor adjunto y formó un equipo de tareas del humor para conducir investigaciones clínicas sobre la risa. Esta investigación que sigue aún después de veinte años en el Centro Norman Cousins para la Psiconeuroinmunología en la UCLA, sigue investigando bajo el título paraguas de "RX Laughter Study" (Estudio sobre la prescripción de la risa).

En este estudio, el personal médico les muestra a los niños extremadamente enfermos videos, caricaturas, películas y programas de televisión cómicos para ver cómo la risa influye sobre sus sistemas inmunológicos. Los investigadores están encontrando que los niños sanan más rápidamente y con menos dolor. Uno de los profesores participantes dijo: «La risa parece inducir una respuesta de relajación en el sistema nervioso autónomo... esto sería útil para ayudar a los niños que pasan por procedimientos dolorosos o que sufren de ansiedad relacionada con la expectativa al dolor».[5]

Más experiencias y aspectos del humor sano

Una epidemia de risa

Me fascinó enterarme una instancia registrada en cuanto a una «epidemia de risa» en África. Ocurrió en 1963 y el *Central African Journal of Medicine* la documentó.

La risa comenzó en una escuela católica para niñas en Bukoba, Tanganica, cuando dos niñas comenzaron a reír por lo bajo. Pronto, toda la clase reía, incluyendo a las maestras. Y enseguida la escuela entera reía. La risa se extendió a las madres y los padres. Luego a toda la aldea. También pasó a comunidades cercanas y duró dos semanas. Era el tipo de risa profunda, con ganas, y que no podía detenerse.

¿Alguna vez le ha pasado que ríe más cuando no quiere? Este es el tipo risa que tenían los de Bukoba. La gente de esta región reía tan intensamente que lloraban de risa, y hasta hubo quienes necesitaron tratamiento para el agotamiento. En total, la epidemia de risa afectó a más de mil personas, y es la epidemia de mayor duración en su tipo que se haya registrado jamás.[6]

¿Tan buena como el ejercicio?

Otro investigador concluyó que el efecto de la risa sobre el organismo es similar al del buen ejercicio aeróbico. El Dr. William Fry Jr. ha investigado las propiedades potencialmente terapéuticas de la risa y el humor durante más de treinta años. Afirma que la risa ventila los pulmones y deja a los músculos, nervios y corazón tibios y relajados; los mismos efectos del ejercicio aeróbico.[7] Cousins había observado el siguiente efecto en su experiencia: Dijo que la risa era como «correr internamente».[8] Otros han comparado los efectos de la risa con los de un buen masaje.

Como sucede con el ejercicio aeróbico, la risa acelera temporalmente el ritmo cardíaco, aumenta la presión sanguínea y el ritmo respiratorio, expande la circulación y mejor el flujo de oxígeno que entra y sale del cuerpo.

Un buen rato de risa con ganas también ejercita la parte superior del torso, los pulmones y el corazón, como así también los hombros, brazos, el abdomen, el diafragma y las piernas. Reír entre cien y doscientas veces al día equivale a diez minutos de remar o correr. Algunos investigadores afirman que veinte segundos de risa con ganas equivale a tres minutos de ejercicio en una máquina de remo.[9] Mi opinión: ¡bienvenida sea la risa!

Ayuda al cerebro

El humor también ayuda al cerebro. Permite que la persona use ambos lados de su cerebro simultáneamente. Cuando alguien cuenta un chiste, está activo el hemisferio izquierdo. Cuando alguien «entiende» el chiste y comienza a reír, entra en juego el derecho.

Algunos investigadores demostraron que las personas son más creativas para resolver problemas cuando perciben que algo es gracioso. Otros sugieren que la risa ayuda a aumentar la flexibilidad y creatividad del pensamiento.

COMIENCE CON UNA SONRISA

La risa es contagiosa. En la mayoría de los casos es una respuesta instantánea. Pocas personas pueden obligarse a reír con ganas. ¿Cómo puede aprender a reír uno? Eligiendo sonreír.

El adulto promedio ríe veinticinco veces al día, y el niño promedio, cuatrocientas veces, según dice la experta en humor Patty Wooten. Una de las primeras expresiones del bebé es la sonrisa, y esto sucede a veces apenas a las seis semanas de vida. Hasta los niños nacidos no-videntes o sordos tienen una «respuesta de sonrisa» intuitiva cuando sienten placer.[10] La sonrisa es algo nato. ¡Depende de nosotros expresarla!

LA SONRISA ES ALGO NATO. ¡DEPENDE DE NOSOTROS
EXPRESARLA!

Así que... elija sonreír.

- Sonría a los demás. La sonrisa es un lenguaje casi universal. Es un acto de amistad que aparece virtualmente en
todas las razas, culturas, idiomas y naciones.

- Sonría ante aquellas cosas que parezcan absurdas, aloca-
das o anormales en la vida.

- Sonría al sol, o a la belleza de la naturaleza. Sonría ante
la oportunidad de correr en la lluvia o en medio de los
chorros del regador del jardín.

- Sonría a los niños que ve jugando en el parque.

- Sonría ante el recuerdo de un momento feliz, o del tiempo que ha pasado en un lugar placentero.

La risa le pisa los talones a la sonrisa. Si bien la sonrisa puede
no ser tan terapéutica como la risa, sí tiene efectos beneficiosos
sobre el cuerpo. Las expresiones faciales se conectan neurológica
mente a los estados emocionales. La risa y la sonrisa no sólo reflejan un estado emocional interno, sino que dichas expresiones pueden disparar un estado emocional. La sonrisa en el rostro puede
causar una respuesta en el corazón.[11]

En un estudio que encuentro particularmente interesante, los
investigadores les pedían a los participantes que hicieran gestos
que expresaban enojo. No les dijeron: «muéstrese enojado». Les
dijeron que fruncieran el ceño, una expresión que a menudo acompaña al enojo. Cuando luego les preguntaron cómo se habían sentido al hacer esto, la vasta mayoría dijo que se sentía: «enojada».

Los investigadores midieron el ritmo cardíaco, la actividad
muscular y las temperaturas de los dedos de quienes hacían gestos de diversas posturas emocionales. Los resultados mostraron
que las expresiones faciales pueden estimular cambios fisiológicos
específicos en el cuerpo.[12]

¿A qué conclusión podemos llegar? ¡Aunque no quiera sonreír,
sonría!

Cuanto más decida sonreír, más se sentirá con ganas de sonreír. Y finalmente, tanto mejor se sentirá física y emocionalmente.

Dos tipos de sonrisa

Los investigadores han encontrado que hay dos tipos de sonrisa. Uno es falso, no auténtico. Es el tipo de sonrisa falsa que dibujamos en nuestro rostro cuando alguien dice: «Digan Whisky». El segundo tipo es la sonrisa genuina, llamada «sonrisa de Duchenne», por Guillaume Duchenne, quien fue el primero en escribir sobre este tipo de sonrisa. La describió como la sonrisa que hace que la piel de alrededor de los ojos se arrugue, haciendo también que las comisuras de los labios se eleven. Los músculos que hacen posible esta sonrisa, el orbicularis oculi y el zigomaticus, son más difíciles de controlar voluntariamente que los músculos necesarios para generar una sonrisa falsa.[13]

Los estudiosos de la sonrisa Dacher Keltner y LeeAnne Harper estudiaron las fotografías de escuela de un anuario de 1960 del Mills College. De las 141 fotos, todas menos tres eran de mujeres sonrientes, y la mitad de las que sonreían tenían la sonrisa de Duchenne.

Los investigadores contactaron a estas jóvenes que sonreían cuando tenían 37, 42 y 52 años, y les preguntaron sobre su felicidad y satisfacción en la vida matrimonial. Las mujeres con sonrisa de Duchenne se habían casado y seguían casadas, y manifestaban mayor bienestar personal en proporción a las que mostraban «sonrisas falsas» o las que no sonreían.[14]

Hace poco leí un breve ensayo poético que escribió una enfermera llamada Leslie Gibson en el Morton Plant Hospital. Me gusta el mensaje:

UNA SONRISA

Una sonrisa no cuesta nada, pero da mucho. Enriquece a quien la da. Sólo toma un momento, pero a veces su recuerdo dura para siempre.

Nadie puede ser tan rico o poderoso como para poder andar por la vida sin ella, ni hay nadie tan pobre que no pueda enriquecer gracias a ella.

La sonrisa crea felicidad en el hogar, promueve la buena voluntad en los negocios y es la piedra inicial de la amistad. Puede levantar al cansado, alegrar al triste, dar luz al caído y es el mejor antídoto natural contra los problemas.

Aún así, no se puede comprar, pedir, robar o tomar prestada, porque es algo que no tiene valor alguno para nadie hasta que se ofrece y se da.

Cuando la gente está demasiado cansada como para darte una sonrisa, dale una de las tuyas. Nadie necesita una sonrisa tanto como quien no tiene una sonrisa para dar.[15]

LA BÚSQUEDA DEL GOZO

La felicidad no es lo mismo que el gozo. La felicidad es una sensación de placer, contento o bienestar que viene del entorno o evento que la persona esta viviendo. Es temporaria y depende de factores externos, incluyendo lo que otros digan y hagan.

El gozo, por el contrario, es duradero y permanece. Proviene de un sentimiento de contento en lo más profundo de la persona. No depende de factores externos, sino del sentido interior del valor, el propósito, la plenitud o satisfacción.

El placer que produce felicidad suele venir a través de los cinco sentidos: por ejemplo, comer un delicioso postre de chocolate, o acurrucarse bajo una suave y tibia frazada, o escuchar música bella. La felicidad viene de percepciones que producen placer cuando uno mira un partido de fútbol, recibe un masaje relajante, oye un elogio, recibe un regalo, encuentra una compra perfecta, visita un parque de diversiones y demás.

Los placeres que producen felicidad pueden llevar a la adicción, y en ese aspecto hay que ser cuidadosos. Si beber alcohol nos da placer, exagerar puede llevar al alcoholismo. Lo mismo vale para las drogas: si tomar drogas y hasta medicinas prescriptas da sensación de placer, la persona puede ser inducida a tomar más y más. El sexo, el juego por dinero, la comida, casi todo lo que despierte una respuesta de placer puede tornarse adictivo.

Si su meta es encontrar felicidad a través de placeres conectados con los cinco sentidos, jamás encontrará plena satisfacción. Siempre querrá más.

La trampa de la felicidad

Hay una trampa en la felicidad. La felicidad viene a veces cuando la persona toma el camino de la menor resistencia. Por ejemplo, quizá desee ser maestro. El camino para ser maestro requiere de entrenamiento académico y de horas de residencia como maestro que pueden ser largas y difíciles. A la luz de estos hechos, quien estudia para ser maestro puede optar por la felicidad de un camino más fácil. Al final, sin embargo, quien cambia una meta a largo plazo por la comodidad o felicidad a corto plazo, suele terminar en una posición que detesta. Es mejor quedarse en el camino largo y más difícil, verdaderamente arraigados en nuestros talentos y deseos, porque finalmente encontraremos el gozo que deseamos.

El matrimonio es otro ejemplo de esto. A veces la gente busca un amorío rápido, pensando que la felicidad está en sentir placer dondequiera que lo encuentren. El matrimonio es una tarea ardua, pero a la larga, los que están casados encuentran mayor gozo y satisfacción en la vida que los que no lo están.[16] Quédese con la relación que tenga el mayor potencial de gozo a largo plazo.

A veces una persona sigue una carrera profesional pensando en el prestigio o el dinero, y el gozo que esto le traerá. Casi siempre, esta es la motivación equivocada. Y no es verdadera. El ingreso promedio de los norteamericanos ha aumentado de manera significativa en los últimos treinta años, y sin embargo el porcentaje de personas que se califica como feliz ha bajado consistentemente. Durante lo últimos treinta años, la cantidad de personas que dicen ser felices ha bajado del 36 al 29 por ciento.[17]

Una nueva casa, un nuevo auto, nuevas joyas o ropa nueva, todo esto puede dar a la persona una sensación temporaria de felicidad, pero nada de esto produce gozo duradero.

He estado junto al lecho de muerte de muchas personas, y ninguna de ellas dijo que deseaba haber trabajado más para ganar más dinero. En cambio, muchas veces mis pacientes, con lágrimas en los ojos, dicen que desearían haber pasado más tiempo con sus familias.

El profesional mejor pago en E.U.A. es el abogado. Sin embargo una encuesta reciente mostró que un 52 por ciento de los abogados que practican su profesión se describen como «insatisfechos».[18] Los abogados también están en mayor riesgo que el resto de la población en cuanto a sufrir depresión. Su tasa es 3.6 veces más alta que el de la población en general, y sufren de alcoholismo o drogadicción en una proporción mucho mayor que los demás profesionales.[19] Y no sólo son menos felices, sino también menos saludables.

Busque aquello que cree que realmente le pueda dar gozo duradero y permanente.

El gozo es una decisión

El gozo no proviene de las situaciones. Fluye de su voluntad y de las emociones más profundas. Puede elegir ser gozoso o sentirse miserable. Nadie puede elegirlo por usted.

Si se da cuenta de que no sonríe o ríe con frecuencia, o que no siente gozo, pregúntese por qué.

Algunas personas pierden el gozo como consecuencia de los hogares en los que crecieron. Es fácil que se apague el gozo en una atmósfera en la que las reglas son exageradamente estrictas, donde los padres no muestran suficiente afecto, o donde nadie jamás dice: Te amo.

Otras personas pierden su gozo porque permiten que su tiempo esté demasiado ocupado con responsabilidades, obligaciones, plazos y horas de trabajo demasiado extensas. El agotamiento y la decepción pueden destruir el gozo de una persona.

Hay quienes pierden su gozo porque dejan de fijarse metas o hacer planes. Hace poco oí del caso de dos hombres de noventa años que planeaban viajar juntos por el país, tomando ómnibus, barcos y trenes. Uno de ellos me dijo: «Aunque nunca lo podamos hacer igualmente nos estamos divirtiendo mucho al planificarlo. Todos los días nos reunimos con nuestros mapas y pilas de folletos.

Nos imaginamos en diversos lugares haciendo de todo, y hay cosas que no puedo contarte, hijo». El hombre guiñó el ojo. No tengo idea de dónde pensaban ir, o qué pensaban hacer, pero sí sé esto: se estaban divirtiendo solamente con la idea del viaje. ¡Cada día es un viaje de gozo!

Hay personas que permiten que un problema en las relaciones les robe el gozo. Así como la fiebre es señal de infección en el cuerpo, la ausencia de risas, humor o sonrisas puede indicar que algo está muy mal en una relación. Si ha perdido la risa en su matrimonio, hay muchas posibilidades de que no dure demasiado esta relación. Encuentre algo que a ambos los haga reír.

APRENDA A ENCENDER SU LUZ

¿Alguna vez le han dicho que lo veían apagado? Si es así, le convendrá encender su luz, por el bien de su físico, su mente y sus emociones. Todo nos beneficiamos si podemos reírnos de nuestros propios errores.

Sigmund Freud identificó las tres partes de la mente emocional como «padre», «adulto» y «niño». Observó que la parte infantil de la mente está completamente inconsciente, mientras la parte padre está siempre conciente. La mente adulta es conciente e inconsciente por partes. Llegó a la conclusión de que muchísimas personas han cerrado la puerta a la parte infantil de su mente emocional, y esto es triste porque cuando quien gobierna las emociones es la parte adulta o padre, la vida suele perder el gozo, la diversión y la chispa.

¿Ha notado que la palabra *silly*, en inglés «tonto», viene del término griego *selig*, que significa bendecido? De hecho, hay algo muy bendito en ser tonto, juguetón, y con el corazón de un niño.

Aprenda a jugar

Vea como juego, y no como trabajo, lo que usted hace. Los adultos pueden volverse demasiado preocupados por el dinero, las cuentas, las tareas, los desafíos, las responsabilidades. Los niños, sin embargo, ven la vida como una serie de cosas que consisten en actividades de aprendizaje que se disfrutan, o simplemente como cosas divertidas. El niño puede jugar a la tienda y manejar dinero de juguete, o jugar al cocinero, o al carpintero, buscando aprender a saltar a la soga, o hacer un gran esfuerzo por llevarle la comida o el agua al perro. Y lo hacen sonriendo, riendo, relajados. Pueden correr en el parque durante horas y nunca pensar que están haciendo ejercicio.

Le recomiendo de todo corazón que se tome un tiempo regularmente para jugar con un niño. Aprenda a ver el mundo como lo ve un niño: como un enorme espacio para explorar, lleno de cosas y personas interesantes e inusuales, un continuo desafío por vencer.

Tengo pacientes de cáncer que admiten que no han reído *en años*. Mi primer consejo es que encuentren un niño o una mascota con quien jugar, para reaprender a encontrar el humor en la vida. Vea las piruetas del niño como algo gracioso; diviértase con las cosas que divierten al niño, y sonría ante las cosas que hacen sonreír al niño.

Diviértase con historias graciosas

En un capítulo anterior mencioné a Victor Frankl. Frankl era psiquiatra, sobreviviente del campo de concentración de Auschwitz. Ha escrito que el humor fue un factor esencial en su supervivencia. Frankl como prisionero alentaba a los demás prisioneros a contar al menos una cosa graciosa cada día, sobre lo que pensaban hacer cuando fueran liberados. Escribió: «Nunca podría haber sobrevivido si no hubiese tenido la posibilidad de reír. Me levantaba momentáneamente por encima de la horrible situación, apenas un poco como para que fuera vivible».

Después de ser liberado de Auschwitz, Frankl inició la escuela de psicoterapia llamada logoterapia, que incorpora el humor como componente principal. Como terapeuta alentaba a sus pacientes a divertirse con sus problemas en lugar de verlos como posibilidad de escapar o pelear.

Descubra los beneficios de las metas en la vida

El Dr. George Vaillant, profesor de Harvard, estudió a dos grupos de hombres mayores durante un tiempo. Los graduados de Harvard de las clases de 1939 a 1943 conformaban el primer grupo. Una gran cantidad de hombres del centro de la ciudad de Boston formaban el segundo grupo. Los hombres comenzaron a participar del estudio mientras eran todavía adolescentes. Hoy, tienen más de ochenta años. Vaillant concluyó que los mejores indicadores de una ancianidad exitosa son el ingreso, la salud física y *el gozo de vivir*. Descubrió que las «defensas maduras» son lo que permite a la persona lograr un buen ingreso, buena salud y el gozo por vivir; estas defensas incluyen la capacidad para posponer la gratificación, el pensar en el futuro, el altruismo y el humor.[20]

Le recomiendo que encuentre cosas que disfrute hacer y que las haga con frecuencia. Lea una novela interesante, mantenga una conversación estimulante, pase tiempo con un viejo amigo, tenga un hobby. Tómese cada día un tiempo para hacer algo que realmente disfrute hacer.

Por lo general estas actividades o causas con las que uno sigue con pasión. Y la pasión puede ser tocar el piano, la jardinería o pasar tiempo con sus nietos. O puede ser el trabajo voluntario que se hace en un hospital, o en un hogar de ancianos, o construyendo casas para los necesitados. Su pasión puede ser ir en cortos viajes de misión, tejer frazadas para bebés, o rescatar mascotas perdidas. Lo que sea su pasión, hágalo, y encuentre la forma de hacerlo con frecuencia.

Tenga un propósito y persígalo

La gratificación proviene de la búsqueda de algo que uno cree que tiene significado y valor. ¿Cuál es la razón por la que usted se levanta cada mañana? ¿Qué es lo que mantiene su interés por la vida? ¿Qué le da la sensación de plenitud, el sentido de que ha hecho algo bueno por los demás? Encuentre una salida para sus dones y talentos naturales y luego entréguese a los demás.

ENCUENTRE UNA SALIDA PARA SUS DONES Y TALENTOS NATURALES Y LUEGO ENTRÉGUESE A LOS DEMÁS

Corte la crítica, el sarcasmo y los chistes negativos

Sus padres quizá le enseñaron que si la gente no ríe cuando usted está riendo, es posible que perciban que se está riendo de ellos y no *con* ellos. Esa risa lastima, y no es sana.

Así como hay diferentes sonrisas, hay diferentes tipos de humor. Hay humor sano, y humor que no lo es. Hay humor que no produce risa sanadora. Cuando busca destacar por medio del humor diferencias culturales, religiosas, sexuales, raciales o políticas, este humor por lo general siempre será dañino y no saludable.

El humorista cruel que vive del sarcasmo, el ridículo y la degradación de los demás busca ofender y es fácil ver que hay gente que verdaderamente se siente ofendida ante sus palabras. El humorista cruel puede dejar a alguien sintiéndose derrotado, desinflado, golpeado o herido. El humor cruel, cortante, condescendiente o hiriente no produce emociones saludables ni efectos positivos en el cuerpo físico.

El humor positivo une corazones. El resultado final es la risa que no deja a nadie afuera y que resulta en optimismo y una actitud positiva.

Si está casado, siga casado

El Centro Nacional de Investigaciones de Opinión encuestó a 35.000 norteamericanos durante un período de 30 años y encontró que el 40 por ciento de los casados decían que eran «muy felices». Solamente el 24 por ciento de los no casados, divorciados, separados o viudos dijeron que eran «felices» o «muy felices».[21]

El matrimonio, más que un empleo o las finanzas, se asocia con la felicidad. El matrimonio es en realidad uno de los más fuertes indicadores de futura felicidad. Las personas casadas tienen menos depresión, seguidas de quienes nunca se han casado, seguidas de quienes se divorciaron una sola vez, seguidas de quienes viven juntos sin casarse, seguidas de quienes se han divorciado dos o más veces.[22]

¿Por qué comparto esta información con usted? Porque a medida que la tasa nacional de divorcios aumenta y hay menos bodas en nuestra sociedad, ha aumentado la cantidad de personas con depresión. Por cierto sería tonto sugerir que todos los matrimonios producen felicidad. No es así. Por otro lado los que viven en matrimonios felices y buenos por lo general afirman que no hay nada mejor en la vida.

Y AHORA...

Permítame preguntarle esto... ¿Cuán agradable puede usted hacer el día de hoy? ¿Para usted mismo? ¿Para los que ama? ¿Para los extraños que le rodean? Realmente creo que cuanto más gozo regalamos, incluyendo sonrisas y palabras de aliento, tanto más gozo sentiremos dentro de nosotros ¡Pruébelo!

15

La paz puede fluir como río de salud

Jack entró muy apurado en mi oficina y se sentó tan rápidamente y con tal ímpetu que pensé que rompería la silla. Sus primeras palabras fueron: «¿Cuánto cree que durará esta entrevista?» «Si el tiempo es un problema, entonces probablemente el tiempo *sea* el problema».

No dio muestras de haber oído: «No puede darse una idea del tipo de día que tengo hoy».

Sin que le dijera nada comenzó a decirme todo lo que había hecho ese día. La lista incluía quizás más de cincuenta cosas, desde dar vueltas tres veces al estacionamiento para encontrar un lugar, a pasar casi todas las luces rojas de camino al trabajo, cerrar un negocio importante luego de cuatro llamadas telefónicas a tres continentes. ¡Y recién eran las 3 de la tarde! Luego me contó todo lo que le faltaba hacer antes de caer rendido en la cama. Creo que todavía faltaban unas 40 cosas por hacer. Quedé exhausto de solo escucharlo.

Jack, definitivamente una personalidad del tipo A, tenía la «enfermedad del apuro» y estaba siempre acelerado. Rara vez había visto yo a alguien tan tenso.

Nuestra necesidad de relajarnos

En general como nación necesitamos relajarnos más. Muy pocas personas enfermas se dan el tiempo y el espacio necesarios para recuperarse del todo.

Décadas atrás antes de que tuviéramos la cura para una cantidad de enfermedades, la gente con enfermedades serias como la tuberculosis y otras solían ir a lugares de descanso donde se le brindaban cuidados médicos. Algunas personas hoy los identificarían con los resorts o spas médicos, aunque no había las instalaciones recreativas que hoy hay en un resort. La filosofía del personal médico allí era que la persona necesitaba relajarse antes de que su sistema inmunológico pudiera fortalecerse, y hacía falta un sistema inmunológico fuerte para que el cuerpo se recargara y rejuveneciera. A su vez los médicos consideraban que este era el único medio por el cual la persona podía vencer muchos tipos de enfermedades.

En el mundo de hoy, con los altos costos médicos y planes de seguros de salud que cada vez reducen más el tiempo de internación, muchas personas dejan el hospital antes de tiempo. Y suelen reanudar sus estilos de vida apresurados antes de que sus cuerpos se hayan recuperado del todo de cirugías, embarazos o infecciones importantes.

Por otro lado, conozco a una mujer cuya empresa tenía una política bastante laxa en cuanto a las licencias, por lo que programó una cirugía que no era necesaria para tener los dos meses libres que le permitiera la empresa. Dijo: «Estoy anhelando tener ese tiempo libre para relajarme y hacer cosas con mi hija que no he podido hacer en años».

La tensión es un factor muy importante en nuestras vidas. E influye no sólo en la recuperación de las enfermedades, sino también en su inicio.

¿SIMPÁTICO O PARASIMPÁTICO?

Cada uno de los músculos y órganos del cuerpo tiene un estado de estrés simpático, y también un estado parasimpático o relajado. En estado de estrés las fibras del músculo se contraen y los vasos sanguíneos hacen lo mismo, aumentando la presión sanguínea.

En estado relajado, las fibras de los músculos se extienden permitiendo que se abran los vasos sanguíneos en los músculos, lo cual mejora el flujo de la sangre y el tan necesario oxígeno hacia los músculos. A su vez esto ayuda a dar energía a los músculos y a eliminar toxinas. En estado relajado el líquido linfático aumenta en volumen, lo cual ayuda al proceso de eliminación de desechos celulares, y a la sanación de los tejidos blandos. Muchas personas crónicamente estresadas tienen tal contracción de los vasos sanguíneos que sus manos y pies están siempre fríos. Otros quizá desarrollen distrofia del reflejo simpático (DRS), una condición que se caracteriza por mucho dolor, hinchazón y piel estirada y brillosa. La descarga simpática excesiva es lo que causa esto, además de la contracción de los vasos sanguíneos y una disminución en la cantidad de sangre y oxígeno que llegan a las extremidades. La DRS por lo general viene después de un procedimiento quirúrgico, pero también puede ser una respuesta de estrés crónico.

Tanto el sistema nervioso simpático como el parasimpático forman parte del sistema nervioso autónomo. El sistema parasimpático está activo cuando la persona está en estado relajado. Conserva la energía, que permite que se desenvuelvan los procesos de fortalecimiento, rejuvenecimiento y regeneración de todo el cuerpo, incluyendo al sistema inmunológico, el cardiovascular, el tracto gastrointestinal, el sistema muscular y esquelético, el sistema nervioso y casi todos los demás sistemas del cuerpo.

Permítame resumir brevemente lo que estimulan cada uno de estos sistemas:

Estimulación parasimpática	Estimulación simpática
Disminución del ritmo cardíaco	Aumento del ritmo cardíaco
Disminución de la fuerza de contracción del corazón	Aumento de la fuerza de contracción del corazón
Disminución en la presión sanguínea	Aumento de la presión sanguínea
Bronco contracción	Bronco dilatación
Aumento de la función digestiva	Disminución de la función digestiva

Aumento de segregación en el tracto digestivo	Disminución en la segregación del tracto digestivo
Vaso dilatación (relajación de los vasos)	Vaso constricción (contracción de los vasos)
No afecta a las glándulas sudoríparas	Aumenta la sudoración
Causa constricción de las pupilas	Causa la dilatación de las pupilas

El Instituto HeartMath es una organización que investiga los efectos de las emociones positivas en la fisiología, calidad de vida y rendimiento. Ayuda a las personas a reducir el estrés y a rejuvenecer su salud. Brinda estrategias de prevención e intervención para mejorar la salud emocional, la capacidad de tomar decisiones, de aprender, de reducir la violencia en las comunidades, familias y escuelas.

Los investigadores de este instituto han demostrado que las emociones negativas llevan a un aumento del desorden del sistema nervioso autónomo, lo cual lleva a un ritmo cardíaco errático y menos «coherente». Las emociones positivas como la apreciación, el amor, el afecto por los demás, y la armonía dan como resultado un ritmo cardíaco más coherente.[1] Para mayor información sobre HeartMath, visite su sitio web en www.heartmath.com.

El ritmo del corazón es en realidad un equilibrio entre los sistemas nerviosos simpático y parasimpático. Un ritmo irregular, entonces, refleja un desequilibrio en estos dos sistemas. El objetivo de la relajación es restaurar este equilibrio, usualmente disminuyendo los elementos que causan que el sistema nervioso simpático (que acelera el ritmo cardíaco) despierte y mejorar el rendimiento del sistema nervioso parasimpático (que disminuye el ritmo cardíaco).

Muchas personas piensan en la relajación en términos de *desconectarse*. Quizá una mejor imagen sería la de pensar en la relajación en términos de *equilibrio*.

Le recomiendo limpiar su cabeza de cosas que no tiene que hacer. A veces les pido a mis pacientes que piensen en esta pregunta: «¿Qué elegiría usted hacer, y no hacer, si sólo le quedarán seis meses de vida?» La mayoría de las personas enumera una lista de cosas que tiene que hacer, que le gustaría hacer, y luego un par de cosas que definitivamente no haría nunca más. Le sugiero que tome lo que ya no haría más y que lo descarte de su vida inmediatamente. Luego, recomiendo que utilice ese tiempo libre y esa energía para hacer algunas cosas que sí le gustaría hacer. ¿Qué haría usted si supiera repentinamente que le quedan sólo seis meses de vida?

Hay un equilibrio entre el trabajo y el descanso (e incluye el juego y la recreación) y que funciona para usted. Elija alinear sus compromisos para lograr ese equilibrio.

LA RELAJACIÓN COMO FORMA DE TRATAMIENTO PARA LA SALUD

La relajación ha sido un tratamiento de salud durante miles de años. Hipócrates defendía el masaje en el siglo 4 A.C. para ayudar a la gente a relajarse. Los textos médicos chinos escritos hace más de 4000 años contienen información sobre el masaje como una práctica para la salud.

Edmund Jacobson creó la «relajación positiva» en la década de 1930 como tratamiento para los desórdenes nerviosos, la fatiga, y la debilidad generalizada.[2] Fue una de las primeras técnicas de relajación en la medicina occidental.

Hace más de 25 años, el doctor Herbert Benson, un cardiólogo de Harvard, describió la reacción fisiológica que llamó: «respuesta de relajación». Se tomó esta respuesta como lo contrario a la respuesta de huir o pelear. Las técnicas que sugería incluyen ejercicios de respiración, relajación muscular progresiva, visualización e imágenes, meditación, masajes, ejercicio aeróbico, musicoterapia, aromaterapia, terapia por medio del humor, ejercicios de estiramiento muscular, oraciones, y una cantidad de otras técnicas que estimulan el sistema nervioso parasimpático.[3]

En 1960, John Lilly encontró que podría inducir una respuesta de relajación si permitía que la persona descansara en una «cámara de flotación». Esta terapia incluía flotar en un lugar oscuro y silencioso por una hora aproximadamente en una solución tibia de agua y sales de Epsom de más o menos 20 centímetros de profundidad, tan densa que el cuerpo parecía flotar sin esfuerzo. Estos tanques tienen una temperatura de alrededor de 32°C. Estos tanques crean un ambiente que libera el corazón, el sistema nervioso, el cerebro, y los músculos del 90 por ciento de su carga de trabajo y esto, a su vez estimula el sistema nervioso parasimpático. Lilly descubrió que el ritmo cardíaco y la presión sanguínea se normalizaban, que disminuye la tensión muscular, el dolor de espalda y otros dolores asociados con los grupos musculares, que mejora la eficiencia del sistema cardiovascular, que el oxígeno y la sangre fluyen a todos los tejidos, el sistema inmunológico se fortalece, y que la recuperación se acelera en personas con lesiones y consecuencias de demasiado ejercicio.[4]

La buena noticia es que no hace falta un terapeuta o un tanque de flotación para aprender a relajarse. Puede aprender simples métodos y prácticas para generar una respuesta de relajación. Lo básico será un ambiente tranquilo, una actitud positiva, y ropa cómoda.

Hay diversas técnicas que funcionan bien para casi todas las personas.

Respiración profunda

Los que son nerviosos o han estado en un accidente por lo general tienen una respiración rápida, poco profunda. Las personas agitadas o bajo gran estrés tienden a retener su respiración. Sentí esto hace poco cuando visité a mi dentista. Cuando comenzó a anestesiar alrededor de la muela sobre la que iba a trabajar, de repente me di cuenta de que estaba reteniendo el aliento y me sentía muy tenso.

La persona que sigue reteniendo el aliento y alternándolo con respiración rápida y poco profunda puede sufrir de hiperventilación, que es respiración rápida, poco profunda, sin poder controlarla.

Debiéramos estar conscientes de cómo respiramos en todo momento. Es posible respirar de dos maneras: con respiración de pecho y respiración abdominal. La mejor de estas dos es la respiración abdominal.

La respiración abdominal produce una mejora en la oxigenación de la sangre, esto ayuda a los músculos a relajarse. También tiene un efecto sedante sobre el cerebro y el sistema nervioso. Alivia el dolor y el estrés.

Para aprender a respirar con respiración abdominal le recomiendo que se acueste de espaldas en una posición cómoda con las rodillas dobladas. (Una vez que haya aprendido este tipo de respiración podrá hacerlo de pie, sentado, acostado, o cuando se está moviendo.) Luego, ponga su mano izquierda sobre el abdomen y su mano derecha sobre su pecho. Observe cómo se mueven sus manos cuando inhala y exhala.

Ahora intente la respiración de pecho para ver la diferencia. En la respiración de pecho son los hombros los que tienden a ir hacia arriba con cada inhalación, en contraste con la respiración abdominal donde lo que se mueve es la cavidad abdominal.

Para lograr el ritmo adecuado de la respiración abdominal, primero practique llenando la parte baja de sus pulmones. Respire haciendo el esfuerzo de levantar su mano izquierda con el abdomen para que el estómago y la cavidad abdominal se expandan. Su mano derecha sobre el pecho debe permanecer quieta. Algunas personas ponen la guía telefónica sobre su abdomen mientras aprenden a respirar de esta manera. Al inhalar, la guía telefónica debería elevarse.

Inhale hasta que sienta que su estómago y su cavidad abdominal se expandan al punto de también expandir su pecho y su tórax.

Siga respirando de esta manera durante algunos minutos. Asegúrese de respirar siempre lenta y firmemente. Su respiración debe ser como las olas del mar en una playa, con un ritmo que sube y baja.

Si no ha aprendido a respirar de esta manera, quizá sienta un leve mareo si intenta levantarse demasiado rápido. Levántese despacio.

Por lo general unos minutos de respiración abdominal lo dejarán sintiéndose relajado y calmo, esto implica respiraciones profundas y suaves. Les digo a mis pacientes que inhalen por la nariz y exhalen por la boca.

Un amigo que tenía problemas con el alcohol me enseñó una variación de esta técnica de respiración. Afirmó que este tipo de respiración le había permitido dejar de beber. Básicamente, eligió respirar en lugar de deber.

Nuevamente, el ejercicio comienza en posición acostada y cómoda con las rodillas dobladas. Presione con el dedo un lado de su nariz para comprimirlo e inhale profundamente por el otro lado. Comience con respiración en el área abdominal y luego haga que el aire suba hacia el pecho y los hombros. Contenga la respiración durante cinco segundos. Luego comprima el otro lado de la nariz y exhale el aire por el otro lado. Cuando haya exhalado todo el aire, deje de comprimir y repita el proceso con el otro lado de la nariz. Continúe este proceso durante dos a cinco minutos. Esta técnica puede disminuir el estrés y la tensión de manera significativa. Practicar la respiración abdominal también es muy efectivo como medida para evitar decir algo cuando uno está enojado y que luego lamentará.

Relajación muscular progresiva

Los terapeutas han utilizado la bio-retroalimentación durante décadas para ayudar a las personas a relajarse y contribuir a controlar el dolor crónico, a aliviar las migrañas y dolores de cabeza por tensión, y a disminuir la tensión y el estrés. Los terapeutas de la bio-retroalimentación por lo general miden la temperatura de la piel, el ritmo cardíaco, la presión sanguínea, los impulsos eléctricos a los músculos, y demás.

Sin embargo, la relajación muscular progresiva es una técnica simple que cualquier persona puede aprender. Como muchos se han acostumbrado tanto a que sus músculos estén tan tensos que ya no pueden identificarlos, se comienza por contraer un grupo muscular en particular... y luego relajar ese grupo de músculos. En otras palabras, apriete su puño durante cinco segundos. Luego, relájelo todo lo posible. Entonces contraiga los hombros durante cinco segundos, y relájelos, liberando toda la tensión que pueda hasta que los músculos se sientan blandos.

Comience haciendo esto acostado, o sentado tranquilamente en posición cómoda. Cierre los ojos. Contraiga y relaje cada grupo de músculos que pueda identificar, comenzando por los pies y progresivamente subiendo hasta la cara. Al contraer y relajar los músculos concéntrese en la respiración y practique la respiración abdominal. Respire lentamente mientras realiza este ejercicio de relajación.

Cuando haya pasado de los músculos en los dedos de los pies hasta los músculos de la frente, revise mentalmente todo el cuerpo para ver si hay alguna aparte que todavía se siente tensa. Repita el proceso de contracción y relajación en esa área. ¿Son las pantorrillas, los muslos, las caderas, las nalgas, el abdomen, la espalda, las manos, los bíceps, los hombros, el cuello y la cara los que están relajados totalmente?

Por lo general sentimos la relajación como una sensación de pesadez y laxidad. Cuando todo el cuerpo está relajado uno se siente como un «peso muerto», esta es la frase que usó una mujer que aprendió esta técnica y la practicaba con regularidad.

Este ejercicio, de los pies a la frente, debiera tomarle entre diez y veinte minutos. Al terminar, quédese sentado durante unos minutos, primero con los ojos cerrados, y luego ábralos. No se ponga de pie hasta que hayan pasado unos minutos.

Antes de ponerse de pie, complete el ejercicio elevando las manos y extendiendo los brazos todo lo posible. Al mismo tiempo, extienda las piernas todo lo posible. Así, extendido, cuente despacio hasta diez. Repítalo si es necesario.

No se preocupe si no lo logra la primera vez. Puede distraerse, pero intente ignorar todo pensamiento que surja y vuelva a concentrarse en su respiración.

Si está muy estresado le convendrá practicar este ejercicio una o dos veces al día, pero no dentro de las dos horas de haber comido porque el proceso digestivo puede interferir con la generación de una respuesta de relajación.

Hay casetes y audio cintas que ayudan a ir pasando por los distintos grupos de músculos. Quizá le convenga comprar uno para que le ayude a hacerlo.

Yoga

Hay distintos tipos de cursos de yoga. Los ejercicios de yoga promueven la flexibilidad y la fuerza del cuerpo. También enseñan una forma de respiración controlada que ayuda a relajar la tensión muscular. No recomiendo practicar yoga como práctica religiosa hindú, lo cual implica diversas formas de cánticos y meditación. Sólo lo recomiendo como método de flexibilidad muscular y relajación.

Visualización e imágenes

Todos practicamos la visualización de imágenes mentales a lo largo del día aunque no nos demos cuenta. Soñar despierto o imaginar cosas son técnicas de visualización.

Yo recomiendo un ejercicio de visualización, y es el siguiente: imagínese sentado en un jacuzzi de agua caliente. Hay vapor, pero el agua no está tan caliente como para incomodarlo. Véase a sí mismo hundiéndose en el remolino de agua. Sienta cómo se dilatan los vasos sanguíneos de sus manos cuando la sangre fluye hacia ellas, calentándolas.

Véase sentado en el agua caliente, disfrutando de las burbujas. En lo posible, visualice vegetación y colores a su alrededor.

Otro ejercicio de visualización le invita a verse acostado en una pradera, con una tibia brisa soplando en su rostro. Véase rodeado de flores fragantes y pequeñas, cientos de flores. Cerca hay un arroyo. Oiga el sonido del agua, y el canto de los pájaros en los árboles. Vea las nubes blancas que avanzan lentamente en un cielo brillante y azul. Inhale el perfume de las madreselvas.

O visualícese caminando por la playa, sobre la arena tibia y mojada, con las olas bañándole los pies muy suavemente. O sentado en el porche de una cabaña cerca de un lago que refleja la luna, oyendo a los grillos y las ranas en la noche.

Como parte de las técnicas de visualización debe concentrarse en su respiración. También puede hacer el ejercicio de contracción y relajación de músculos mientras está acostado en su pradera imaginaria.

Un recreo de diez minutos de visualización es como una mini vacación: permita que su mente y su corazón se alejen del estrés del día.

UN RECREO DE DIEZ MINUTOS DE VISUALIZACIÓN ES COMO UNA MINI VACACIÓN: PERMITE QUE SU MENTE Y SU CORAZÓN SE ALEJEN DEL ESTRÉS DEL DÍA

Meditación

Hay dos tipos generales de meditación. Uno es la meditación guiada, en que la persona le indica que «vea» diversas imágenes en un viaje relajado, quizá por un bosque, o cruzando un puentecito. Esta es la técnica de relajación favorita de una de mis pacientes.

El otro tipo de meditación apunta a vaciar la mente de los pensamientos estresantes al concentrarse en una palabra, frase o cántico repetitivo. La meditación obliga a la persona a estar enfocada en el presente. Muchas personas están absortas en pensamientos del pasado, que incluyen los eventos acelerados o estresantes de sus presentes inmediatos, o en los pensamientos y planes del futuro. Los niños por lo general están siempre absortos en el presente, y como resultado tienen poco estrés, ríen y se divierten más, y tienen menos enfermedades crónicas o relacionadas con el estrés.

Son comunes tres diferentes enfoques en la meditación:

1. *Meditación concentrada,* que requiere que la persona se concentre en el sonido de su respiración mientras repite una palabra o frase o se concentra en determinada imagen mental.

2. *Meditación de conciencia,* que requiere que la persona se concentre en una sensación o sentimiento en particular.

3. *Meditación expresiva,* que requiere que la persona se concentre en una actividad física rítmica, como correr o bailar. La persona que está corriendo o trotando puede alcanzar un estado meditativo de calma al concentrarse en el ritmo de sus pies cuando tocan el suelo.

Mis formas preferidas son la meditación de imágenes, la meditación en las Escrituras, y Freeze-Frame, de HeartMath. Freeze-Frame *(Cuadro congelado)* difiere de otras formas de meditación porque uno aprende a cambiar de concentración, de la mente al corazón. Mientras se concentra en su corazón, revive un sentimiento de apreciación, gozo, compasión y amor. Para mayor información sobre Freeze-Frame, visite www.heartmath.com.

La meditación ha ayudado a muchas personas a controlar dolores crónicos, el insomnio y las náuseas, y a tratar su adicción a sustancias diversas. Algunos estudios muestran que la meditación promete ser una técnica que ayuda a bajar la presión arterial y posiblemente, a prevenir ataques cardíacos.[5]

Oración

Las investigaciones han de mostrado que la oración es muy útil para inducir la respuesta de relajación. Muchas personas buscan consuelo en la oración en momentos de estrés. Hay quienes usan oraciones repetitivas, como frases de las Escrituras que repiten lentamente, o el Padrenuestro. Una de las más populares es la sencilla oración: «Señor Jesucristo, ten piedad de mí». Otros encuentran mayor calma cuando expresan ante Dios todo lo que sienten, seguido de un tiempo de agradecimiento y alabanza a Dios.

Hay personas que combinan la oración con la lectura en voz alta de las promesas de Dios en la Biblia. Y otros oran viendo a Jesús como si tomara un peso de sus hombros y lo atara sobre Su espalda. Estas personas visualizan 1 Pedro 5.6-7, que dice: «Humillaos, pues, bajo la poderosa mano de Dios... echando toda vuestra ansiedad sobre él, porque él tiene cuidado de vosotros».

También puede combinar música suave con la meditación, la visualización o la oración. La investigación muestra que la fe y la práctica religiosa, incluyendo la oración, la lectura de las Escrituras y la asistencia a servicios de adoración pueden disminuir el impacto del estrés emocional en la vida diaria y disminuir el estrés más grave que enferma.[6]

Masajes

Otras de las prácticas curativas más antiguas es el masaje. Por lo general les recomiendo a mis pacientes que reciban una o dos sesiones de masajes en la semana, en especial si están muy estresados o con dolor crónico, fibromialgia o cualquier otra enfermedad muy influida por el estrés.

La piel tiene miles de receptores que envían mensajes por el sistema nervioso al cerebro para inducir una sensación de relajación, consuelo y bienestar. El masaje puede despertar la liberación de endorfinas, que son los analgésicos naturales del cuerpo. Los masajes regulares también pueden disminuir las cantidades de cortisol y epinefrina, las hormonas del estrés. El masaje por cierto es útil para liberar la tensión muscular, y puede ayudar con la circulación.

A fines de la década de 1950, Tom Bowen, un ingeniero industrial australiano, desarrolló una terapia de tejidos blandos.

Bowen trabajó con los clubes de fútbol juvenil en Victoria, Australia, y como masajista descubrió que tenía extremada hipersensibilidad en los dedos y manos, lo cual le permitía encontrar los bloqueos en el sistema neuromuscular. Para 1975, estaba tratando a aproximadamente 13.000 personas en un año, con increíble éxito. La técnica Bowen parece funcionar principalmente equilibrando los dos aspectos del sistema nervioso autónomo.[7] Para eso, necesitará encontrar un masajista que haya sido entrenado en la técnica Bowen. Para mayor información sobre la terapia Bowen, vea el sitio web www.bowen.org.

Ejercicio aeróbico

Caminar a paso rápido, andar en bicicleta, nadar, remar, bailar, trotar y otros ejercicios aeróbicos en realidad ayudan a relajar el cuerpo, siempre y cuando no se hagan con demasiada intensidad.

Momento diario de relajación

Otras técnicas menos conocidas y estudiadas que ayudan a inducir una respuesta de relajación incluyen la aromaterapia y la terapia de humor. He encontrado en mi consultorio que la técnica específica que utilice el paciente no es tan importante como el hecho de que haga este ejercicio de relajación a diario. Elija la técnica que mejor que resulte, y utilícela con regularidad.

Dormir: el momento de suprema relajación

Es también esencialmente importante que duerma entre siete y nueve horas cada noche. Apunte a ocho o nueve horas de sueño en las noches de fin de semana. Hoy, demasiados norteamericanos viven sus vidas privados de sueño. El estrés físico y en última instancia las enfermedades relacionadas con el estrés, son las consecuencias.

Más de la mitad de los norteamericanos sufre de insomnio al menos unas veces a la semana.[8] El exceso de estrés, de ansiedad y la depresión suelen estar en las causas del insomnio. Aquí incluyo algunas sugerencias sencillas para mejorar la calidad del sueño:

Limite el uso del dormitorio al sueño: No estudie, coma, use la computadora ni vea televisión, ni «trabaje» en nada cuando está en el dormitorio. Al limitar esta habitación solamente para dormir, envía una señal a su cuerpo de que entrar en ella inicia el proceso de relajación y desconexión.

Acuéstese aproximadamente a la misma hora todos los días: También los fines de semana. Porque esta rutina condiciona su reloj interno.

Mantenga libre de cosas su dormitorio: Esto le ayudará a evitar distracciones que puedan causar estrés.

Mantenga el dormitorio a oscuras: evite que entre luz desde la calle, y no deje encendido el velador durante la noche. Quizá quiera cubrir su reloj despertador si brilla demasiado en la noche. Al atardecer, disminuya la iluminación de toda la casa.

Evite los ruidos: desconecte el teléfono de su habitación. Utilice tapones de oídos si es necesario para no oír bocinas o sirenas que interrumpan su sueño. (En noches de tormenta, sin embargo, quizá será mejor no usar tapones para poder oír las sirenas que anuncian alertas meteorológicas).

No beba bebidas con cafeína (café, té, gaseosas): Tampoco coma chocolate, comidas picantes o con alto contenido graso antes de ir a dormir. Y evite toda medicación que contenga cafeína o estimulantes por las noches.

Mantenga su habitación a temperatura confortable: Para la mayoría de las personas, esto significa unos 22°C.

No haga ejercicio justo antes de ir a dormir: Haga ejercicio por la tarde o al atardecer, pero no dentro de las 2 horas previas al momento de ir a dormir.

Elija un colchón y una almohada cómodos: use un colchón que le permita dormir profundamente, con buen soporte para la columna.

Practique una técnica de relajación ante de ir a dormir.

Si despierta durante la noche, levántese solamente si es necesario. Si le cuesta volverse a dormir, utilice una técnica de relajación mientras está en la cama. Quizás memorizar y luego recitar estos versículos si despierta por la noche:

- En paz me acostaré, y asimismo dormiré; Porque solo tú, Jehová, me haces vivir confiado. (Salmo 4.8)
- Por demás es que os levantéis de madrugada, y vayáis tarde a reposar, Y que comáis pan de dolores; Pues que a su amado dará Dios el sueño. (Salmo 127.2)
- Cuando te acuestes, no tendrás temor, Sino que te acostarás, y tu sueño será grato. (Proverbios 3.24)

Guarde un día sabático. Un tiempo de prolongado descanso durante las horas del día también forma parte del plan de Dios para el cuerpo humano. Muchas personas piensan que honran el sábado no yendo a la oficina o la fábrica, pero en realidad ese día trabajan corriendo a hacer las compras, o trabajando en el jardín o la casa. Los norteamericanos solemos ser gente de 24 horas, 7 días a la semana.

Dios designó el día sábado como tiempo de tranquilidad y pacífica meditación y conversación sobre la Palabra de Dios, un tiempo con la familia y los amigos más cercanos, sin apuro, de trabajo ni actividades que requieran esfuerzo mental o físico. El mandamiento «el séptimo día es de reposo, para Jehová» aparece más veces en la Biblia que cualquier otro de los Diez Mandamientos.

Aunque no se sienta particularmente estresado hoy, comience con las técnicas de respuesta de relajación con regularidad, para no llegar a estar estresado. El equipo de básquetbol no comienza a practicar tiros libres el día del juego final del torneo. El equipo ha practicado durante varios meses, para que si un jugador está en posición justa al final del juego y hay un empate ¡pueda anotar para su equipo!

Una persona ha calculado que un buen jugador de básquetbol universitario practica al menos diez mil tiros libres durante su vida en la universidad.

Necesitamos prepararnos para el estrés de la misma manera: debemos ser capaces de movernos rápidamente a la técnica de relajación de la respiración profunda, de la relajación muscular progresiva, de la visualización, la meditación, la oración y demás. Luego, cuando se presenta una situación de estrés que nos golpea, sabemos cómo responder rápida y efectivamente para contrarrestar el estrés.

Es mejor para todo su ser

La relajación forma parte de sentir profunda paz interior. No es la historia completa, sin embargo. La paz también proviene del perdón, del amor en su vida, del pensamiento en la verdad. La relajación puede darle un buen marco mental, una buena disposición de corazón para perdonar, para sentir el amor y para hacer frente a emociones difíciles.

La relajación nos ayuda a rendir más, a trabajar mejor, a dar más, a lograr más y a estar más dispuestos a reír.

Puede sonar como una yuxtaposición de palabras, pero vale la pena esforzarse por lograr la relajación. Si aprende a relajarse estará listo para disfrutar de mejor salud.

16

RESTAURE SU VITALIDAD: LA CONEXIÓN DEL AMOR

En mi experiencia como médico tengo la rutina de tomarme el tiempo para sentarme con mis pacientes y entrevistarlos para descubrir los eventos emocionales que pueden haber precedido a su enfermedad. Un paciente se llamaba Charlie. Tenía cincuenta y siete años y era maquinista. Había luchado contra un linfoma durante años. El linfoma es una forma de cáncer en los nódulos y el fluido linfático. Charlie estaba absolutamente entusiasmado cuando terminó con su tratamiento y le dieron de alta. Sintió como si le hubieran dado una segunda oportunidad para vivir y me dijo que tenía pensado, «que valiera la pena».

Trágicamente, cuando Charlie volvió a casa unas semanas más tarde, encontró que le faltaba casi todo. Se habían llevado la mitad de sus muebles mientras él estaba trabajando doble turno. La cocina quedó totalmente vacía, y solo había una nota junto con los papeles de divorcio sobre la mesada.

La esposa de Charlie, la joven y muy atractiva Carla, lo había dejado por otro hombre. En la nota decía que ya no podía soportar «la carga de su enfermedad». Con el corazón quebrado, Charlie sintió la sobrecarga de emociones que parecía no poder desahogar. Menos de tres meses después de esto, su cáncer volvió a atacarlo con furia, y murió casi un año más tarde.

La experiencia de Charlie fue un ejemplo vívido del vínculo entre la emoción y la enfermedad. Cuando mi esposa Mary y yo asistimos a su funeral, me invadió la tristeza. En mi opinión, Charlie no murió de linfoma, sino de un corazón destrozado. Si hubiera vivido ¿podría haber vencido a las emociones tóxicas que sintió cuando Carla lo dejó? Nunca lo sabremos.

¿Habría seguido en remisión el cáncer de Charlie si su esposa se hubiera quedado? Sinceramente creo que esa era una posibilidad muy fuerte. Después de ver situaciones como la de Charlie una y otra vez, estoy totalmente convencido de que el cuerpo absorbe las emociones tormentosas, y que si éstas permanecen allí, despiertan una serie de reacciones bioquímicas que eventualmente terminan en una enfermedad.

La Madre Teresa dijo que la mayor enfermedad de la humanidad es la ausencia del amor. Estoy totalmente de acuerdo.

Jesús pensaba que el amor era tan importante que pasó gran parte de Su última noche antes de la crucifixión hablando del amor con Sus discípulos. Dijo: «Un mandamiento nuevo os doy: Que os améis unos a otros; como yo os he amado, que también os améis unos a otros. En esto conocerán todos que sois mis discípulos, si tuviereis amor los unos con los otros» (Juan 13.34-35).

> JESÚS PENSABA QUE EL AMOR ERA TAN IMPORTANTE QUE PASÓ GRAN PARTE DE SU ÚLTIMA NOCHE ANTES DE LA CRUCIFIXIÓN HABLANDO DEL AMOR CON SUS DISCÍPULOS

AMARSE A SÍ MISMO

La Biblia nos amonesta con firmeza a amar a los demás como nos amamos a nosotros mismos (ver Mateo 22.39; Levítico 19.18). Creo que la capacidad de amar comienza cuando recibimos el amor de Dios, por lo general en la forma de Su misericordia y perdón, para luego aprender a amarnos a nosotros mismos.

¿Cómo se ama a sí misma una persona? De diversas maneras, esto se relaciona con la autoestima, con sentir que uno vale, que tiene un propósito en la vida. En el plano físico el modo en que mostramos amor por nuestro cuerpo es mimándolo. La industria de los spas se construyó sobre esa premisa. La mayoría de las personas que conozco intuitivamente concuerdan en que es importante cuidar nuestro cuerpo, lo cual incluye comer bien, descansar lo suficiente, y de vez en cuando darnos un gusto como un masaje, un tratamiento facial o corporal.

No conozco a nadie a quien no le guste que le froten la espalda, o que le den masajes en los pies o el cuello, en especial después de un día agitado. Los seres humanos disfrutamos de la sensación de que nos toquen de manera suave, estimulante. Disfrutamos del contacto humano, pero también disfrutamos de las sensaciones que recibimos a través de las terminales nerviosas de la piel.

De manera similar, nos gustan los géneros suaves y cómodos en contacto con la piel. Nos gustan los productos que suavizan y elastizan la piel.

Una de las formas más importantes de amarnos, es cuidando nuestra piel. El modo en que tratemos nuestra piel, y el modo en que permitimos que otros nos toquen literal y figurativamente, es un gran indicador de salud.

Ahora, no entienda que estoy abogando por la utilización de cosméticos. Estoy diciendo que la salud de la piel refleja la forma saludable en la que respondemos a la sensación del tacto.

A su vez, quien tiene genuino interés por la salud de su piel por lo general también se preocupa por su salud en general.

Quien se ama a sí mismo disfruta de que otros le toquen de manera pura, según la voluntad de Dios.

Pregúntese:

«¿Estoy realmente abierto a que otros me toquen?»

«¿Estoy dispuesto a expresar mis propias emociones de manera física, tocando a los demás?»

CUÍDESE DE LA NATURALEZA ADICTIVA DEL AMOR ROMÁNTICO

Muchas personas en nuestra sociedad ponen gran énfasis en el amor romántico. Buscan y ardientemente desean un amor que se muestre con velas, flores, palabras dulces y en última instancia, un encuentro sexual.

El tipo de amor que verdaderamente nos sana emocional y físicamente no es el amor romántico sino el amor incondicional que proviene de Dios. El amor que sana no es de naturaleza sexual, sino espiritual.

Es interesante que la investigación demuestre que el amor romántico puede actuar como agente adictivo. Helen Fisher, profesora e investigadora de antropología en la Universidad Rutgers, se cuenta entre los muchos científicos que creen que cuando conocemos a ese «alguien especial» se dispara una secreción de estimulantes al cerebro. Estas hormonas, especialmente la dopamina y la norepinefrina, impactan sobre los mismos centros cerebrales que la cocaína y producen efectos eufóricos similares. Estos químicos del cerebro pueden hacer que los amantes pierdan el apetito y el sueño simplemente al pensar en su pareja.[1]

Nora Volkow, directora adjunta de ciencias de la vida en el Laboratorio Brookhaven nacional de Nueva York, ha analizado las conductas de los drogadictos y los enamorados, encontrando sorprendentes paralelos. Dice: «Cuando alguien está profunda y apasionadamente enamorado, siente extrema excitación y provocación, y cuando la persona amada no está, se siente profunda desesperanza». Cree que tomar una droga o estar enamorado eleva los niveles de dopamina del adicto a la «zona perfecta». Volkow también ha afirmado que estudios recientes revelan que cuando un drogadicto está volando o cuando alguien está enamorado y mira la foto de su ser amado, se activan las mismas regiones del cerebro, incluyendo la corteza frontal.[2]

Los investigadores del University College de Londres, Andreas Bartles y Semir Zeki, registraron recientemente cambios en los cerebros de personas que se describían como «sincera y locamente» enamoradas. Estos investigadores utilizaron la resonancia magnética para estudiar los cerebros de diecisiete enamorados. También usaron detectores de mentiras para detectar quién podría estar exagerando con respecto a sus sentimientos. Luego el equipo les mostró a los voluntarios fotos de sus amantes, y los resultados fueron dramáticos. Cuatro pequeñas áreas del cerebro se encendieron al instante, las mismas que según los estudios responden a las drogas que inducen a la euforia.[3]

La feniletilamina (PEA) es una de los principales estimulantes del sistema nervioso y se libera activamente cuando la persona afirma estar «sincera y locamente» enamorada. La PEA dispara endorfinas, el analgésico natural del cuerpo. También sobrecarga la acción de la dopamina, neurotransmisor primario en el cerebro en cuanto a la excitaron sexual. Los investigadores creen que la PEA es la responsable de la sensación de mareo e inquietud que la gente comúnmente llamada «estar enfermo de amor».[4]

La mala noticia es que los que piensan que esta pasión inicial asociada con el amor es verdadero amor, suelen pasar de un amorío a otro. Se vuelven adictos a los sentimientos de amor, en lugar de pasar a una relación más madura, como los valores compartidos y el compromiso de metas compartidas y una vida compartida. Para que dure una relación de amor, ambas partes deben moderar la loca pasión con el entendimiento, el respeto mutuo, la empatía genuina, el compañerismo y otros aspectos saludables de una relación que busca dar al otro tanto más de lo que se recibe de la otra persona.

Joanne Tangedahl lo explica en su libro *A New Blueprint for Marriage (Un nuevo plano para el matrimonio)*. Indica que si la «adicción del amor» no pasa, empeora progresivamente. Dice: «Uno deja de sentir bienestar y esa maravillosa sensación de ser uno con el otro. Comienza a sentir desesperación, la necesidad de estar con la otra persona, de verla y poseerla. Es una necesidad tan potente, fuerte y compulsiva que a menudo la gente la llama amor. No es amor. Es adicción».[5]

Muy a menudo, cuando el adicto al amor se desenamora, siente la urgente necesidad de reemplazar su adicción con otro estimulante hasta encontrar a otra persona hacia la que se sienta potentemente atraído. Desafortunadamente, estos sustitutos pueden promover adicción física aún mayor, difícil de romper o que causa más daño físico, emocional, mental o espiritual.

Encuentro interesante que el chocolate comparta algunas de las propiedades del amor adictivo. He mencionado que los científicos han aislado el PEA, un estimulante del sistema nervioso. El PEA también aparece en el chocolate, y se segrega en el cerebro en momentos de euforia emocional. Cuando una persona está apasionadamente «enamorada», o cuando uno consume una cantidad importante de chocolate, los niveles de PEA aumentan. Quizá no sea un misterio después de todo el hecho de que se asocia regalar bombones de chocolate cuando uno está de novio.[6]

El amor genuino y sanador

A veces me han preguntado: «¿Cómo saber si estoy viviendo amor genuino en mi vida?» Entonces señalo un pasaje del Nuevo Testamento. Una de las descripciones más elocuentes del amor, de

todos los tiempos, es la que el apóstol Pablo ofrece en la primera
carta a los Corintios:

> El amor es sufrido, es benigno; el amor no tiene envidia,
> el amor no es jactancioso, no se envanece; no hace nada
> indebido, no busca lo suyo, no se irrita, no guarda rencor;
> no se goza de la injusticia, mas se goza de la verdad. Todo
> lo sufre, todo lo cree, todo lo espera, todo lo soporta. El
> amor nunca deja de ser; pero las profecías se acabarán, y
> cesarán las lenguas, y la ciencia acabará y ahora permane-
> cen la fe, la esperanza y el amor, estos tres; pero el mayor
> de ellos es el amor (1 Corintios 13.4-8, 13).

Permítame resumir y comentar brevemente en las características del amor que Pablo menciona en este pasaje. En gran medida,
el amor es evidente tanto en las cualidades que manifiesta como
en las que no presenta.

El amor es paciente

¿Sufre usted de la «enfermedad del apuro», o impaciencia?
Una simple prueba de paciencia: ¿Cuánto tiempo le lleva tocar la
bocina cuando está detrás de un auto que no se mueve cuando la
luz cambia a verde? La persona verdaderamente paciente casi
nunca tocará la bocina, y si lo hace, por lo general será apenas un
toquecito. La persona impaciente enseguida da un bocinazo.

El amor es benigno

Nuestra amiga Carol Kornacki hizo un comentario interesante
en cuanto a la amabilidad. Señaló que aunque la princesa Diana era
evidentemente infiel a su esposo, sufría de desórdenes alimenticios y
murió mientras tenía un amorío fuera del matrimonio, nadie la define por esas cosas. La gente la recuerda por su benignidad, por defen-
der causas de caridad, por visitar y tocar a personas que otros no se
atrevían a tocar. ¿Qué tan rápido es usted para sonreír, para dar de
su tiempo, sus dones, su gozo, y su oído para escuchar a los demás?

El amor no tiene envidia

El amor no busca controlar o manipular a los demás. ¿Está
dispuesto a permitir que otros sean amigos de sus amigos? ¿Es

rápido para prestar sus cosas o su casa por algo que beneficie a otros? ¿Es rápido para aplaudir a quien logró algo, o a quien recibió un ascenso o una recompensa?

El amor no es jactancioso, no se envanece

¿Siente una gran necesidad de decirles a los demás sobre sus logros o posesiones? ¿La conversación siempre parece girar en torno a usted, no porque le pregunten sino porque siente la necesidad de contar?

El amor no hace nada indebido

Una de las más grandes manifestaciones de amor es la cortesía. La gente sin amor rara vez toma en cuenta los modales, y no se molestan en decir «por favor» o «gracias». ¿Y usted?

El amor no busca lo suyo

Ser egocéntrico o egoísta no tiene que ver con acumular posesiones y no compartirlas. Las personas egoístas son las que insisten en que todo se haga a su manera. Esperan que los demás cumplan con sus exigencias. Son gente que siempre quieren salirse con la suya. ¿Está siempre dispuesto a poner las necesidades de los demás por encima de las suyas?

El amor no guarda rencor

La gente con amor perdona rápido y fácilmente y se niegan a guardar rencor. Examine su corazón. ¿Está guardando rencor hacia alguien? ¿Siente que necesita una revancha?

El amor siempre busca creer en lo mejor

El amor no anda con chismes ni busca los defectos de las personas. El amor estima a las personas y deja pasar por alto los errores. ¿Se encuentra usted siempre saltando a la peor conclusión sobre la gente sin darles el beneficio de la duda?

El amor busca la justicia

Los que aman quieren que haya justicia por los que son víctimas. No encuentran placer en oír sobre crímenes y violencia. Tienen corazones que desean ayudar a los inocentes. ¿Hay alguien de quien diga usted «Recibió lo que merecía»?

El amor nunca falla

El amor es constante. La persona que ama de veras sigue amando, no importa lo que pasó, no importa lo que digan o hagan otros, ni la situación o las circunstancias. El amor se queda. ¿Alguna vez ha dejado de creer en alguien convencido de que está destinado al castigo eterno o a un mal fin?

ELIJA EL AMOR

Luego de que alguien bombardeara su casa, el Dr. Martin Luther King. Jr. escribió: «La cadena de reacción del mal, el odio que da lugar al odio, la guerra a más guerras, ha de romperse, o nos sumiremos en el oscuro abismo de la aniquilación... El amor es la única fuerza capaz de transformar al enemigo en amigo... Por su misma naturaleza el odio destruye y derriba; por su misma naturaleza el amor crea y construye».[7]

Caminar en amor es una decisión. Actuar según esa decisión requiere esfuerzo. El amor significa elegir darse a los demás, con todo, cambiar nuestra forma de pensar para pensar de manera distinta a la de la mayoría de las personas del mundo, e ir radicalmente en contra de lo que mucha gente toma como básico a la naturaleza humana, y lo buscan en lugar de buscar la naturaleza de Dios. Esta decisión de amar significa que a veces habrá que sufrir. Pero hay una buena noticia: sufrir por amor no implica cargar dolor emocional o una enfermedad relacionada con el estrés. El sufrimiento físico relacionado con las emociones y el estrés derivan del odio. Los que aman pueden soportar momentos duros, económica o socialmente; habrá quien les persiga, aún al punto de golpearles, pero no sufren internamente como sufren los que odian.

La persona que se compromete a caminar en el amor es quien casi siempre descubre que ha tomado una decisión de suprema cualidad.

> LA PERSONA QUE SE COMPROMETE A CAMINAR EN EL AMOR ES QUIEN CASI SIEMPRE DESCUBRE QUE HA TOMADO UNA DECISIÓN DE SUPREMA CUALIDAD.

Caminar en el amor requiere no sólo de una elección inicial e intencional, sino de una decisión intencional continua. Amar como Dios quiere que amemos requiere de práctica, práctica, práctica. Así que, comience a practicar la paciencia y la benignidad. Practique no ser celoso, envidioso, orgulloso, egoísta ni hacer lo indebido.

Expresar amor sanador a los demás

No basta con sentir amor en el corazón. Hay que darlo. Lo hacemos en diversas formas básicas:

- Palabras de afirmación a los demás. Sea rápido para felicitar o alentar en respuesta a lo que otra persona diga o haga.

- El regalo del tiempo. Hay un viejo proverbio que dice que los niños escriben amor con las letras t-i-e-m-p-o. Lo mismo vale para el matrimonio. Pasar tiempo con la persona, sin tareas programadas, es expresar amor.

- Dar regalos. Encuentre qué le gusta a la otra persona y regáleselo.

- Actos de servicio. El servicio es diferente a dar regalos. En los regalos, el enfoque está en lo que da placer a la persona. El servicio se enfoca en lo que la persona realmente necesita ¿Qué puede hacer por ayudar a la persona ocupada a la que ama? La respuesta será posiblemente un acto de servicio: hacer la cena, cortar el césped, lavar la ropa o llevar un paquete al correo.

- Acciones de afecto físico. Somos seres humanos que necesitamos del tacto. Un acto de amor puede ser tan simple como un beso, un abrazo, una caricia, una palmadita en la espalda, o darse la mano. Puede ser una relación sexual con el cónyuge, un largo masaje, por ejemplo. Tocamos a los que amamos de veras, y siempre de manera que la otra persona perciba que es apropiado.

No basta con expresar amor de estas maneras. Lo que es importante es que descubramos qué expresiones de amor desean y reciben con mayor gusto las personas a las que amamos. ¿Qué forma de expresar amor parece necesitar o pedir con mayor frecuencia la persona a la que usted ama?

Una mujer me dijo: «Encontré gran libertad para amar cuando le pregunté a mi esposo: "¿Qué es lo que más te gustaría de mi parte?" Sus pedidos fueron pocos, de hecho, menos de los que pensé. Había estado pasando el tiempo, mi energía y creatividad en todo tipo de cosas que no significaban nada para él. Pero cuando me concentré en lo que sí significaba algo... ¡wow! ¡Enseguida él comenzó a buscar formas de expresar su amor, y que significaran algo para mí».

Una amiga nuestra, Carol Kornacki, hace poco recibió una invitación para hablar en una iglesia muy pequeña de su pueblo natal. Era una iglesia a la que nunca había asistido, pero como la invitación venía de una amiga, decidió ir.

Cuando llegó, encontró que el edificio parecía más un galpón que una iglesia. Entró en la polvorienta capilla y tomó asiento en un banco muy viejo. Cuando comenzó a llegar la gente, no pudo sino notar que muchos parecían tener algún tipo de retraso mental.

Un robusto predicador se puso de pie para comenzar el servicio. Su camisa y su corbata parecían llevar el registro de varios almuerzos y cenas. La camisa se le salía de la cintura del pantalón. El sermón no fue espectacular.

Carol habló durante unos momentos y el servicio terminó. Vio que la gente no se iba. En cambio, se formaron en línea y esperaron con paciencia a que el pastor se acercara. Se detuvo a abrazar a cada uno, y a decir palabras de aliento a cada persona, riendo con varios. Carol dijo: «Vi el amor de Dios en acción. Había benignidad, amabilidad, bondad y humildad en este siervo del Maestro, a tal punto que se me llenaron los ojos de lágrimas. Este hombre había perfeccionado el lenguaje del corazón».

La Biblia incluye el deseo de Pablo para los seguidores de Cristo: «Y el Señor os haga crecer y abundar en amor unos para con otros y para con todos, como también lo hacemos nosotros para con vosotros, para que sean afirmados vuestros corazones, irreprensibles en santidad delante de Dios nuestro Padre, en la venida de nuestro Señor Jesucristo con todos sus santos» (1 Tesalonicenses 3.12-13). Esa es también mi esperanza para usted.

Apéndice A:

LA ESCALA DE EVENTOS EN LA VIDA DE HOLMES-RAHE

La escala de eventos puede ayudarle a determinar su nivel general de estrés. Se sorprenderá al descubrir cuánto estrés pueden crear determinados eventos.

Para cada evento que se aplique a usted en este momento, anote el puntaje en el espacio en blanco. Si el evento no se aplica a usted en este momento, no anote nada.

¡Quizá su nivel de estrés sea más alto de lo que imagina!

	Puntos	Puntos en su vida
Muerte del cónyuge	100	_____
Divorcio	73	_____
Separación	65	_____
Tiempo en la cárcel	63	_____
Muerte de familiares cercanos	63	_____
Enfermedad o lesión personal	53	_____
Matrimonio	50	_____
Despido del trabajo	47	_____
Reconciliación matrimonial	45	_____
Jubilarse	45	_____
A cargo de la salud de un familiar	44	_____
Embarazo	40	_____
Dificultades sexuales	39	_____
Agregado a la familia	39	_____

Adaptación en los negocios	39	_____
Cambio en situación económica	38	_____
Muerte de un amigo cercano	37	_____
Cambio a un nuevo tipo de trabajo	36	_____
Cambio en el número de discusiones maritales	35	_____
Hipoteca o préstamo	31	_____
Embargo de hipoteca o préstamo	30	_____
Cambio en las responsabilidades laborales	29	_____
Hijo o hija que se van de casa	29	_____
Problemas con familia política	29	_____
Gran logro personal	28	_____
Cónyuge comienza o deja de trabajar	26	_____
Comienzo o fin de la escuela	26	_____
Cambio en condiciones de vida	25	_____
Revisión de hábitos personales	24	_____
Problemas con el jefe	23	_____
Cambio en horas o condiciones de trabajo	20	_____
Cambio de residencia	20	_____
Cambio de escuela	20	_____
Cambio en hábitos de recreación	19	_____
Cambio en actividades de iglesia	19	_____
Cambio en actividades sociales	18	_____
Préstamo menor (para comprar un auto o un televisor)	17	_____
Cambio en hábitos de sueño	16	_____

Cambio en cantidad de reuniones familiares	15	_____
Cambio en hábitos de alimentación	15	_____
Vacaciones	13	_____
Temporada de Navidad	12	_____
Violaciones menores de la ley	11	_____
Puntaje total:		_____

¿Qué puntaje obtuvo?

Sume su puntaje de todos los eventos que correspondan a su vida actual.

300 o más: Tiene casi un 80 por ciento de chances de enfermar en el futuro cercano.

150-299:   Sus chances de enfermar son de un 50 por ciento aproximadamente.

149 o menos: Sus chances de enfermar son de un 30 por ciento aproximadamente.

Su puntaje puede predecir cómo actuará individualmente ante una circunstancia particularmente estresante. Quienes tienen mayor puntaje, por ejemplo suelen reaccionar de manera más irritable, frustrada, enojada o deprimida ante cualquier situación de estrés.

Reimpreso de: Holmes, T. y Rahe, R.H., «Holmes-Rahe Social Readjustment Rating Scale», Journal of Psychosomatic Research, vol, 11:213-218, ©1987 con permiso de Elsevier, Inc.

Apéndice B:

EL INVENTARIO NOVACO DE LA IRA

Lea la lista de 25 situaciones potencialmente irritantes que se describen a continuación. En el espacio en blanco, calcule el grado de irritación o ira que cree que sentiría en esta situación, según esta escala:

0 = Ninguna o muy poca irritación

1 = Un poco irritado

2 = Moderadamente molesto

3 = Bastante enojado

4 = Muy enojado

1. Desempaca un electrodoméstico que acaba de comprar, lo enchufa y descubre que no funciona. _____

2. El técnico que tanto necesita le cobra de más. _____

3. Su jefe le corrige siempre pero ignora las acciones de los demás. _____

4. Su auto queda atascado en la nieve o tormenta. _____

5. Habla con alguien y la persona no le responde ni reconoce que le habló. _____

6. Alguien finge ser quien no es. _____

7. Mientras lucha por llevar cuatro tazas de café a su mesa en la cafetería, alguien lo lleva por delante, volcando el café. _____

8. Después de colgar su ropa alguien la hace caer al suelo y no la levanta. _____

9. Un vendedor o vendedora lo persigue desde
   que entra a la tienda.   _____

10. Ha hecho arreglos para ir a un lugar con alguien
    que a último momento cancela y lo deja
    de plantón.   _____

11. Alguien se burla de usted.   _____

12. Su auto queda detenido ante el semáforo en
    rojo y el conductor de atrás toca bocina todo
    el tiempo.   _____

13. Accidentalmente, en el estacionamiento toma
    un giro equivocado, y cuando sale del auto
    alguien le grita: «¿Dónde aprendiste a manejar?» _____

14. Alguien se equivoca pero le echa la culpa a
    usted.   _____

15. Está intentando concentrarse pero hay alguien
    que hace ruido continuamente con el pie.   _____

16. Le presta un libro o herramienta importante a
    alguien y no se la devuelven.   _____

17. Ha tenido un día agitado y la persona con quien
    vive se queja porque usted olvidó hacer algo que
    había acordado hacer.   _____

18. Está hablando con alguien y un tercero
    continuamente interrumpe para hablar de algo
    de lo que sabe muy poco.   _____

19. Está intentando hablar de algo importante con
    su cónyuge, quien no le da la oportunidad de
    expresar libremente sus emociones sin
    interrupciones.   _____

20. Alguien se mete en una discusión que usted
    mantiene con otra persona.   _____

21. Necesita ir rápido a un lugar pero el auto que
    está delante va a 20 Km. p/h. en una zona
    permitida para 40 Km. p/h., y no puede pasarlo.   _____

22. Pisa un chicle.   _____

23. Un grupito de personas se ríe cuando usted
    pasa junto a ellas.   _____

24. En un apuro por ir a un lugar, se engancha la
    ropa y la rasga.   _____

25. Usa todo el cambio para hacer una llamada
    pero lo desconectan justo cuando alguien
    contesta y dice: «Hola».   _____

    Total de respuestas: _____

¿Qué puntaje obtuvo usted?

    0-45: La cantidad de ira y molestia que generalmente siente es notablemente baja. Pocas personas tendrían tan bajo puntaje. ¡Es una de las personas más calmas en nuestra sociedad!

    46-55: Es mucho más pacífico que la persona promedio.

    56-75: Responde a las molestias de la vida con cantidad promedio de ira.

    76-85: Tiende a reaccionar de manera iracunda ante las molestias de la vida. Es más irritable que la persona promedio.

    86-100: Es el campeón de la ira. Lo persiguen las frecuentes, intensas y furiosas reacciones que no desaparecen rápidamente. Probablemente guarda sentimientos negativos mucho tiempo después de que haya pasado el insulto inicial. Debe tener fama de ser «calentón». Puede tener dolores de cabeza por tensión y alta presión arterial. Su ira puede salirse de control a veces, y como resultado tiene arranques de hostilidad impulsiva. Su humor probablemente le cause problemas. Solo pocos adultos reaccionan con tanta intensidad e ira como usted.

De: Novaco, R. W., Anger Control: The Development and Evaluation of an Experimental Treatment (Lexington, MA: DC Health, 1975). Usado con permiso.

Apéndice C:

La Escala Zung para medir la depresión

Tabla de puntaje de la escala Zung para medir la depresión

Consulte esta tabla para ver el valor (1-4) que se correlaciona con las respuestas de los pacientes ante cada afirmación. Sume luego los números para ver el total. La mayoría de las personas con depresión suman un puntaje de entre 50 y 69. El puntaje más alto posible es 80.

Marque ✓ en la columna que corresponda	A veces	Con frecuencia	Muchas veces	Casi todas las veces
1. Me siento desesperanzado y triste	1	2	3	4
2. Me siento mejor por las mañanas	1	2	3	4
3. Tengo ataques de llanto o ganas de llorar	1	2	3	4
4. Me cuesta dormir por las noches	1	2	3	4
5. Como tanto como siempre	1	2	3	4
6. Sigo disfrutando del sexo	1	2	3	4
7. Noto que estoy perdiendo peso	1	2	3	4
8. Tengo problemas de constipación	1	2	3	4
9. Mi ritmo cardíaco es más acelerado que antes	1	2	3	4
10. Me canso sin razón alguna	1	2	3	4
11. Mi mente está tan clara como siempre	1	2	3	4
12. Me es fácil hacer las cosas que solía hacer	1	2	3	4
13. Estoy inquieto y no puedo parar	1	2	3	4
14. Siento esperanzas con respecto al futuro	1	2	3	4
15. Estoy más irritable que antes	1	2	3	4
16. Me es fácil tomar decisiones	1	2	3	4
17. Siento que soy útil y necesario	1	2	3	4
18. Mi vida está bastante llena	1	2	3	4
18. Siento que otros estarían mejor si yo muriera	1	2	3	4
19. Sigo disfrutando siempre de las mismas cosas	1	2	3	4

Puntaje para la escala Zung para medir la depresión

Menos de 50	Normal
50-59	Leve depresión
60– 69	Depresión moderada a marcada
70 o más	Depresión severa

Notas

INTRODUCCIÓN
1. D. Wayne, "Reactions to Stress", en *Identifying Stress*, serie ofrecida por el sitio web Health-Net & Stress Management, febrero 1998.

CAPÍTULO 1
1. P. Rosch, "Job Stress: America's Leading Adult Health Problem," *USA Today*, mayo 1991, pp. 42-44.
2. Doc Childre y Howard Martin, *The HeartMath Solution* (San Francisco: HarperCollins, 1999), p. 55.
3. Citado en H. Dreher, *The Immune Power Personality* (New York: Dutton, 1995), p. 15.
4. H. J. Eysenck, "Personality, Stress and Anger: Prediction and Prophylaxis," *British Journal of Medical Psychology*, 61 (1988), pp. 57-75.
5. M. A. Mittleman, M. Manclure, J. B. Sherwood, et al., "Triggering of Acute Myocardial Infarction Onset by Episodes of Anger," *Circulation, 92* (1995), pp. 1720-1725.
6. L. D. Kybzansky, I. Kawachi, A. Spirio III, et al, "Is Worrying Bad for Your Hear?" A Prospective Study of Worry and Coronary Heart Disease in the Normative Angina Study, Circulation, 94 (1997), pp. 818-824.
7. J. Dixon y J. Spinner, "Tensions between Career and Interpersonal Commitments as a Risk Factor for Cardiovascular Disease among Women," *Women and Health*, 17 (1991), pp. 33-57.
8. B. W. Penning, T. van Tilburg, D. M. Kriegsman, et al., "Effects of Social Support and Personal Coping Resources on Mortality in Older Age: The Longitudinal Aging Study Amsterdam," *American Journal of Epidemiology*, 146 (1997), pp. 510-519.
9. T. g. Allison, D. E. Williams, T. D. Miller, et al., "Medical and Economic Costs of Psychologic Distress in Patients with Coronary Artery Disease," Mayo *Clinic Proceedings*, 70 (1995), pp. 734-742.

CAPÍTULO 2
1. Candace Pert, et al, "Opiate Agonists and Antagonists Discriminated by Receptor Binding in the Brain," *Science*, 182 (1973), pp. 1359-61.
2. Paul Pearsall, *The Pleasure Prescription* (Alameda, Calif: Hunter House Publishers, 1996), p. 90.
3. B. Hafen, K. Frandsen, K. Karen, et al, *The Health Effects of Attitudes, Emotions and Relationships* (Provo, Utah: EMS Associates, 1992).
4. W. Cannon "The role of emotion in disease", *The Annals of Internal Medicine, 9* (1936).

5. H. Seyle, *The Stress of Life* (McGraw Hill, 1956).
6. A-. Hart, *Adrenaline and Stress* (Nashville: W. Publishing Group, 1995).
7. C. Hiemke, "Circadian Variations in Antigen-Specific Proliferations of Human T Lymphocytes and Correlation to Cortisol Production, *Psychoneuroendocrinology*, 20 (1994), pp. 335-342.
8. P. DeFeo, "Contribution of Cortisol to glucose Counter-regulation in Humans," *American Journal of Physiology*, 257 (1989), ·E35-E42.
9. S. C. Manolagas, "Adrenal Steroids and the Development of Osteoporosis in the Oophorectomized women", *Lancet*, 2 (1979), p. 597.
11. R. Beme, *Physiology*, 3rd ed (St. Louis: Mosby, 1993).
11. P. Marin, "Cortisol Secretion in Relation to Body Fat Distribution in Obese premenopausal Women," *Metabolism*, 41 (1992), pp. 882-886.
12. D. S. Kerr, et al., "Chronic Stress-Induced Acceleration of Electrophysiologic and Morphometric Biomarkers of Hippocampal Aging," *Society of Neuroscience*, 11 (1991), pp. 1316-1317; y R. Sapolsky, *Stress, the Aging Brain and Mechanism of Neuron Death* (Cambridge, Mass: MIT Press, 1992).
13. Paul Pearsall, *The Pleasure Prescription*, p. 63.
14. Ibid.
15. Ibid.

CAPÍTULO 3

1. T. Holmes y R. Rahe, "The Social Readjustment Rating Scale", *Journal of Psychosomatic Research*, 11 (1967), pp. 213-218.
2. Robert M. Sapolsky, *Why Zebras Don't Get Ulcers* (New York: W. H. Freeman, 1998), p. 49.
3. R. Williams et al., *Anger Kills* (NY: Harper Collins, 1993).
4. J. Fulton, *Acne Rx* (James Fulton Publishing, 2001). El Dr. Fulton es un reconocido dermatólogo que desarrolló el Retin A.
5. I. Grant, et al., «Severely Threatening Events and Market Life Difficulties Preceding Onset or Exacerbation of Multiple Sclerosis" *Journal of Neurology, Neurosurgery and Psychiatry*, 52 (1989), pp. 8-13.
6. A. J. Zautra, e al., "Examination of Changes in Interpersonal Stress as a Factor in Disease Exacerbation among Women with Rheumatoid Arthritis," *Annals of Behavioral Medicine*, 19 (1997), pp. 279-286.
7. Pearsall, *The Pleasure Prescription*, p. 66.

CAPÍTULO 4

1. M. Agnes, et al, eds., *Webster's New World College Dictionary*, 4th (Foster City, CA: IDG Books Worldwide, 2001).
2. Robert Elliott, *Is it Worth Dying For?* (New York: Bantam Books 1989).
3. R. Williams et al, *Anger Kills* (NY: Harper Collins, 1993).
4. Ibid.
5. W. F. Enos, et al. "Coronary disease among U. S. soldiers killed in action in Korea", JAMA, 152 (1953), pp. 1090-93.

6. Eversol, et al., "Hostility and increased risk of mortality and acute myocardial infarction: the mediating role of behavioral risk factors," AM J Epidemical, 146 (2) (1997), pp. 142-152.
7. A. Spiro, Health Psychology, Nov. 22. webmd.lycos.com/content/article/1675.68822.
8. Ichiro Kawachi, "Anger and Hostility Linked to Coronary Heart Disease," Lancet, www.thelancet.com
9. Susan Aldridge, "Hostility Is a Major Heart Disease Risk," Health Psychology, noviembre 2002.
10. J. C. Barefoot, et al., "Hostility CHD Incidence in Total Mortality – a 25-Year Follow-Up Study of 255 Physicians," Psychosomatic Medicine, 45 (1984), pp. 79-83.
11. J. E. Brody, "Why Angry People Can't control the Short Fuse," New York Times, 28 de mayo de 2002.
12. R. Eliot, Is It Worth Dying For? (NY: Bantam Books, 1984).
13. R. Williams.
14. Meyer Friedman y Ray Rosenman, Type A Behavior and Your Heart (New York: Knopf, 1974). Ver también Ray H. Rosenman, et al., "Coronary heart Disease in the Western Collaborative Group Study, Final Follow-Up and Follow-Up Experience o 8-1/2 Years", Journal of the American Medical Association, 233 (1975), pp. 872-877.
15. Paul Pearsall, The Heart's Code (New York: Broadway Books 1998), p. 9.

CAPÍTULO 5
1. J. Sarno, The Mind-Body Prescription (NY: Warner Book, 1998).

CAPÍTULO 6
1. W. E. Narrow, "One-Year Prevalence of Depressive Disorders among Adults Eighteen and Older in the US," NIMH ECA Prospective Data. Los cálculos de población se basan en la cantidad estimada de habitantes residentes, de dieciocho años o más según el Censo Nacional, al 1 de julio de 1998. Sin publicar.
2. Kiecolt-Glaser, et al., 1998.
3. Pratt, et al., 1996.
4. Frasure- Smith, et al, 1993.
5. Glassman y Shapiro, 1988.
6. Anna Fels, "Mending of Hearts and Minds", New York Times, 21 de mayo de 2002.
7. Michaels, et al, 1996.
8. Depression Research at the National Institute of Mental Health Office of communication and Public Liaison, Bethesda, Md., NIH Publication No. 00-4501-(2002)
9. C. J. L. Murray, et al., Summary: the Global Burden of Disease – A Comprehensive Assessment of Mortality and Disability from Diseases, Injuries and Risk Factors in 1990 and projected to 2020 (Cambridge, Mass.: Harvard University Press, 1996).

10. D. A. Regier, W. E. Narrow, D. S. Rae, et al. "The De Facto Mental and Addictive Disorder Service System: Epidemiologic Cachment Area Prospective One-year Prevalence Rates of disorders and Services," *Archives of General Psychiatry*, 50 (1993), pp. 85-94.
11. W. E. Narrow, "One Year Prevalence of Depressive Disorders".
12. D. A. Regier, et al, «The de facto mental and addictive disorders service system. Epidemiologic Cachment Area prospective 1-year prevalence rates of disorders and services».
13. «Understanding the Different Types of Depression», www.Depression-and Anxiety.com, 2002.
14. Martin Seligman, Learned Optimism (New York: Pocketbooks, 1998).
15. M. Seligman, Authentic happiness (New York: The Free Press, 2002).
16. Daniel Amen, *Change Your Brain, Change Your Life* (New York: Three Rivers Press, 1998).
17. E. Brounwald, et al., *Harrison's 15 Edition Principles of Internal Medicine* (New York: McGraw-Hill, 2001)
18. R. Sapolsky, *Why Zebras Don't Get Ulcers* (New York: W. H. Freeman and Col, 1999).
19. Depresions Research at the National Institute of Mental Health.
20. D. Burns, Feeling Good (New York: Avon Books, 1999).
21. G. I. Klerman, et al., "Birth-cohort trends in rates of major depressive disorder among relatives of patients with affective disorder," Archives of General Psychiatry, 42 (1985) pp. 689-693.
22. C. Peterson, et al., *Learned Helplessness* (New York: Oxford University Press, 1993).
23. Ibid.
24. Ibid.

CAPÍTULO 7
1. Pearsall, *The Heart's Code*, p. 25.
2. Ibid.
3. Pearsall, p. 27.
4. Ibid, p. 2.

CAPÍTULO 8
1. R. Sapolsky, *Why Zebras Don't Get Ulcers* (New York: W. H. Freeman & Co, 1999).
2. Doc Childre, *Overcoming Emotional Chaos* (San Diego, Calif: Jodere Group, Inc., 2002), p. 13.

CAPÍTULO 9
1. W. E. Narrow, et al, NIHM Epidemiology note: "Prevalencia de los desórdenes de ansiedad. Prevalencia de un año calculada a partir de datos de la ECA y NCS. Los cálculos de población se basan en el cálculo del censo de los E.U.A, de habitantes entre 18 y 54 años, al 1 de julio de 1998".
2. www.achenet.org/understanding

3. Sabrina Paterniti, et al., "Sustained Anxiety in a Four-year Profession of Carotid Atherosclerosis," *Arteriosclerosis, Thrombosis and Vascular Biology*: 36 (2001): 21:136.
4. Allen Rozaniski, et al, "Impact of Psychological Factors and the pathogenesis of Cardiovascular Disease and Implications for Therapy," Circulation Period, 99 (1999), pp. 2192-2217.
5. T. Bruer, et al., "How do clinicians practicing in the US manage Helicobacter pylori-related gastrointestinal diseases?" *Am J. Gastroenterology*, 93 (1998), pp. 553-61.
6. Ibid.
7. W. Salt, *Irritable Bowel Syndrome* (Columbus, Oh.: Parkview Publishing, 1997).
8. S. Cohen, et al, "Psychological Stress and Susceptibility to the Common Cold", *New England Journal of Medicine*, 325 (1991), pp. 606-612.

CAPÍTULO 10
1. www.datacomm.ch/kmatter/psychone.htmnumber Toc442256827.
2. E. M. Sternberg, et al., "The mind-body interaction in disease," *Scientific American* special issue, (1997), pp. 8-15.
3. Ibid.
4. Ibid
5. F. Luskin, *Forgive for Good* (New York: HarperCollins, 2002).

CAPÍTULO 11
1. V. E. Frankl, *Man's Search for Meaning* (New York: Washington Press, 1963).
2. J. Armour y J. Ardell, eds., *Neurocardiology* (New York: Oxford University Press, 1984).
3. J. Lancey y B. Lancey, "Some Autonomic-Central Nervous System Interrelationships, " en P. Blas, *Physiological correlations of Emotions* (New York: Academic Press, 1970), pp. 205-275.
4. Cinta de Jack Frost "The Father's Love".
5. I. Song, G. Schwartz y L, Russek, "Heart-Focused Attention and heart-Brain Synchronization: Energetic and Physiological Mechanisms," *Alternative Therapies in Health and Medicine*, 4 (1998), pp. 44-62.
6. Ibid.
7. S. H. Stogtz y I. Steward, "Coupled Oscillators and Biological synchronization," *SCientific American*, 269 (1993), pp. 102-109.

CAPÍTULO 12
1. James V. Durlacher, *Freedom from Fear Forever* (Mesa, Ariz.: Van Ness Publishing Col, 1994), pp. 83-84.
2. Entrevista en vivo de la *American Psychological Association*, Convención 108, Washington, D. C. , moderador Frank Farley (6 de agosto de 2000).
3. A. Beck, et al., *Cognitive Therapy and Depression* (New York: Gifford Press, 1979).

4. David Burns, *Feeling good* (NY: Harper Collins, 1980).
5. Ibid.

CAPÍTULO 13
1. Transcripción de Larry King Live, "Jim y Tammy Faye vuelven a la TV", www.cnn.comtranscripts/0005/29/likl.00.htm (mayo 29, 2000).
2. George Ritchie, *Return from Tomorrow* (Grand Rapids: Baker Book House, 1978), pp. 114-16.
3. W. Tiller, R. McCraty, M. ATkinson, "Toward Cardiac Coherence: A New Noninvasive Measure of Autonomic System Order," *Alternative Therapies*, 2 (1986), pp. 56-65.
4. F. M. Luskin, "The Effect of Forgiveness Training on Psychosocial Factors in College Age Adults," disertaciones no publicadas (Stanford University, 1999), informado en F. Luskin, *Forgive for Good* (HarperSanFrancisco, 2002), pp. 81-133.
5. Ibid.

CAPÍTULO 14
1. L. Berk, et al, "Neuroendocrine and stress hormone changes during mirthful laughter," The American Journal of the Medical Sciences, 298 (1989), pp. 390-6.
2. C. A. Anderson y L. H. Arnault, "An Examination of Perceived Control, Humor, Irrational Beliefs and Positive Stress as Moderators of the Relation Between Negative Stress and Health, " Basic and Applied social Psychology, 10 (1989), pp. 101-117.
3. Fox, "Looking Forward to a Good Laugh?"
4. W. Cousins, "Anatomy of Illness as perceived by the patient," *New England Journal of Medicine*, 295 (1976), pp. 1458-63.
5. "RX Laughter", 31 de octubre de 2002, www.rxlaughter.org/press24.html.
6. A. H. Rankin y R. J. Phillip, "Epidemia of Laughter in Bukoba, District of Tanganyika," *Central African Journal of Medicine*, 9 (1963).
7. W. F. Fry, et al, *Make 'Em Laugh* (Palo Alto, Calif: Science and Behavior Books, 1975).
8. W. Cousins, "Anatomy of Illness as perceived by the patient,"
9. W. F. Fry, et al, *Make 'Em Laugh*
10. P. Wooten, *Compassionate Laughter* (Salt lake City, UTA: Commune A-Key Publishing, 1996).
11. R. Levenson, et al., "Voluntary Facial Action generates Emotion-specific Autonomic Nervous System Activity," *Psychophysiology*, 27 (1990), pp. 363-384.
12. Ibid.
13. M. Seligman, *Authentic Happiness* (New York: The Free Press, 2002).
14. I. Harper y D. Keltner "Expressions of Positive emotion in Women's Collage Yearbook Pictures and Their Relationship to Personality and Life Outcomes Across Adulthood," *Journal of Personality and social Psychology*, 80 (2002), pp. 112-124.

15. L. Gibson, *Laughter, the Universal Language* (New York: Pegasus Expressions, 1990).
16. Seligman.
17. *New York Times*.
18. Seligman.
19. Ibid.
20. G. Vaillant, "Adaptive mental mechanism: their role in positive psychology," *American Psychologist*, 55 (2000), pp. 89-98.
21. David G. Myers y Ed Diener, "In Pursuit of Happiness," *Scientific American*, Mayo de 1996.
22. Seligman.

CAPÍTULO 15
1. D. Childre, et al., *Overcoming Emotional Chaos*. (San Diego, Calif: Jodere Group, 2002).
2. E. Jacobson, *Progressive Relaxation* (Chicago: University of Chicago Press, 1938).
3. H. Benson, et al., "The Relaxation Response", *Psychiatry*, 37 (1974), pp. 37-48.
4. M. Hutchinson, *The Book of Floating – Exploring the Private Sea* (New York: William Morrow & Co, 1984).
5. V. A. Barnes, "Meditation Decreases Blood Pressure, " Center for the Advancement of Health (2 de agosto de 1999).
6. H. Koenig, *The Healing Power of Faith* (Touchstone, New York: 1999).
7. J. Baker, *The Bowen Technique* (Gloucestershire, UK: Corpus Publishing, 2001).
8. "2000 Omnibus Sep in America Poll," National Sleep Foundation, 1522 (Washington, D. C.).

CAPÍTULO 16
1. H. Fisher, *The Anatomy of Love* (New York: Fawcett Columbine, 1992).
2. Amanda Onion, "The Science of Love," *ABC News*, 14 de febrero de 2001 www.abcnews.go.com/sections/scitech/Holidaysscienceoflov 010214.html.
3. Ibid.
4. LSS News, Life Services.com. Artículo de la Internet.
5. Joanne Tangedahl, *A New Blueprint for Marriage* (Mind and Miracle, 1981).
6. www.adamschocolate.com/chocolate_facts_m.html; Onion, "The Science of love."
7. Martin Luther King Jr., *The Strength of Love* (Philadelphia: Fortress Press, 1963), pp. 51-52.

Sobre el autor

El Dr. Don Colbert es médico de familia, graduado en 1987, y autor de bestsellers *como ¿Qué comería Jesús?*, *Toxic Relief (Alivio de los tóxicos)*, *Walking in Divine Health (Caminando en divina salud)* y la Serie Bible Cure Booklet *(Folletos de Cura Bíblica)*.

Escribe columnas mensuales en la revista Charisma, y en la revista Partners, de Joyce Meyers. El Dr. Colbert ha desarrollado su propia línea de vitaminas, Divine Health Nutritional Products, y conduce el programa televisivo nacional, Your Health Matters *(Su salud importa)* con su esposa Mary. Habla regularmente en seminarios nacionales.

Vive en Orlando, Florida.

AGRADECIMIENTOS

¡Quiero tomar un momento para dar mis más sinceras gracias y apreciación a algunas personas muy especiales que han contribuido a mi éxito!

Ante todo, quiero agradecer a Victor Oliver, Mike Hyatt, Ted Squires y el personal de Thomas Nelson Publishers por creer en mí y en mi trabajo. Pero más que nada por su invalorable apoyo a lo largo de los años. En mi opinión, se cuentan entre los héroes invisibles de Dios. Dios los bendiga por ayudar a llevar el Evangelio al mundo.

Quiero agradecer al Dr. Bill Bright por su corazón, su pacífica actitud, espíritu de gratitud y gozo durante su viaje por la vida. Terminó la carrera con mucha dignidad y gracia: «¡Bien hecho, sirvo bueno y fiel!», es lo que estoy seguro que oyó.

A mi compañera de vida, mi esposa Mary. Un «gracias» muy especial, por su valiosa comprensión y participación en todo mi trabajo, y por tu amor y continuo apoyo ¡Eres simplemente maravillosa!

A mis padres, que caminaron conmigo en mis primeros años, con su sabiduría y amor. Gracias por ayudarme a descubrir y trabajar sobre mis propias «emociones». Les estaré eternamente agradecido.

Hay muchas otras personas que han brindado su apoyo a este proyecto. Sin ellos habría sido casi imposible. Así que, quiero mostrar mi aprecio y agradecimiento nombrándolas: Erin Leigh O'donnel, mi asistente personal; Amy Russo; mi asistente médica; Laural Waltz, mi fiel enfermera. Y a Patti Marden, Sherry Kaiser, y Marci Brooks, porque son mi equipo dedicado y trabajador.

Quiero agradecer también a Jan Dargatz, Peg de Alminana, Kay Webb, y Beverly Kurtz por su asistencia con esta publicación.

ORACIÓN DE SALVACIÓN

ORAR ES HABLAR CON DIOS

Dios conoce su corazón y no se preocupa por sus palabras, porque le importa más la actitud de su corazón. Esta oración es una sugerencia:

Señor Jesús, Te necesito. Gracias por morir en la cruz por mis pecados. Abro la puerta de mi vida y Te recibo como mi Salvador y Señor. Gracias por perdonarme mis pecados y darme la vida eterna. Toma control del trono de mi vida. Haz de mí el tipo de persona que Tú quieres que sea.

¿Expresa esta oración el deseo de su corazón? Si es así, le invito a orarla ahora mismo, y Cristo entrará en su vida, tal como lo prometió.

¿Cómo saber si Cristo está en su vida?
¿Ha recibido a Cristo en su vida? Según Su promesa en Apocalipsis 3.20, ¿dónde está Cristo ahora en relación con usted? Cristo dijo que él entraría en su vida ¿Le guiaría mal? ¿Cómo sabe usted que Dios ha respondido su oración? (La fiabilidad de Dios Mismo y Su Palabra).

La Biblia promete vida eterna a todos los que reciben a Cristo
«Y este es el testimonio: que Dios nos ha dado vida eterna; y esta vida está en su Hijo» (1 Juan 5.11). Agradezca a Dios a menudo porque Cristo está en su vida y jamás lo dejará (Hebreos 13.5). Puede saber sobre la base de Su promesa que Cristo vive en usted y que tiene usted vida eterna desde el momento mismo en que Le invita a entrar en ella ¡Él no le engañará!

LEY NÚMERO 1

Dios *le ama* y le ofrece un maravilloso *plan* para su vida.

El amor de Dios: «Porque de tal manera amó Dios al mundo, que ha dado a su Hijo unigénito, para que todo aquel que en él cree, no se pierda, mas tenga vida eterna» (Juan 3.16).

LEY NÚMERO 2

El hombre es *pecador* y está *separado* de Dios. Por eso no puede conocer y vivir el amor de Dios y el plan para su vida.

El hombre es pecador: «Por cuanto todos pecaron, y están destituidos de la gloria de Dios» (Romanos 3.23).
El hombre está separado de Dios: «Porque la paga del pecado es muerte» (Romanos 6.23).

LEY NÚMERO 3

Jesucristo es la única provisión de Dios para el pecado del hombre a través de él usted puede conocer y vivir el amor de Dios y Su plan para su vida.

Murió por nosotros: «Mas Dios muestra su amor para con nosotros, en que siendo aún pecadores, Cristo murió por nosotros» (Romanos 5.8).
Él es el único camino a Dios: «Jesús le dijo: Yo soy el camino, y la verdad, y la vida; nadie viene al Padre, sino por mí» (Juan 14.6).

LEY NÚMERO 4

Individualmente *debemos recibir* a Jesucristo como Salvador y Señor; entonces podemos conocer y vivir el amor de Dios y Su plan para nuestra vida.

Debemos recibir a Cristo: «Mas a todos los que le recibieron, a los que creen en su nombre, les dio potestad de ser hechos hijos de Dios» (Juan 1.12).

Recibimos a Cristo por invitación personal: (Cristo habla) «He aquí, yo estoy a la puerta y llamo; si alguno oye mi voz y abre la puerta, entraré a él, y cenaré con él, y él conmigo» (Apocalipsis 3.20).

Escrito por Bill Bright, Campus Crusade for Christ (Orlando, Fl: New Life Publications, 1994).